TODD BENTLEY

DAS REICH GOTTES IN KRAFT

Das Reich Gottes in Kraft – Wie durch dich der Himmel auf Erden hereinbricht

Originaltitel: Kingdom Rising – Making the Kingdom real in your Life
Copyright © October 2008 Todd Bentley
Originally published in English by
Destiny Image Publishers, Inc. P.O. Box 310 Shippensburg, PA 17257-0310
German Copyright
© Dezember 2008 Wohlkunde-Verlag
Alle Rechte vorbehalten

Satz: Ralf Eppelein
Lektorat: Andi und Krissi Wanieck

Die Bibelstellenangaben wurden der
Revidierten Elbefelder-Übersetzung entnommen
© 1985 R. Brockhaus Verlag, Wuppertal

Außerdem wurde folgende Übersetzung verwendet:
Manfred R. Haller
Und wir sahen Seine Herrlichkeit
Die neutestamentlichen Schriften der Apostel Paulus und Johannes
© 2007 Wohlkunde-Verlag

Erschienen im Wohlkunde-Verlag
Heise-Thomsen GbR
Bachemer Str. 225
50935 Köln

E-Mail: info@wohlkunde.de
Internet: www.wohlkunde.de

ISBN 978-3-9811725-4-6

Gedruckt in Deutschland by AALEXX, Großburgwedel
1. Auflage: November 2008

*Erhebe dich über die Himmel, o Gott,
über der ganzen Erde sei deine Herrlichkeit!*

Psalm 57,12

Danksagung

Mein tiefster Dank gebührt meinem Abba-Vater für Seine vollkommenen Gaben, die Er mir gegeben hat, und für Sein vollkommenes Werk in und durch mich. Ich danke dem Heiligen Geist für Seine liebliche Gemeinschaft und dafür, dass Er mich im Dienst ausgebildet und mich all die Offenbarungswahrheiten gelehrt hat, die ich in diesem Buch vermitteln darf.

Ein ganz besonderer Dank auch an:
- meine wunderschöne Frau, Shonnah, und meine drei wundervollen Kinder – Lauralee, Esther und Elia – dafür, dass sie mich mit einer erlösungsbedürftigen Welt teilen.
- meine Eltern, Darcia und Dave Bentley. Mom, die mich unaufhörlich zum Sieg anspornt und mir so fleißig dabei hilft, dass ich die vielen Visionen verwirklichen kann, die mir Gott gibt. Danke für ihren ins Detail gehenden Blick, ihre kreative Begabung, ihre Ermutigung und dafür, dass sie sich um die verlegerischen Aspekte meiner Bücher und Schriften kümmert. Danke auch dir, Dad, dass du mich unermüdlich in der ganzen Welt begleitest und mich in absoluter Treue in jedem Werk unterstützt, wozu Gott mich berufen hat.
- all die unzähligen, heute lebenden großen Männer und Frauen des Glaubens, die mich ermutigt, gementort, beraten und inspiriert haben, und die für mich im Gebet und in der Fürbitte eingestanden sind. Ich denke hier an Bob Jones, Bill Johnson, Patricia King, Heidi Baker, James Goll, Mahesh Chavda, Che Ahn und viele andere, die über die Jahre ihre Weisheit und ihren Rat an mich weitergaben.
- meine literarische Assistentin Shae Cooke – dafür, dass sie mir dabei geholfen hat, Gottes Vision für diese Lehre umzusetzen, für ihr Redigieren und Lektorieren meiner vielen Worte.

- meine Familie bei *Fresh Fire*, allen, die an meiner Seite in diesem Dienst so hingegeben dienen und in unseren Büros, während der Großevangelisationen und Konferenzen mit vollem Einsatz arbeiten.
- meine Partner und Unterstützer im Dienst, die durch ihr treues Geben es uns allen möglich machen, in dieser himmlischen Berufung zusammenzuarbeiten, um in meiner Generation den Himmel auf die Erde zu bringen zur Ehre des Herrn und zur Ausbreitung Seines Reiches.
- dich, meine Leserin, mein Leser – dafür, dass du dich mit einer außerordentlichen Obsession für Gott erfüllen lässt und dazu bereit bist, in die grenzenlose Herrlichkeit dessen einzutauchen, im Reich Gottes zu leben, zu weben und zu sein (Apg. 17,28a). Ich danke dir, dass du es Gott gestattest, deine Begrenzungen wegzunehmen, sodass du erfahren kannst, wie es ist, in der unglaublichen übernatürlichen Realtität des Reiches Gottes zu leben.
- Don, Micki, Jonathan, Dean und an das ganze Team meines amerikanischen Verlages – für eure Kreativität, Geduld, Vision und euer unerbittliches Streben nach Vortrefflichkeit in allem, was ihr tut für das Reich Gottes.

Referenzen

»Ich habe es außerordentlich genossen, Todds Buch zu lesen. Ich ermutige die Leute nicht dazu, es »in einem Rutsch« ganz durchzulesen, weil man dabei einige wirklich wichtige Punkte übersehen würde. Todd zeigt uns, dass das Reich Gottes nicht Wort ist, sondern Geist-Wort. Während Todd uns das Wort mitteilt, befestigt es der Heilige Geist, weil Todd eine Befähigung des Glaubens dazu hat. Er steht viele Hindernissen gegenüber, aber überwindet sie mit dem Wort und mit dem Geist. Dieses Buch sollte jedem Leser Glauben erteilen. Todd zeigt uns, dass er so normal ist wie wir alle. Aber er glaubt an seinen Glauben und in diesem Buch lässt er uns an all den Zeichen und Wundern teilhaben, die in seinem Dienst geschehen sind. Es ist an der Zeit, dass der Leib Christi anfängt zu glauben und die Werke Christi zu tun, die Todd tut. Es ist die Zeit für eine Evangelisation in der Kraft des Geistes und Todd hat den Weg gebahnt, auf dem andere folgen können.«

BOB JONES
Pastor

»Todd Bentleys Buch über das Reich Gottes macht uns allen Mut, die Verheißung zu ergreifen, dass das Reich Gottes so auf die Erde kommt, wie es bereits im Himmel ist. Welch eine Freude ist es, Todd dabei zuzuschauen, wie er Söhne und Töchter in ihre Bestimmung in Gott hineinruft! Todd hat auf radikale Weise den Weg gebahnt. Wenn du hungrig bist, wird dieses Buch die Art und Weise, wie du dein Leben führst, gewaltig verändern. Es wird dich dazu bringen, eine tiefere Intimität mit Gott zu suchen und Ihn mehr als alles andere zu begehren. Todds neuestes Buch ist ein kraftvoller Treibstoff für all diejenigen, die sich in den großartigeren Bereichen des Reiches Gottes bewegen wollen. Während ich es las, verspürte ich sogleich eine Sehnsucht danach, mich einer noch tieferen Freundschaft mit Gott hinzugeben.«

Dr. HEIDI BAKER
Direktorin von
Iris Ministries, Mosambik

Inhaltsverzeichnis

Zum Geleit 13
Vorwort von Bill Johnson. 17

Teil I: Die machtvolle Ankündigung des Reiches Gottes 21
Einleitung: Betritt die Zone des Reiches Gottes! 23
Kapitel 1:   Die Realität der Königsherrschaft 31
Kapitel 2:   Das Evangelium vom Reich 59
Kapitel 3:   Die Demonstration des Reiches Gottes 77
Kapitel 4:   Die Invasion der Königsherrschaft 105
Kapitel 5:   Zeichen des Reiches Gottes in deiner Mitte 131

Teil II: Königtum 139
Kapitel 6:   Die absolute Herrschaft des Königreichs 141
Kapitel 7:   Der König und der Priester 165
Kapitel 8:   Die konfrontierende Salbung[1] 195
Kapitel 9:   Die Krone des Wohlgefallens[2] 205
Kapitel 10: Das göttliche Erbe 215
Kapitel 11: Nachjagen, überwältigen, alles wiederherstellen   247

Abschließende Gedanken 263
Reich-Gottes-Proklamationen 265

---

1 Dieses Kapitel wurde ursprünglich bereits im Dezember 2006 von Todd Bentley in der Zeitschrift »Voice of the Prophetic« veröffentlicht. Verwendet mit freundlicher Genehmigung von ElijahList Publications.
2 Dieses Kapitel wurde ursprünglich bereits im Januar 2007 von Todd Bentley in der Zeitschrift »Voice of the Prophetic« veröffentlicht.

Zum Geleit

Die Apostelgeschichte geht weiter!

Gerade wurde unser Land nicht nur von den Vorwehen der wohl größten Krise erfasst, die diese Welt jemals getroffen hat, sondern auch fast zeitgleich brach die gewaltigste Kraft des Universums mächtig über unser Land herein – die Agape-Liebe des Vaters. Diese Liebe hat uns als Verlag voll getroffen und uns völlig vereinnahmt! Sie wird jede unserer Entscheidungen und Handlungen in Zukunft bestimmen. Wir brauchen keine Angst zu haben, im Gegenteil, wir sind die Antwort und Lösung dieser Krise. Menschen, die nicht aus der Wahrheit geboren sind, bewegen sich hingegen in sehr unsichere Zeiten hinein. Im Nachrichtenmagazin »Der Spiegel« vom 17.11.08 heißt es: «*Es gibt keine gute Nachricht. Es gibt nur eine große schwarze Krise. Kleine Staaten sind gänzlich ins Wanken geraten. Mit ihnen wankt die bisher als gültig angenommene Weltordnung. Es ist eine Weltkrise im Gang, materiell und moralisch, wie sie sich in solcher Wucht, in solcher Rasanz selten zuvor ereignet hat. Und ihr Ende ist nicht abzusehen, am Ende dieses Tunnels: kein Licht*».

Wir lassen uns jedoch nicht von diesen Ängsten leiten, da wir wissen, dass jeder, der sich auf die Liebe Gottes einlässt, nachhaltige Veränderungen hin zu seiner, schon immer feststehenden und endgültigen Bestimmung erleben wird! Liebe ist eine Kraft! Genauso wie alle anderen göttlichen Wesensmerkmale, die in uns angelegt sind, auch Kraft sind. Es heißt im 1. Johannesbrief, Kapitel 4, Vers 8: »Wer nicht in der Liebe lebt, kennt Gott nicht (d.h. befindet sich nicht in Gemeinschaft mit Ihm), denn Gott ist pure Liebe« (*Haller*).

Die Liebe ist die stärkste Kraft und alle anderen göttlichen Kräfte wie z.B. Frieden, Freude, Gnade, Barmherzigkeit, Wahrheit und Gerechtigkeit stammen aus dem Wesen des Vaters. Es ist die Agape-Liebe Gottes, die jede Krise, jeden Missstand und alles, was nicht der Wahrheit entspricht, beseitigen wird. Diese Liebeskraft wird keine Koexistenz mit irgendeiner Form von seelendominiertem oder gesetzlich-religiös motiviertem Leben eingehen! Ja, es kommt zu teilweise heftigen Turbulenzen, aber das lässt sich nicht vermeiden, da diese Kräfte bisher fast völlig unbekannt waren. Das seelische und somit teuflische Weltsystem ist abgelöst worden. Die ratifizierte Liebesordnung Gottes wird jetzt durch autorisierte Söhne Gottes öffentlich gemacht und etabliert. In 20 Jahren wird es die heute gängige Lebensform bei vielen, wenn überhaupt nur noch in der Erinnerung geben! Die Reformation Seiner Liebeskraft und Herrlichkeit ist im vollen Gange!

Als Verlag veröffentlichen wir Autoren, die sich der Vollendung der Reformation des Christentums verpflichtet wissen. Wir sehen sie durch die liebenden Augen des himmlischen Vaters, nicht durch die Brille des religiös-gesetzlichen Geistes. Todd Bentley ist und bleibt eine von Gott auserwählte, berufene und bestätigte Schlüsselperson in Seinem ewigen heilsgeschichtlichen Plan. Wer aufrichtig ist und sich von der Liebe des Vaters leben lässt, wird dieses Buch mit einem offenen Herzen ohne Vorbehalte lesen und darin die herrliche Königreichsmentalität entdecken, die Gott Todd Bentley offenbart hat. Diese progressiven Wahrheiten leiten geliebte Söhne und Töchter in ihre Bestimmung, in die Christusebenbildlichkeit (Römer 8,29).

Bei diesem Buch von Todd Bentley ist der Titel Programm: »Das Reich Gottes in Kraft«. Es ist ein weiteres göttliches Instrument, das unzählige geliebte Söhne raus aus Lethargie, Schwäche und Minderwertigkeit, hinein in das göttliche Leben der Liebe, Fülle und Kraft führen wird. Wir sind davon überzeugt, dass es sich bei der globalen Krise nicht um eine zeitlich begrenzte Angelegenheit handelt. Sie wird so lange anhalten, bis die Liebe und Weisheit Gottes, durch Seine Söhne das »Ruder« vollkommen übernehmen wird. Es findet ein völliger Systemwechsel statt.

Todd Bentley hat ein göttliches Mandat, jeden, der sich darauf einlässt, in ein Bewusstsein des Übernatürlichen zu führen. Vielleicht wird sich die eine oder der andere wundern, dass wir nach den privaten Problemen von Todd Bentley trotzdem dieses Buch veröffentlichen. Wir sind davon überzeugt, dass eine göttliche

Berufung nicht zwangsläufig zu Konflikten in Ehe und Familie führen sollte, allerdings sind wir genauso davon überzeugt, dass die Ehe und die Familie nicht den Stellenwert haben, jemanden aus seiner Berufung zu nehmen. Wir sind frei, das Gute, was der Geist Gottes uns sagen möchte, zu nehmen. Deshalb werden wir diesen Mann, diese kostbare Dienstgabe und dieses Geschenk Gottes an den Leib Christi, genauso bedingungslos lieben, wie ihn unser Vater auch liebt, unabhängig von Schwierigkeiten in seinem Leben. In der vor uns liegenden Zeit braucht es starke, männliche und weibliche, Söhne Gottes, die sich ihrer Herkunft, ihres Wesens, ihrer Autorität und ihrer Verantwortung bewusst sind. Sei du einer dieser Starken, der die Welt nachhaltig verändert! Lass dich durch dieses Buch vertraut machen mit dem Leben, das dein himmlischer Vater dir geschenkt hat, ein Leben in Kraft, Liebe und Herrlichkeit! Wir freuen uns mit dir gemeinsam der Welt die Liebe unseres Vaters vorzustellen. Es ist diese fast völlig unbekannte Liebe, die diese Welt im Sturm erobern wird!

Als Söhne unseres Vaters
Die Verleger

Vorwort

In der Einschätzung vieler Menschen ist Todd Bentley immer noch ein junger Mann. Und doch besitzt er eine ungewöhnliche Reife im Leben und im Dienst. Im Verborgenen rang er erfolgreich um einen Durchbruch hin zu einem Evangelium der Kraft, was ihm wiederum öffentliche Siege einbrachte, die dem Leib Christi im Ganzen zugute kamen. Es ist zutreffend zu sagen, dass viele, die sich ein ganzes Leben lang im selben Bereich abmühten, bei weitem nicht das Maß an Fruchtbarkeit erlangt haben, das Todd erlangt hat. Warum? Obwohl Todd weithin wegen der Wunder bekannt ist, die seinen Dienst begleiten, ist er im Himmel vor allem wegen seiner Leidenschaft für die Gegenwart Gottes bekannt. Seine Bereitschaft, beachtlich viel Zeit dafür zu verwenden, sich in der Herrlichkeit Gottes durchtränken und durchsättigen zu lassen, hat die Aufmerksamkeit des Vaters erregt. Als Folge dessen besuchte Gott ihn wieder und wieder mit Visionen, Entrückungen, Träumen und weiteren Verzückungserfahrungen und befestigte seine Berufung, das Unmögliche zu erobern. Kurz gesagt: Todd ist ein Liebhaber Gottes – er ist Gottes Freund.

Im Lauf der Geschichte hat es viele wunderbare Heilungsevangelisten gegeben. Sie liebten Gott und Sein Wort, und sie wurden von Gott gebraucht, um erstaunliche Wunder im Leben vieler zu wirken. Aber die meisten von ihnen sind nicht dafür bekannt geworden, gute Lehrer gewesen zu sein. Es ist anmerkenswert, dass Gott Todd nicht nur als Wunderwirker berufen hat, sondern auch als Lehrer Seines Wortes. Er weist beachtliche biblische Einsicht auf. Das macht seine Schriften für uns so wichtig, nicht zuletzt dieses Buch, *Das Reich Gottes in Kraft*. Seine Schriften enthalten Offenbarung aus der Heiligen Schrift und betonen, was der Heilige Geist gerade betont. Wichtiger als das: Seine Einsichten erlangte er nicht in einem Hörsaal oder in einer Bibliothek als Theoretiker, sondern auf seinen Knien an der Front, wo die Wahrheit sich bewähren muss und das Reich Gottes sich in Kraft ausbreitet.

Das ist es, was einem Menschen Errettung bringt, was regelmäßig Wunder hervorbringt und ganze Städte transformiert. Diese Botschaft gibt sich nicht mit einer Menschenmenge zufrieden, die sich sonntagmorgens zu einem Gottesdienst einfindet, sondern lässt sich nur von der wirklichen Auswirkung dieser Gläubigen auf die Gesellschaft beeindrucken.

Jesus gab uns als Vorbild, dass wir sagen sollen, was der Vater sagt. Wenn wir die richtige Botschaft verkündigen, dann kommt Gott und bestätigt sie. Das *Evangelium der Errettung* wurde jahrhundertelang bereits treu verkündet. Doch die Botschaft, welche Jesus Seinen Jüngern zu predigen auftrug, war das *Evangelium des Reiches bzw. der Königsherrschaft*.[3] Obwohl unsere Bekehrung das größte aller Wunder ist, ist die Errettung in der umfassenderen Botschaft des Reiches Gottes enthalten. Sie beginnt mit den Worten: »Tut Buße! Denn das Reich der Himmel ist nahe gekommen!« (vgl. Mt. 3,2)

Im Gegensatz zur Botschaft der Errettung, die sich darauf konzentriert, in den Himmel zu kommen, geht es der Botschaft vom *Reich* darum, den Himmel auf die Erde zu bringen. Das ist unser Auftrag, wie ihn Jesus Seinem Mustergebet zufolge Seinen Jüngern in Matthäus 6,10 gegeben hat: »… wie im Himmel, so auch auf Erden«. Der Himmel ist mein Ziel, aber den Himmel zu bringen, mein Auftrag.

Diese Botschaft ist die wichtigste in dieser Stunde. In einer Welt, in der Chaos und Konflikte herrschen, müssen Menschen wissen, dass Jesus bereits den Sieg über jeden Feind der Menschheit errungen hat. Er ist der König der Könige und der Herr der Herren – über allem, was im Moment existiert. Seine Siege wurden zu unserem Nutzen errungen.

---

3 Da es sich bei dem *Reich* Gottes bzw. dem *Reich* der Himmel um kein geographisches Reich, also um ein Territorium handelt, sondern um eine Machtsphäre, wäre der Ausdruck *Königsherrschaft* Gottes bzw. *Königsherrschaft* der Himmel zutreffender, wie es auch z.B. die Elberfelder Bibel in ihren Fußnoten vermerkt. Deshalb werden im Folgenden beide Ausdrücke verwendet (sowie auch der Ausdruck »Königreich«), obwohl der Ausdruck *Reich* Gottes der im christlichen Sprachgebrauch üblichere ist. *Beide Realitäten, Königreich und Königsherrschaft, sind stets zusammen im Blick zu behalten und untrennbar miteinander verwoben*, auch wenn in diesem Buch eine übersetzerische Entscheidung mal für den einen und mal für den anderen Ausdruck – und manchmal für beide zusammen – getroffen werden musste (Anm. d. Übers.).

Das Reich Gottes in Kraft ist ein Buch, das diesem immensen Bedarf im Leib Christi begegnet. Todd gibt uns tiefgründige Lehre, Zeugnisse, die uns zeigen »wie's geht«, und die Inspiration, die es braucht, um mit Ausdauer dranzubleiben. Ganz gewiss wird im Leser und in der Leserin der Hunger nach mehr erwachen, indem die Erkenntnis aufleuchtet, dass Gottes Absichten für jeden von uns ungleich größer sind, als wir uns das je hätten vorstellen können. Todds einzigartige Einsichten in das Wirken des Heiligen Geistes qualifizieren ihn in hervorragender Weise, uns diese Wahrheiten zu vermitteln. Ich bin begeistert darüber, wenn dieses Buch eine weite Verbreitung findet, denn es wird einen großen Beitrag dazu leisten, dass wir uns von der bloßen Lehre, »mit Christus an himmlischen Örtern zu sitzen« (Eph. 2,6) in eine fortwährende *Erfahrung* dessen hineinbewegen, was uns zurüstet und bevollmächtigt.

BILL JOHNSON
Hauptpastor Bethel-Gemeinde, Redding, Kalifornien
Autor von *Und der Himmel bricht herein* und
Träume mit Gott, Mitautor von *Eine Frage der Ehre*

Teil I

Die machtvolle Ankündigung des Reiches Gottes

Einleitung

Betritt die Zone des Reiches Gottes!
(Matthäusevangelium, Kapitel 5-7)

Wir können nicht unser unerhörtes Potenzial entfesseln und uns zu unserer übernatürlichen Berufung zum Reich Gottes erheben, ohne das Fundament der Reich-Gottes-Erkenntnisse zu besitzen, die Christus uns in Seiner Bergpredigt gegeben hat, die ja bekanntlich mit den Seligpreisungen beginnt. Bevor wir uns weiter in das Studium vertiefen, ermutige ich dich, die Kapitel 5-7 des Matthäusevangeliums im Neuen Testament zu lesen, wo du feststellen wirst, dass Christus uns eine Reihe übernatürlicher Lebens-Standards gegeben hat.

Die Seligpreisungen sind so etwas wie das Vorwort zur Bergpredigt. Einige sprechen von dieser Bergpredigt als von der Verfassung, der Charta oder der Deklaration der Königsherrschaft Gottes, und sie definiert, wie der Charakter der Söhne und Töchter des Königs sein soll, und dies mit 21 Grundsätzen für das Leben in der Königsherrschaft. Die Botschaft in den Seligpreisungen (die einleitenden Sätze der Bergpredigt) beschreibt die Qualität des Lebens, das für jeden Bewohner des übernatürlichen Reiches Gottes möglich ist, und es ist offensichtlich, dass dies eine radikale Verschiebung bzw. Veränderung der Natur erfordert – die Natur Christi muss in uns und durch uns gewirkt werden – und dies innerlich wie auch äußerlich. Es geht um eine Umwandlung der Söhne und Töchter Gottes vom Reich der Finsternis in das Reich des Lichts. Es geht darum, alle weltlichen Ambitionen abzulegen und Gott, sowie Seinen Plänen und Absichten radikal und geradezu obsessiv nachzujagen.

Wenn wir zuerst nach Seinem Reich und nach Seiner Gerechtigkeit trachten, werden uns auch alle anderen Dinge hinzugefügt werden (vgl. Mt. 6,33). Jede der Segnungen, die in den Seligpreisungen aufgeführt werden, sollte von jedem Gläubigen angewandt und entwickelt werden. Christus spricht von Sünde, wenn er von den Armen im Geist spricht. Er spricht von Buße bei denen, »die trauern«. Die Sanftmütigen, die Er beschreibt, sind nicht schwach, sondern stark in der Hingabe an Gott, dass Er sie errette. Er ermutigt uns, nach Gerechtigkeit zu hungern und zu dürsten, was schlicht bedeutet, dass wir uns danach sehnen sollten, christusähnlicher zu werden! Wir werden dazu aufgerufen, Barmherzige zu werden, die stets anderen vergeben. Wir sollen reinen Herzens sein, uns täglich hingeben, ein heiliges Leben zu führen, das für Gott abgesondert ist. Gottes Königreichsbürger sollen Friedensstifter sein, in der Lage, unter Druck auszuharren und nicht gleich aufzugeben. Diejenigen, die sich verändern lassen und ein Denken gemäß dem Reich Gottes entwickeln, werden in den verheißenen Segnungen Gottes leben. Glückselig seid ihr, wenn ihr euch nach diesen Dingen ausstreckt!

Eine Verschiebung des Denkens

Überlege einmal, wie Er uns dazu ermutigt, unsere Gedankenabläufe zu verändern! Wie deutlich muss Er noch werden, wenn Er uns die Botschaft übermittelt, dass, wenn wir Ihn von ganzem Herzen suchen, unsere Sorgen »draußen bleiben, Mann!« Er fordert uns dazu auf, zuerst nach dem Reich Gottes und nach Seiner Gerechtigkeit zu trachten, und so würden wir uns im Wesentlichen nie um irgendetwas anderes in unserem Leben Sorgen machen müssen. Er sagt uns, wir sollten uns über unser Leben keinerlei Sorgen mehr machen, weil *das Leben* das Reich Gottes, d.h. die Königsherrschaft Gottes, und Seine Gerechtigkeit *ist*.

Als treue Bürger Seines Königreichs brauchen wir uns um die Versorgung keine Gedanken zu machen, etwa, was wir essen oder trinken werden oder ob wir Kleidung haben werden, oder auch bezüglich unseres Körpers, weil Er gesagt hat, das Leben sei viel mehr als diese Dinge (vgl. Mt. 6,25). Nun, das ist gerade hier eine radikale Verschiebung, besonders in diesen inflationären Zeiten. Es ist schwer, sich über diese Dinge keine Sorgen zu machen, weil Arbeitsstellen kommen und gehen, die Wirtschaft hin und her schwankt und selbst Familien mit zwei Einkommen in vielen Ländern finanziell kaum vom Fleck kommen.

Doch Jesus sagt, wir brauchten uns über diese Dinge keine Sorgen mehr zu machen. Er sagt uns, wir sollten die Vögel in der Luft betrachten, wie der Vater sie ernährt, und dann sagt Er, ob wir denn nicht viel mehr wert seien als sie (vgl. Mt. 6,26)? Er fordert uns dazu auf, uns einmal ansehen, wie großartig Er die Lilien auf dem Felde kleide, und wie viel mehr Er für uns zu tun imstande sei (vgl. Mt. 6,28-30). Warum sich Sorgen machen, wenn wir den Schöpfer des Universums haben, der für uns als Seine Kinder sorgt uns unseren Bedürfnissen sogar zuvorkommen möchte? Wie viel wichtiger sind wir Ihm als die Geschöpfe der Erde, für die Er bereits so gut sorgt? Er kennt unsere Bedürfnisse und Er weiß, wie Er sie decken kann. Das Reich Gottes ist solcherart, dass es nie nötig sein wird, sich für morgen Sorgen zu machen, solange wir unter Seiner Fürsorge sind. Gott zu kennen heißt, von keinen Sorgen zu wissen!

Jesus gab uns ein Modellgebet, um uns zunächst dabei zu helfen, dass wir erkennen, zu *wem* wir beten: zu Gott, unserem *Vater im Himmel*! Was für eine Offenbarung musste das für die Leute jener Tage gewesen sein! Stell dir vor, du kommst zu Gott als zu einem Vater, ohne irgendeinen irdischen Mittelsmann!

»*Unser Vater im Himmel! Dein Name werde geheiligt. Dein Reich komme. Dein Wille geschehe wie im Himmel so auf Erden. Unser tägliches Brot gib uns heute. Und vergib uns unsere Schuld, wie auch wir vergeben unsern Schuldigern. Und führe uns nicht in Versuchung, sondern erlöse uns von dem Bösen). Denn dein ist das Reich und die Kraft und die Herrlichkeit in Ewigkeit. Amen*« (Mt. 6,9-13; Luther 1984).

Es ist ein Vorrecht, Ihn unseren Vater nennen zu dürfen. Es ist ein Vorrecht und ein göttlicher Vorteil, ein Kind des Königs zu sein, ein Sohn oder eine Tochter Gottes, des Allerhöchsten! Er hat uns Zugang zu Sich Selbst gegeben durch Jesus und auch Zugang zu den Segnungen des Himmels und der Realität der übernatürlichen Bereiche Gottes. In den frühen Tagen war es für das jüdische Volk ungewöhnlich, Gott »Vater« zu nennen, denn das war viel zu intim, doch in diesem Modellgebet gibt Jesus sein OK dazu, Gott unseren Vater zu nennen – Er sehnt Sich nach Intimität mit dir. Er will, dass du weißt, wer du in Ihm bist! Wenn du betest, bete als Sein Kind: »Mein Vater im Himmel...«

Wenn wir sagen: »Unser Vater *im Himmel*«, dann erinnert uns dies an Seine Heiligkeit und an Seine Herrlichkeit; so ist Er in der Tat unser Vater, aber was noch viel wichtiger ist, unser *herrlicher und himmlischer* Vater.

Bete mit Leidenschaft!

Wir sollen mit Leidenschaft für die Herrlichkeit des Vaters und für Seine Pläne und Absichten beten! Geheiligt werde Dein Name! Dein Reich komme! Stets sollten Sein Name, Sein Reich und Sein Wille die oberste Priorität in unseren Gebeten haben und zuerst kommen, bevor wir unsere Bedürfnisse vor Ihn bringen. Wir müssen Ihn höher als jeden anderen Namen erheben, einschließlich des unseren! Wir müssen die Denkweise des Reiches Gottes haben und über Seine Pläne und königreichsmäßigen Absichten nachdenken. Natürlich geht es bei »Dein Reich komme, Dein Wille geschehe wie im Himmel, so auch auf Erden«, bei diesem zugrunde liegenden Thema dieses Buches, um das erobernde und sich ausbreitende Wesen des Reiches Gottes, wie es auf Erden dargestellt wird – Sein Wille, Seine Regierung und Seine ewige Herrschaft. Denn Sein ist das Reich und die Kraft und die Herrlichkeit in Ewigkeit! Wir sollen Gott preisen und Ihm und Seinem Namen allein das Reich, die Kraft und die Herrlichkeit zutrauen!

Christus zeigt uns durch dieses Gebet auch, dass wir zum Vater kommen können mit unseren Bedürfnissen nach Versorgung, Vergebung, Kraft und Macht, wenn uns Versuchungen ereilen. Doch Er versichert uns, dass wir angesichts von Versuchungen nie Größerem gegenüberstehen werden, als wir zu ertragen vermögen, und dass Er uns stets nahe ist.

Sohnschaft

Der zugrunde liegende Faden, eingewoben in das feine Muster der Worte Christi, ist insofern eine Verschiebung und Veränderung der Denkweise und des Charakters, dass Sein Leben in uns hinein- und durch uns gewirkt wird, wenn wir zuerst nach dem Reich Gottes und nach Seiner Gerechtigkeit trachten, denn dann werden all die Dinge, die Er aufzählt, uns hinzugefügt werden.

Beim Entfesseln unseres geistlichen Potenzials ist es entscheidend, dass wir zu unterscheiden lernen, was unserem geistlichen Charakter und dem Willen Gottes auf Erden förderlich ist. Es geht nicht um richtig oder falsch, um eine Liste von Regeln und Gesetzen, die wir zu befolgen hätten. Vielmehr geht es darum, in unserem Charakter Christus gleichgestaltet und an die Königreichsprinzipien angeglichen zu werden, die dem Fortschreiten der Königsherrschaft Gottes im Herzen der Menschen förderlich sind. Unser Ziel sollte es stets sein, zuallererst den Herrn zu lieben und Seinen Namen auf der ganzen Erde hoch zu erheben, indem wir Ihn verherrlichen in allem, was wir tun – und dann, einander zu lieben.

Wenn wir die Wege des Reiches Gottes beschreiten, segnet uns Gott. Es geht um das Prinzip von Saat und Ernte, und was wir säen, werden wir ernten (vgl. 2. Kor. 9,6; Gal. 6,7-8). Wir sind nicht länger unter dem Gesetz, und so sind wir gesegnet, wenn wir den Willen des Vaters tun, und wir sind nicht gesegnet, wenn wir ihn nicht tun. »Glückselig (gesegnet) sind die, ...« (vgl. Mt. 5,1-11). Kurz und bündig! Was wir auf das Fleisch säen, werden wir ernten, und so weiter.

Es ist deshalb entscheidend, dass du in den Prinzipien des Reiches Gottes gegründet bist und dass du dich darin gut auskennst, denn diese legen ein gutes Fundament für das, was ich im Folgenden auszulegen und dir beizubringen vorhabe. Nur wenn du diese Reich-Gottes-Prinzipien verstehst und darin lebst, wirst du den Durchbruch, die Bevollmächtigung und die volle Freisetzung deines übernatürlichen, göttlichen Potenzials erleben, um die Erde zur Ehre des Herrn umzuwandeln. Das Befolgen und Erfüllen der Königreichsprinzipien macht dich bereit für erstaunliche Königreichssegnungen und Wohltaten, nicht nur in den natürlichen, sondern auch in den übernatürlichen Dingen Gottes!

Du hast Hilfe dabei! Der Heilige Geist ist mit dir, um dich zu führen, zu ermutigen, anzuleiten und dir dabei zu helfen, anhand dieser Prinzipien zu leben. Sie werden dich frei machen! Sie werden in dir wachsen und dich wie Baupläne und Strategien begleiten, um die Erde mit der Herrlichkeit des Herrn zu erobern. Sie werden dich in eine ehrfurchtgebietende Bestimmung als ein Königreichsbürger in einer Königreichsnation katapultieren, in Gottes Nation!

Nur ein einziger Standard

Es gibt nur einen Standard, durch den wir leben sollen: Gottes Königreichsstandard. Dieser göttliche Standard ruft uns dazu auf, uns in der Art, wie wir denken, leben und atmen, radikal zu verändern. Es ist wichtig, dass wir unsere Denkweise verändern, und zwar von derjenigen des natürlichen zu derjenigen des übernatürlichen Bereiches Gottes, welcher die Realität der Königsherrschaft ist, denn das ist der einzige Weg, auf dem wir unsere Berufung und Bestimmung erfüllen können, und das bedeutet letztlich, Jesus nachzufolgen. Ich hoffe, dass diese Buch dir die Augen öffnet, den Vorhang hebt, dein Verständnis vermehrt und dich dafür begeistert, in der Realität eines Menschen zu leben, der ein Bürger in der Königreichsnation Gottes ist, sowie ein Miterbe mit Christus von allen ihren Segnungen.

»Durch Glauben« gehorchte Abraham, als Gott ihn rief, indem er zu dem Ort auszog, an dem er ein Erbe empfangen sollte, und er war sich nicht einmal ganz sicher, um welchen Ort es sich dabei überhaupt handelte! Durch Glauben, so sagt uns die Bibel, habe er als Fremdling im Land der Verheißung gelebt – und bei dir ist es nicht anders! Du und ich, wir sind Fremdlinge in der Welt, aber nicht mehr lange, denn das Land der Verheißung schreitet voran, nimmt zu, fasst Boden, und füllt die Erde. Ja, wir »wohnen in Zelten« mit Miterben derselben Verheißung, doch unser Ziel und unsere Herzen sollten darauf gerichtet sein, nach der Stadt zu forschen und Ausschau zu halten, die Grundlagen hat, deren Baumeister und Schöpfer Gott ist (vgl. Hebr. 11,8-10)!

Ich bete, dass der Heilige Geist zu deinem Herzen spricht, und dass die prophetischen, offenbarungsmäßigen Lehren, die ich mit dir teilen werde, dich in Bereiche von Königreichsrealitäten hineinkatapultieren werden, die dich in deine übernatürliche Reich-Gottes-Berufung hinein freisetzen zur Umgestaltung der Welt um dich herum.

In diesem, dem ersten von zwei Büchern über »das Reich Gottes in Kraft« ist es mein Herzensanliegen, dass die Fundamente, die wir legen, dich genügend inspirieren werden, damit du in die Dynamik dessen hineingestoßen wirst, ein übernatürliches, überwindendes, triumphierendes, siegreiches, besonderes und spektakuläres Leben zu führen, welches zu leben du geschaffen wurdest, indem du den Sinn Christi hast und bereit bist, genauso zu denken, wie Gott denkt.

Die Folgeband zu vorliegendem Buch, der im kommenden Jahr erscheinen soll, wird dich heiß darauf machen, in spektakulärer Weise durch Evangelisation die Ernte einzuholen. Wir werden im Detail die übernatürlichen Aspekte der Königsherrschaft Gottes, die dir zugänglich sind, auskundschaften und Schlüssel aufzeigen, um einen übernatürlichen Lebensstil und eine größere Sensitivität für den Geist Gottes zu entwickeln. Wir werden den Verstand, das Herz und die Gefühle siegreich erobern und unsere Autorität strategisch einsetzen, um dann daraus als diejenigen Sieger hervorzugehen, die den allergrößten Preis gewonnen haben – indem wir den Sinn Christi besitzen. Du wirst ermessen können, warum es so wesentlich ist, Seinen Denksinn zu haben, um täglich einen übernatürlichen Lebensstil zu führen – warum es so wichtig ist, eine absolute geistliche Siegereinstellung zu haben, wenn du an dem teilnehmen willst, was sehr wohl die größte globale Ernte werden könnte, die diese Erde je gesehen hat.

Es ist mein Gebet, dass »Das Reich Gottes in Kraft« (und auch sein Folgeband) in deinem Herzen einen Drang zur Tat erwecken möge, indem du dich erhebst und die Welt für das Reich der Himmel beeinflusst. Gott versammelt Seine Söhne und Töchter, um Sein Reich mächtig voranzutreiben. Neue Offenbarungen Seiner Liebe kommen zu dir, die zu einer Reichs-Gottes-Sicht und zu göttlichen Strategien führen werden, die dem Vater Ehre einbringen und die Königsherrschaft Gottes auf Erden etablieren werden.

Betritt die Zone des Reiches Gottes und erhebe dich zu jenem höheren Bereich und Plan, zu dem Gott dich berufen hat!

Kapitel 1

Die Realität der Königsherrschaft

Hast du dir je gewünscht, den Himmel zu schmecken? Ich meine, ihn wirklich zu erleben? Träumst du von ihm, davon, wie es da wirklich ist? Sehnst du dich danach, Jesus zu sehen, den Thron, die mit goldenen Straßen, die große Wolke von Zeugen, das kristallene Meer, die Wohnungen, Gottes Herrlichkeit, Glanz und Majestät? Denkst du über den glücklichen Ort nach, wo es keine Krankheit, keinen Tod, keine Armut gibt, wo du ohne Sorgen siegreich leben kannst?

Du bist nicht allein mit deinen Träumen und Hoffnungen auf die Ewigkeit. Die meisten von uns sehnen sich nach dem Tag, wo wir in den Himmel eingehen werden. Unsere Gedanken sind schon beinahe bei der Entrückung, und zum größten Teil leben wir tagtäglich, um über die Runden zu kommen. Wir harren aus bis zu jenem glorreichen Tag, wenn Jesus uns hinauf in die Wolken holen wird, heraus aus diesem großen, alten Durcheinander. Wir stellen uns vor, wie wir ein siegreiches Leben, ein wahrhaft überwindendes Leben führen werden. Wer hält nicht Ausschau nach diesem Tag? Ich weiß, dass ich kaum warten kann, bis ich an jenen Ort im Himmel gelange, sei es, dass Jesus mich in der Entrückung erwischt oder dass ich sterbe, bevor Er kommt.

Ja, als wiedergeborener und standhafter Gläubiger an Christus Jesus wirst du so etwas sehen und erleben. Warum jedoch warten? Warum sollten wir unser Leben bloß mit einer Denkausrichtung führen, die »den Himmel in die Zukunft« verlegt? Du kannst den Himmel schon jetzt erleben. Deine Erfahrung der Wiedergeburt war eine Einladung dazu, die Königsherrschaft Gottes jetzt, hier auf Erden, zu sehen und zu erleben. Wir haben unsere Wiedergeburtserfahrung beschränkt auf die These »eines Tages werde ich ein Erbe im Himmel haben«. Wenn wir jedoch wiedergeboren werden, betreten wir die Königsherrschaft Gottes und erleben sie im Hier und Jetzt.

Wir können nichts von Gottes Königsherrschaft sehen, solange wir nicht wiedergeboren sind. Jesus sagte einem Pharisäer namens

Nikodemus: »Ich versichere dir ganz fest: Wenn jemand nicht von neuem (d.h. von oben) geboren wird, so kann er das Reich Gottes nicht sehen (kennen, mit ihm vertraut werden, und erfahren)« (Joh. 3,3; *Amplified*). Diese neue geistliche Geburt und die Fähigkeit, die Königsherrschaft zu sehen, gehen Hand in Hand.

In Vers 5 sagt Jesus dem Nikodemus ferner: »Amen, Amen, (das) sage Ich dir: ‚Wenn einer nicht aus Wasser und Geist geboren wird, kann er nicht in die Königsherrschaft Gottes hineingelangen'« (Joh. 3,5; *Haller*[4]). Das meint mindestens ebenso das Jetzt, wie es unseren zukünftigen himmlischen Aufenthaltsort meint. Die Auferstehung Jesu brachte dich in die Fülle der Königsherrschaft, sodass du nicht bloß davon träumen müsst, Jesus zu treffen oder das Leben im Reich Gottes zu erfahren. Du kannst Ihn gerade hier erfahren und es erleben, gerade jetzt, hier auf Erden. Du brauchst nicht zu warten, bis du stirbst oder entrückt wirst, um dein himmlisches Erbe zu empfangen.

Ich möchte deine Mentalität bezüglich der Art herausfordern, wie du – wahrscheinlich die meiste Zeit über – von dem Reich Gottes denkst. Hast du gewusst, dass deine Gedanken und die Informationen, von denen du glaubst, dass sie wahr seien, deine Denkweise prägen? Was ist also deine *Königreichsmentalität*, was dessen Gegenwart, Zukunft oder beides anbelangt?

Unsere Denkweise, die »den Himmel in die Zukunft« verlegt, begrenzt uns völlig unnötig, weil seine Realität, seine ganze Kraft, für uns heute schon verfügbar ist. Wir sind geneigt zu denken, wie die Pharisäer dachten, als sie Jesus fragten, wann das Reich Gottes

---

4 Wie schon in anderen Publikationen des Wohlkunde-Verlages wurde zur Wiedergabe des Bibeltextes an einigen Stellen die ebenfalls im Wohlkunde-Verlag erschienene Teil-Übersetzung des Neuen Testaments »Und wir sahen Seine Herrlichkeit« gewählt, weil es sich bei ihr um eine der gesalbtesten und geisterfülltesten deutschen Übersetzungen handelt, verfaßt von einem Mann, der sich seit Jahrzehnten der Offenbarung über die Wiederherstellung des neutestamentlichen Christentums widmet, Manfred R. Haller. Er wollte diese »verständlich und deutsch klingen... lassen, sodass auch ein Kind, wenn es die nötigen Vorausetzungen mitbringt, ohne weiteres verstehen kann, was es da liest. Dieses Ziel lässt sich ohne Textzusätze nicht erreichen« (*Haller*, S. 7). Diese Zusätze stehen in Klammern, wobei die Klammern der besseren Lesbarkeit beim Lesen einfach ignoriert werden sollten. Die Entscheidung für die Fassung von Haller bedeutet keine Abwertung bestehender und bewährter Bibelübersetzungen; gerade aus der Elberfelder wird im Folgenden aufgrund ihrer Textgenauigkeit, oft zitiert (Anm. d. Übers.).

kommen würde. Er antwortete ihnen: »Das Reich Gottes kommt nicht so, dass man es beobachten könnte; noch wird man sagen: Siehe hier oder dort! Denn siehe, das Reich Gottes ist mitten unter euch« (Lk. 17,20.21a).

Der Himmel auf Erden

Jesus betete: »Dein Reich komme. Dein Wille geschehe, wie im Himmel, so auch auf Erden« (Mt. 6,10). Das Reich Gottes ist der Himmel auf Erden. Denke darüber nach – der Himmel auf Erden. Wir müssen lernen, wie man den Himmel und die Erde miteinander synchronisiert; denn darum geht es bei der Erfahrung unserer Wiedergeburt – jetzt schon in der Wirklichkeit des Himmels zu leben auf der Erde, und nicht einfach bloß zu denken: »schlussendlich werde ich einmal ins Reich Gottes eingehen«.

Es handelt sich hier *nicht minder um eine gegenwärtige Realität* wie um eine zukünftige. Du kannst die Königsherrschaft sehen, fühlen, berühren, hören und erfahren. Jesus Christus, der König der Könige und der König der Herrlichkeit hat sie erlebt, und wir können es auch. Tatsächlich kommt Sein Reich, um in deine Welt *einzudringen*, und du wirst dazu aufgefordert, gewaltsam Boden für das Reich Gottes einzunehmen. Die Botschaft der Stunde lautet: Der König und Sein Reich. Der König und Seine Königsherrschaft! Die Königsherrschaft Gottes ist diejenige Wirklichkeit, wie sie bereits im Himmel vorherrscht, auf Erden zum Ausdruck gebracht. »Dein Reich komme. Dein Wille geschehe, wie im Himmel, so auch auf Erden« (Mt. 6,10).

Die ewige Regierung und Herrschaft Gottes

Das Reich Gottes[5] ist die Regierung und die Herrschaft Gottes, und sie existierte schon vor Anbeginn der Zeit. Seine Königsherrschaft ist ewig und unveränderlich, wie Gott selbst ewig und unver-

---

5 Die Bibel bezieht sich darauf auch mit folgenden Ausdrücken: Das Reich Christi, das Reich Christi und Gottes, das Reich Davids, das Reich, das Reich der Himmel. Alle meinen – neutestamentlich gesprochen – dasselbe unter verschiedenem Blickwinkel, wie etwa dem der Autorität und Herrschaft Christi auf Erden, dem Blickwinkel der Segnungen und Vorzüge, die au Seiner Herrschaft resultieren, und dem Blickwinkel der Gemeinde (den gemeinschaftlichen Untertanen des Königreiches).

änderlich ist (vgl. Jer. 10,10; Dan. 4,34). Die Königsherrschaft Gottes hat vor aller Ewigkeit her existiert (vgl. Ps. 74,12) und Er hat Seine Königsherrschaft seit der Schöpfung der Welt für uns vorbereitet (vgl. Mt. 25,34). Die Königsherrschaft ist die Realität des nie endenden, unerschütterlichen und unveränderlichen Gottes des Universums. Sie ist die Wirklichkeit eines Herausrufens aus einem Leben außerhalb Seiner Natur und Person, hinein in ein Leben, das mit dieser Königreichsexistenz wieder verbunden wurde und das nie aufgehört hat. Obwohl die Sünde die Manifestation des Reiches Gottes auf Erden beeinträchtigte, hat sich doch die Königsherrschaft im Himmel nie geändert. Gottes Wille wurde im Himmel getan, wird gerade jetzt im Himmel getan, und wird immer im Himmel getan werden, aber Adams Sünde verhinderte, dass Sein vollständiger Wille auf Erden getan werden konnte.

Nun ist es nicht nur eine Königsherrschaft, die einmal existiert hat; sie existiert noch immer! Es ist eine gegenwärtige Königsherrschaft, die durch alle Generationen hindurch andauert und wo Gott auf ewig als König inthronisiert wird: »Der Herr thront auf der Wasserflut, und der Herr thront als König in Ewigkeit« (Ps. 29,10). Es ist die Herrschaft Gottes – das kommende Zeitalter – und Sein Reich dringt ein in das Reich der Welt, die des Teufels »gegenwärtiges, böses Zeitalter« genannt wird (vgl. Gal. 1,4). Das geschieht aufgrund des Todes und der Auferstehung Christi Jesu – des Sohnes Gottes, Der kam, um die Menschheit zu erlösen und die Königsherrschaft Gottes auf die Erde zu bringen. Die Königsherrschaft ist heute natürlich im Himmel wirksam, aber sie ist es jetzt ebenso auf Erden durch die Gläubigen, und sie wird am Ende zu einer letzten, endgültigen Vollendung und Vollkommenheit gelangen, wenn Christus das Reich an Gott übergeben haben wird (vgl. 1. Kor. 15,24).

Dias Reich Gottes und das Reich der Himmel bezeichnen oft dieselbe Sache, werden aber manchmal in verschiedenen Kontexten und in verschiedenem Sinne verwendet. Das Reich der Himmel ist ein Teil des Reiches Gottes. Es ist weit mehr als ein »himmlischer Ort« irgendwo dort draußen im Himmel, und umfasst viel mehr, als wir gewöhnlich realisieren.

DIE REALITÄT DER KÖNIGSHERRSCHAFT

Du bist sicherlich bereits mit der Wortbedeutung vertraut, die sich auf einen zukünftigen Himmel bezieht, doch diese Schriftstellen bezeichnen auch die geistliche Herrschaft, die der Messias mit Seinem Kommen hier unten auf der Welt etablierte – diese Evangeliums-Königsherrschaft der Errettung, die sich ausbreiten und über alle Nationen der Erde durchsetzen würde. Darum gibt es bestimmte Orte auf Erden, wo sich Seine Königsherrschaft und Gegenwart in einem höheren Maße manifestieren (was ich in einem späteren Kapitel erklären werde).

Auch wenn es für das Reich Gottes eine eschatologische[6] Anwendung gibt, soweit es Gottes Herrschaft auf allen Ebenen im Himmel und auf Erden anbelangt, betrifft das Reich Gottes auch uns heute im Sinne von Gottes Regierung und Herrschaft in den Herzen eines jeden Einzelnen von uns. Genauso wie Jesus den Pharisäern geantwortet hatte, sagt Er auch dir: »Wartet nicht darauf, in das Reich Gottes einzugehen; denn es ist in euch. Das Reich des Himmels ist nahe« (vgl. Mt. 3,2).

Das Reich des Himmels ist *jetzt* in unserem Innern.

Als wiedergeborener Gläubiger bist du ein Bürger des Reiches – aber bist du auch ein Königreichsbotschafter und lebst du auch als ein Bürger des Reiches des Himmels? Lebst, atmest, wandelst, redest, handelst und repräsentierst du Gott als Sein Botschafter in allem, was du tust oder sagst? Als Gott Seine Königsherrschaft zum ersten Mal ausdehnte, indem Er die Erde schuf, war Adam der erste Königreichsbotschafter. Wir wissen, dass Adam im Garten mit Gott wandelte und Gott ihm Herrschaft (Macht, Autorität, Kontrolle, usw.) über die Erde gab. Demonstrierst du Königreichsmacht? Wie steht es mit der Autorität? Hast du das Erbe angezapft, bist du eingetreten in die Segnungen, die dir gehören?

Der Mangel an Wissen

Wenige haben das geschafft – nicht aus Mangel an Verlangen, sondern aus Mangel an Wissen. Gott möchte, dass wir danach hungern, mehr zu lernen und dieselbe Kraft und Kühnheit zu erfahren,

---

6 Eschatologie ist die Lehre von den letzten Dingen (Anm. d. Übers.).

wie Jesus sie hatte, um zu heilen, zu predigen, zu lehren und zu überwinden, weil Er will, dass du so viel von der Erde mit so viel von der Königsherrschaft erfüllst, wie du nur kannst. Du bist Sein geliebtes Kind und als solches solltest du willig und bereit sein, so weit vorzudringen, wie du nur kannst, bis der Herr sagt: »Es ist genug!« (vgl. Mt. 11,12).

Die Königsherrschaft ist hier, jetzt. Geh hinaus und setz dich für sie ein! Wie Jesus Sein Sohn war, so bist du Sein Sohn oder Seine Tochter und du hast dieselben Schlüssel des Reiches Gottes geerbt.

Gott ist der König *des* Himmels und der ganzen Schöpfung. Jesus ist der König *vom* Himmel auf Erden und Erbe von allem, was zu den Königreichen des Himmels und zu Seiner ganzen Schöpfung gehört. Wir, die erlösten Söhne und Töchter, sind die Untertanen von Christi Königreich. Alles, was auf Erden ist, ist das Herrschaftsgebiet, das Gott uns gegeben hat, um mit Ihm zu herrschen und zu regieren. Als reife und erlöste Untergebene des Königreiches sind wir Herrscher, die als Könige unter dem König der Könige und dem Herrn der Herren regieren.

Wir können uns nicht zum Königtum hinaufarbeiten; wir müssen in es hineingeboren werden und wir müssen darin aufwachsen, um unsere Bestimmung, mit Ihm zu herrschen und zu regieren, zu erfüllen.

Der Himmel ist die Ordnung der ewigen Dinge. Er ist der Bereich des Unmöglichen und des Ewigen. Wir leben unter seinem schützenden und bedeckenden Baldachin und unter der Herrschaft und Regierung Gottes in unserem Herzen und in unserem Leben. Sein Banner ist die Liebe, und er wächst, bewegt sich, breitet sich aus und versucht, jeden Teil deines Lebens auszufüllen.

Hunger und Vorankommen

Sehnst du dich nach etwas, das größer ist, als du selbst es bist? Bist du in Bezug auf dein Leben geradezu verzweifelt-sehnsüchtig danach, geistliche Kraft und ewige Bedeutung zu haben? Möchtest du dich über das Gewöhnliche und Zeitliche erheben? Bist du mit dem Status quo unzufrieden? Großartig! Dann bist du hungrig nach Jesus und nach dem Reich Gottes, auch wenn du es vielleicht noch gar nicht weißt! Das ist deshalb so, weil du als ein geistererfüllter Gläubiger in Christus eine Person der Königsherrschaft bist, und du wirst solange unbefriedigt sein, bis du in die Prinzipien und die Unternehmungen des Reiches Gottes einbezogen worden bist. Hörst du, was der Herr über das Reich Gottes zu sagen hat? Er heißt dich willkommen und lädt dich ein, mehr davon zu lernen und es jetzt zu leben. Der Schlüssel ist, Hunger zu haben und voranzuschreiten.

Ich hatte Hunger. Ich verbrachte Stunden, Tage, und Monate damit, nach seiner Gegenwart zu schmachten. Ich ließ mich von ihr durchtränken[7], ich wartete, ich saß zu Seinen Füßen, ich schrie voller Sehnsucht zu Ihm und bat Ihn, Ihn sehen, Ihn kennen, Ihn berühren zu können, und, dass Er mich berührte. Und Er tat es! Zuweilen überwältigte mich eine, wie ich es nenne, »flüssige Herrlichkeits-Honigwolke Seiner Gegenwart«. Ich trachtete nach Ihm und streckte mich mit allem, was ich hatte, mit meiner ganzen Kraft, nach Ihm aus. Ich wollte Ihm keine Ruhe mehr lassen, wie auch die Menschenmenge damals Jesus keine Ruhe lassen wollte. Sie hungerten danach, mehr vom Reich Gottes zu hören. Selbst wenn Er sich an stille Orte zurückzog, suchten sie Ihn auf, in dem geradezu verzweifelt-sehnsüchtigen Verlangen, mehr von dem zu erfahren, was Er hatte und was Er wusste: »Als aber die Volksmengen es erfuhren, folgten sie ihm; und er nahm sie auf und redete zu ihnen über das Reich Gottes, und die, die Heilung nötig hatten, machte er gesund« (Lk. 9,11).

Jesus sprach nicht nur vom Reich bzw. von der Königsherrschaft Gottes, sondern Er demonstrierte auch die Macht der Königsherrschaft. Beachtet den »und«-Teil des Verses: »*und* die, die Heilung *nötig hatten*, machte er gesund«.

---

7   Der Fachbegriff hierzu ist »Soaking«: Sich eine ausgedehnte Zeit von der Gegenwart Gottes durchtränken oder »einweichen« zu lassen, während man einfach still vor Gott ist und sich innerlich auf Ihn ausrichtet. Da es hierfür im Deutschen keinen geeigneten Übersetzungsbegriff gibt, wird im Folgenden der eingedeutschte englische Fachbegriff, also »soaken« (sprich: Sowken), verwendet. Ein ähnlicher Gebrauch ist »trinken« oder »die Gegenwart und Kraft Gottes in sich aufnehmen oder ‚reinziehen' (Anm. d. Übers.).

Er hieß sie willkommen und heilte sie, und die Offenbarung ihrer neu gefundenen Erkenntnisse veränderte sie und veränderte die Welt. Meine Offenbarung und meine neu gefunden Erkenntnisse verwandelten mich. Ich bin der lebendige Beweis eines ehemaligen Drogenabhängigen und harten Biker-Typs, der umkehrte und zu einem entschlossenen Biker-Typ-Evangelisten und Erweckungsprediger wurde und der darauf aus ist zu erleben, wie Gottes Herrlichkeit in das Leben von Menschen eindringt. Als ich damals im Alter von 18 Jahren im Wohnwagen meines Drogendealers mein Leben Jesus übergab, befreite mich Gott unmittelbar von der Drogen- und Alkoholabhängigkeit. Ich hatte nicht ein einziges Verlangen oder eine Entzugserscheinung; damit meine ich, ich war gerettet, Mann!

Sofort tauchte ich ins Wort hinein. Eben erst als Dogenabhängiger von der Straße gekommen, hatte ich ja keine Ahnung von Kirchengeschichte oder Erweckung, von der Salbung zu heilen oder von der Gegenwart Gottes, aber ich hungerte danach, mehr über Jesus zu wissen. Dann jedoch empfing ich in einer Versammlung der Geschäftsleute des vollen Evangeliums die Taufe des Heiligen Geistes und mein Hunger nahm sogar noch zu. Jemand gab mir Benny Hinns Buch: »Guten Morgen, Heiliger Geist«, und die Offenbarung traf mich total – ich wollte mehr über diese Person des Heiligen Geistes wissen.

Bennys Buch erregte meine Neugierde und ich begann, in dieser Richtung jedes Buch zu lesen, das in meine Hände kam. Durch Hinns Dienst erfuhr ich von Kathryn Kuhlmann. Ich las Bücher von Oral Roberts und Kenneth Hagin, und ich erfuhr von anderen Glaubensriesen der Vergangenheit und Gegenwart, die an Erweckungen beteiligt gewesen waren und die im Dienst der Krankenheilung und der Evangelisation standen.

Als ich vom Evangelisten Reinhard Bonnke las, pustete es mich weg. Selbst heute noch erreicht er Millionen in einer einzigen Großevangelisation und erlebt, wie Hunderttausende von Menschen geheilt, gerettet und befreit werden. Was mich aber am meisten erstaunte und bewegte, war die Gegenwart Gottes in seinen Versammlungen. »Herr, das ist es, was ich möchte…«, rief ich zu Gott. Ich wollte, dass Gottes Gegenwart sich durch Stadien hindurch bewegte, auf den Marktplätzen – dass Hunderttausende von Menschen danach hungern und dürsten würden, Seine Gegenwart zu erfahren und zu kennen. Dies war mein tiefes Sehnen, seit ich meinen Dienst begann.

Hier war ich, ein unwissender Teenager praktisch ohne Schulbildung, der die Schlüssel entdeckt hatte, die eine solche Autorität von Christus bewirkten, um zu heilen und das Reich Gottes voranzutreiben. All diese Giganten des Glaubens waren mit Jesus zusammen gewesen. Diese Offenbarung brannte in meinem Herzen und ich wollte nichts anderes, als bei Ihm zu sein! Ich blieb dran und bat Gott um einen Dienst Seiner Gegenwart, und ich lud den Heiligen Geist ein, mein Leben zu erfüllen, sodass ich einer werden konnte, der Seine Gegenwart in die ganze Welt hinaustragen würde.

Ich rief meinem Gott zu: »Ich will den Preis bezahlen – ich will den Preis bezahlen, Herr! Ich will den Preis für die Salbung bezahlen!« Ja, ich war bereit und willig, jeden Preis für die Salbung zu bezahlen, um das Reich Gottes mit Gewalt an mich zu reißen (vgl. Mt. 11,12b)! Mann, war ich hungrig nach diesem Dienst Seiner Gegenwart und ich war ein williger Schüler. Ich lernte, mich in meiner Heilungssalbung zu bewegen, indem ich eine persönliche, intime Gemeinschaft mit dem Heiligen Geist entwickelte – ich wollte keinen einzigen Atemzug mehr ohne den Heiligen Geist tun! Als ich in der Beziehung zum Heiligen Geist wuchs, indem ich Ihm Fragen stellte und Ihn als eine Person kennenlernte, begann alles zu fließen, wie ein Strom – alles arrangierte sich ohne Anstrengung zugunsten meines Dienstes.

Heute predige ich in Stadien! In Lakeland, Florida, sahen wir, wie Zehntausende zusammenkamen, um die Gegenwart Gottes zu erleben. Jeden Tag sehen wir, wie sich das Reich Gottes ausbreitet – mit jedem Wort der Lehre, mit jedem Zeugnis, mit jedem Wort Gottes, das wir aussprechen, und diese Dinge verändern große Scharen von Menschen.

Das Reich Gottes: Heute aktiv

Im Gleichnis vom Senfkorn erklärte Jesus, dass das Reich Gottes, wie das Senfkorn, klein beginnt und still heranwächst, verborgen wie der Sauerteig (vgl. Mk. 4,30-32.26-29; Mt. 13,33). Diese Gleichnisse, die Jesus erzählt hat, deuten an, dass das Reich der Himmel eine Realität ist, bevor es auf eine machtvolle und ehrfurchtgebietende Weise in Erscheinung tritt. So ist es also nicht bloß eine zukünftige Realität, sondern besitzt *hier und jetzt* Realität.

Jesus demonstrierte diese Realität, als Er sagte, nachdem Er Dämonen ausgetrieben hatte: »Wenn ich aber durch den Geist Gottes die Dämonen austreibe, so ist also das Reich Gottes zu euch gekommen« (Mt. 12,28). Er sagte uns mit anderen Worten, dass die Königsherrschaft Gottes hier sei, und der Beweis bestand in der Austreibung von Dämonen.

Erinnerst du dich, was Jesus sagte, nachdem Johannes ins Gefängnis geworfen worden war, als Jesus in Galiläa eintraf, um das Evangelium vom Reich Gottes zu predigen? Er sagte: »Die Zeit ist erfüllt, und das Reich Gottes ist nahe gekommen. Tut Buße und glaubt an das Evangelium!« (Mk. 1,15).

Der Beweis dafür, dass die Königsherrschaft jetzt da ist, besteht auch heute noch im Leib Christi. Das ist aufregend – wenn wir durch den Geist Gottes Dämonen austreiben, dann *ist* (Gegenwartsform) die Königsherrschaft Gottes hier am Werk, *jetzt*. Die Königsherrschaft Gottes ist, durch die Macht des Geistes Gottes, heute noch immer am Werk in seiner autoritativen Macht über das Reich des Feindes.

Wir sehen auch gemäß der Schrift, dass es eine aktive Königsherrschaft ist, weil Jesus sagte, die gute Nachricht der Königsherrschaft Gottes werde gepredigt, und jeder »dringt mit Gewalt hinein« (vgl. Lk. 16,16), also wie wenn man sich *hineinpressen* würde. In Matthäus 11,12 benutzt Jesus die Gegenwartsform, wenn er sagt: »Aber von den Tagen Johannes des Täufers an bis jetzt wird dem Reich der Himmel Gewalt *angetan*, und Gewalttuende *reißen es an sich*«.

Die Königsherrschaft ist eine gegenwärtige Realität, wie sie es in den Tagen Jesu schon war.

Sie ist unser Erbe

Wir sind in Seinem Bilde als Geistwesen geschaffen und die Schöpfung erkennt uns als Kinder Gottes an. Denke daran: als Adam und Eva vor dem Fall im Garten wandelten, verbeugte sich die Schöpfung vor ihnen, denn sie gehörten zu Gott.

Als Gläubige sind wir die Gemeinde, die Herausgerufenen[8], solche, die von den Folgen der Zerstörung befreit worden sind, die durch Adam herbeigeführt worden war. Die Gemeinde besteht nicht aus Mauern und einem Turm, sondern aus Leuten, die aus einem Dasein herausgeführt wurden, das weder Gottes Natur noch seine Person enthielt, hinein in die ureigenste Natur Gottes. Alles, was dem entgegensteht, ist eine zerstörerische Widerstandskraft und befindet sich außerhalb des Bereichs der Königsherrschaft.

Als Seine Kinder sind wir nicht hier auf Erden, um uns mühsam durchs Leben zu schlagen oder um gerade noch irgendwie durchzukommen und zu überleben und es schließlich in den Himmel zu schaffen. Wir sind hier, um zu herrschen, zu regieren und Wohlergehen zu erleben, weil Gott diese Welt für uns geschaffen hat. Wir sind keine Waisen, auch sollten wir keine Mentalität von Waisen haben, sodass wir uns einsam und verloren, furchtsam oder arm, krank oder gebunden fühlen. Wir sind Kinder des Königs, in Seinem Bild geschaffen, aus Seinem ureigensten Geist geboren und mit Ihm erfüllt. Wir haben Autorität auf Erden, wir sind keine schwachen Wesen, auf Gedeih und Verderb der Welt ausgeliefert, weil wir gar nicht zu ihr gehören. Wir gehören zur Nation des Reiches Gottes, die weit über die Erde und deren dämonische Fürstentümer und Himmel hinausreicht. Jesus selbst hat gesagt, wir seien zwar in dieser Welt, aber nicht von dieser Welt. Wir sind von einer total anderen Dimension im Geist (vgl. Joh. 17,14; 18,36).

Tatsache ist, dass wir *Söhne und Töchter Gottes* sind, vom Geist Gottes geleitet und dem Gesetz des Heiligen Geistes in Christus

---

8 Das ist die buchstäbliche Bedeutung des griechischen Wortes für Gemeinde, *Ek-klesia* (Anm. d. Übers.).

Jesus unterworfen. Im Brief des Paulus an die Römer erwähnt er wiederholt die »Söhne Gottes«, und er sagt uns sogar, wer sie sind:
» Wie viele sich auch immer vom Geist Gottes anleiten lassen, sie sind (auf jeden Fall) Söhne Gottes. Ihr habt wahrhaftig nicht einen Geist der Sklaverei empfangen, so dass wiederum nichts als Furcht auf euch wartet. Vielmehr habt ihr den Geist der Sohnschaft empfangen, durch den wir laut schreien: »Abba (d.h. Papa, du bist unser lieber) Vater«! Er selbst, der Geist, bezeugt zusammen mit unserem Geist: »Wir sind Kinder Gottes«.« (Röm. 8,14-16; *Haller*).

Der Heilige Geist befähigt uns, gemäß dem »Gesetz des Geistes des Lebens in Christus Jesus« zu leben. Wenn wir in der Kraft des Geistes wandeln, erfüllen wir die Erfordernisse des Gesetzes.

»Denn das Gesetz des Geistes des Lebens in Christus Jesus hat mich freigemacht von dem Gesetz der Sünde und des Todes. Denn was dem Gesetz unmöglich war – weil es durch das Fleisch kraftlos war – das tat Gott, indem er seinen Sohn sandte in der gleichen Gestalt wie das Fleisch der Sünde und um der Sünde willen und die Sünde im Fleisch verurteilte, damit die vom Gesetz geforderte Gerechtigkeit in uns erfüllt würde, die wir nicht gemäß dem Fleisch wandeln, sondern gemäß dem Geist« (Röm. 8,2-4).

Weil Jesus lebt, kannst du gemäß »dem Gesetz des Geistes des Lebens« leben. Das Auferstehungsleben Jesu bringt uns in die *Fülle der Königsherrschaft Gottes*. Es teilte uns – durch den Heiligen Geist – Leben mit, um all das zu überwinden, was gegen uns auftritt.

Ein geistliches Königreich

Die Natur des Reiches Gottes ist geistlich. Wir sehen, wie Jesus im Bericht von Nikodemus vom geistlichen Aspekt spricht, wo Jesus mit ihm darüber sprach, wie man in die Königsherrschaft Gottes eintritt.

»Es gab (damals) einen Mann von (der Partei) der Pharisäer; er hieß Nikodemos und gehörte zur obersten Führungsschicht der Judäer. (Ausgerechnet) der kam (eines Tages), (als es schon) Nacht (war), zu Ihm, um mit Ihm zu reden. »Rabbi«, (sagte er), »wir wissen (sehr wohl), dass du von Gott als Lehrer (zu uns) gekommen bist. Niemand kann nämlich derartige (Wunder-)Zeichen vollbringen, wie du sie vollbringst, es sei denn, Gott ist mit ihm.«

DIE REALITÄT DER KÖNIGSHERRSCHAFT

Jesus richtete das Wort an ihn und sagte: »Amen, Amen, Ich sage dir (eines): Solange einer nicht von neuem (oder: von oben her) geboren worden ist, kann er die Königsherrschaft Gottes unmöglich sehen« (Joh. 3,1-3; *Haller*)

Nikodemus jedoch, der noch immer nicht ganz verstand, fragte weiter:

»Wie kann ein Mensch (nochmals) geboren werden, wenn er (bereits) ein Greis ist? Er kann doch unmöglich ein zweites Mal in den Bauch seiner Mutter zurückkehren und (nochmals) geboren werden?« Jesus erwiderte: »Amen, Amen, (das) sage Ich dir: » Wenn einer nicht aus Wasser und Geist geboren wird, kann er nicht in die Königsherrschaft Gottes hineingelangen« (Joh. 3,5; *Haller*).

Wir sind aus dem Geist geboren, und so sind wir ein Geist, wie Gott *der* Geist ist. *Wir sind Geister, die eine menschliche Erfahrung haben, nicht menschliche Wesen, die eine geistliche Erfahrung machen.* Mit dem folgenden Atemzug sagte Jesus: »Was aus dem Fleisch geboren ist, das ist Fleisch, und was aus dem Geist geboren ist, das ist Geist« (Joh. 3,6). Jesus macht hier eine sehr wichtige Aussage. Du bist Geist! *Du bist nicht ein menschliches Wesen mit einem Geist, wobei du versuchst, deinen Geist zu stärken*, denn was aus dem Geist geboren ist, das *ist* Geist. *Deine erste Natur als ein Gläubiger ist die des Geistes.* Du bist Geist. Denk darüber nach. Als Geist sollten dich die Beschränkungen eines natürlichen Körpers nicht begrenzen. *Du musst deine Art zu denken ändern, um dieses Prinzip der Königsherrschaft zu begreifen.*

Gott beabsichtigte die ganze Zeit für uns, dass wir mit den Augen der Königsherrschaft des Himmels sehen, durch eine ewige Wahrnehmung statt durch eine begrenzte, irdische. Wenn man uns infolge unserer irdischen Wahrnehmung sagen würde, dass wir eine unheilbare Krankheit hätten, so wäre dies für uns das Ende. Mit einer himmlischen oder Reich-Gottes-Wahrnehmung jedoch wissen wir, dass Gottes Kraft heilen kann – heute, jetzt, hier auf Erden – ohne dass wir erst auf unseren vollkommenen Körper im Himmel warten müssen.

Als Christ bist du ein Bürger des Himmels und nicht den Gesetzen und Begrenzungen der Welt unterworfen, in der du wohnst.

Gott hat dich zu einem Bürger und Repräsentanten Seiner Regierung und Seiner Welt gemacht. *Obwohl du in deinem Körper lebst, bist du nicht von hier ... du bist ein im Königreich Geborener.*

Gottes Königreichs-Perspektiven

»Das Reich Gottes ist nahe gekommen« (Mk. 1,15). »Nahe gekommen« bedeutet »stets in der Nähe« oder »nahegelegen«. Es ist ganz nahe, weil die Gegenwart und Persönlichkeit des Heiligen Geistes das Reich Gottes manifestiert – die schöpferische Kraft des Himmels auf Erden.

Das Reich, von dem Jesus redete, war nicht von dieser Welt. Pilatus gegenüber antwortete Jesus: »Mein Reich ist nicht von dieser Welt; wenn mein Reich von dieser Welt wäre, so hätten meine Diener gekämpft, damit ich den Juden nicht überliefert würde, jetzt aber ist mein Reich nicht von hier« (Joh. 18,36).

Jesus sagte mit anderen Worten, dass die Dinge, die um ihn herum vor sich gingen, all die Dinge, die zum irdischen Reich gehörten, Ihn nicht beeinflussten. Auch sagt die Bibel, wir seien »versetzt« worden vom Reich der Finsternis ins Reich des Lichts (vgl. Kol. 1,13; Apg 26,18). Er hat uns aus dem Reich der Finsternis errettet und uns in das Reich des Lichts versetzt. In diesem neuen Königreich sprechen die Leute eine völlig andere Sprache, die in keiner Beziehung mehr zu der Sprache steht, in der wir zuvor zu sprechen pflegten; das ist der Grund, warum es für uns unumgänglich ist, uns um die Erneuerung unseres Denkens zu bemühen. Wir müssen anfangen, die Dinge aus einer anderen, übernatürlichen Perspektive heraus zu sehen, vom Blickwinkel dessen, dass wir mit Christus in himmlischen Regionen sitzen (vgl. Eph. 2,6).

Die Juden waren mit der Idee vom Reich Gottes vertraut, doch Jesus gab ihr eine neue Bedeutung, als er sie Nikodemus beschrieb. Er sagte, dass Gottes Reich für die meisten Menschen unsichtbar sei, und um es zu erleben oder auch es überhaupt nur zu verstehen, müsse eine Person durch Gottes Geist erneuert werden (vgl. Joh. 3,3). Obwohl die Königsherrschaft Gottes ein geistlicher Bereich ist, können wir, weil wir selbst Geist sind, lernen, wie wir diesen geistlichen Bereich täglich berühren, in ihn hineingelangen, und erfahren. Gott möchte uns antworten, wenn wir zu Ihm rufen. Weil wir von Geist zu Geist kommunizieren, antwortet Er uns und zeigt uns Dinge, die wir niemals mit unseren natürlichen Sinnen sehen, fühlen, berühren oder hören könnten. Er sagt: »Rufe mich an, dann will ich dir antworten und will dir Großes und Unfassbares mitteilen, das du nicht kennst« (Jer. 33,3).

Wow!

Gott gebietet uns, unseren Sinn auf die Dinge zu richten, die droben sind, wo Christus ist. Wo ist Christus? In himmlischen Regionen:

»Wenn ihr nun also mit Christus auferweckt worden seid, dann (interessiert euch doch für das und) sucht das, was droben ist, wo sich Christus jetzt befindet, und wo er auf der Rechten Seite von Gott Platz genommen hat. Denkt (ständig und intensiv) über das nach (und sprecht miteinander darüber), was droben ist, statt darüber, was es auf Erden alles gibt. (Es ist so!), ihr seid gestorben, und das Leben, das ihr (jetzt führt), ist (im Augenblick noch) mit Christus zusammen in Gott verborgen. Sobald aber Christus, als euer (wahres) Leben, sichtbar erscheinen wird, werdet auch ihr mit ihm zusammen sichtbar erscheinen, und zwar in Herrlichkeit!« (vgl. Kol. 3,1-4; Haller).

Wenn wir unser Denken auf etwas richten, ist es gewöhnlich etwas, das wir uns wünschen oder suchen. Dinge, die wir suchen, sind meistens solche, auf die wir unseren Blick richten. Gott möchte, dass wir unseren Blick auf die Dinge droben richten, nicht auf die Dinge hier auf Erden. Wir sollen nach den himmlischen Bereichen und nach den Dingen des Himmels trachten. Das ist eine biblische Einladung, ein Befehl, nach den übernatürlichen Dingen Gottes zu trachten, nach der Königsherrschaft des Himmels. Wenn wir uns stattdessen auf die Erde, auf die Dinge dieser Welt konzentrieren, können wir nicht in die Dinge des Geistes eindringen.

Wir werden uns über unsere natürlichen Umstände erheben und in größerem Sieg leben, wenn wir auf Gottes Einladung reagieren, im Geist höher hinaufzukommen, danach zu trachten, vom Himmel zu hören, geistliche Offenbarung zu empfangen und Erfahrungen zu machen.

Offenbarung ist eine Augenblick-für-Augenblick-Entfaltung dessen, wer Jesus Christus, der König der Könige und der König der Herrlichkeit, und was Seine Königsherrschaft ist. Die Königsherrschaft Gottes bedeutet, dass der Wille Gottes auf Erden ausgeführt wird. Jesus sagte: »Wer mich gesehen hat, hat den Vater gesehen« (Joh. 14,9). Er ging umher, indem Er Gutes tat und diejenigen heilte, die vom Teufel überwältigt waren, denn dies war die Königsherrschaft Gottes (vgl. Apg. 10,38). Die Heilung von Krankheiten und Gebrechen war der Wille des Vaters. Die Heilung von *jeder* Krankheit und von *jedem* Gebrechen ist das Reich Gottes. Wenn du durch den Geist Gottes Teufel austreibst, dann ist das Reich Gottes zu dir gekommen.

Die Königsherrschaft willkommen heißen

Jesus verwirklichte den Willen des Vaters und tat nur, was Er den Vater tun sah (vgl. Joh. 5,19). Er setzte beispielhaft die Vision, die Er im Himmel sah, um und brachte das Reich Gottes auf die Erde. Als Er Seine Jünger lehrte, wie man beten solle, gab Er ihnen einen wichtigen Schlüssel, um das Reich Gottes auf Erden freizusetzen. Er sagte: »Betet ihr nun so: Unser Vater, der du bist in den Himmeln, geheiligt werde dein Name; dein Reich komme; dein Wille geschehe, wie im Himmel so auch auf Erden« (vgl. Mt. 6,9-10). Er sagte nicht einfach: »Vater, möge doch dein Reich kommen«. *Zuerst ehrte Jesus den Vater und sprach diese Worte aus einer Haltung der Anbetung und Vertrautheit heraus. Das ist der Schlüssel.* Er hieß das Reich Gottes, Seine Königsherrschaft, willkommen, weil Er wusste, dass – damit Gottes Wille genauso auf Erden geschehen konnte wie im Himmel – Seine Königsherrschaft mit einem anbetenden Herzen willkommen geheißen und zu kommen eingeladen werden musste.

Im Moment findet die Königsherrschaft Gottes auf Erden nicht so wie im Himmel statt, aber wir sollten wünschen, dass es so sei und uns wirklich danach ausstrecken, dies verwirklicht zu sehen. Als Jesus sagte, wir sollten beten: »Dein Reich komme«, machte Er damit deutlich, dass es im Augenblick auf der Erde noch nicht so wie im Himmel ist. Und als Er sagte: »Dein Wille geschehe«, sagte

Er im Grunde: »Es ist Mein Wille, dass es jetzt auf Erden so sein soll, wie es im Himmel ist«. *So ist es für den Leib Christi wichtig, den Vater auf diese Weise zu ehren, wie Jesus es tat, und dann Seine Königsherrschaft einzuladen und willkommen zu heißen, auf dass sie kommen möge.* »*Gott, ich heiße Deine Königsherrschaft willkommen. Bitte, komm in meine Welt herein, sodass die Erde anfängt, die Entsprechung und die Atmosphäre des Himmels anzunehmen! Bitte, lass es für mich auf Erden jetzt so sein, wie es im Himmel ist*«.

Es ist gut und richtig, die Herrschaft Gottes einzuladen, dass sie so komme, wie sie im Himmel ist, doch müssen wir stets daran denken, dass die Königsherrschaft dann kommt, wenn wir im Zentrum von Gottes Willen wandeln. *Die Königsherrschaft Gottes kann nicht mit Macht oder in ihrer Fülle kommen, solange wir nicht wirklich sagen können:* »*Dein Wille geschehe, ich übergebe Dir alles*«. *Solange man kein Bewusstsein davon hat, das eigene Ich hinzugeben und für gestorben zu halten, werden wir nie ein bedeutendes Maß von* »*Dein Reich komme*« *in unserem Leben erfahren.*

Was schafft die Atmosphäre für eine Beziehung, die das Reich Gottes auf die Erde bringt? Lobpreis und Anbetung, Hingabe und Gehorsam. Der Herr sitzt im Himmel auf dem Thron und die Erde ist der Schemel Seiner Füße (vgl. Jes. 66,1). Wir, der Leib Christi, bringen den Thron und den Fußschemel mit dem in Verbindung, dass die Reiche dieser Welt zum Reich unseres Herrn werden (vgl. Offb. 11,15). Wir sind diejenigen, die durch unser Handeln das Reich Gottes, die Herrschaft und Autorität Gottes auf Erden, aufrichten und dies verbindet all jene Dinge und Ordnungen, die im Himmel bereits vorhanden sind, aufs Neue mit der Erde.

Den Himmel auf Erden leben

Auf Erden im Himmel zu leben sollte das Ziel jedes Gläubigen sein. Wir können in diesen geistlichen Bereich hinaufgelangen, weil wir dazu eingeladen werden. Denke nur an Jakobs Traum bei Bethel, als er die Leiter sah, die bis zum Himmel hinaufreichte, auf der Engel auf- und abstiegen (vgl. 1. Mose 28,10-22). Das war ein prophetisches Bild vom geöffneten Himmel, das durch Christus möglich gemacht wurde. Diese Salbung der »Jakobs-Leiter« für Gläubige ist auch für heute, wie wir dies im Johannesevangelium sehen: »Weiter sprach Er zu ihm: ‚Amen, Amen, das sage ich euch: Ihr werdet sehen, wie der Himmel offen steht und wie die Engel Gottes über dem Menschensohn hinauf- und hinuntersteigen.'« (Joh. 1,51; *Haller*). Jesus machte diese außerordentliche Aussage, während er *auf der Erde* war. Jesus war buchstäblich »im Himmel auf der Erde« – so verbunden war Er mit dem unsichtbaren Reich Gottes.

Christus ist diese Leiter, der Weg von der Erde zum Himmel, der Weg, auf dem der Himmel seine Botschaften auf die Welt schickt, und der Weg, den wir gehen müssen, um den Himmel zu erreichen. Jesus machte für uns den Weg frei zwischen Erde und Himmel.[9] Er sagte: »Es ist nämlich noch keiner in den Himmel hinaufgestiegen (um sich dort umzuschauen und euch aus erster Hand zu berichten), ausgenommen Der, der (ohnehin) vom Himmel herabgestiegen ist: Der Menschensohn, [der (auch jetzt) im Himmel ist]« (Joh. 3,13; *Haller*).

Die Leiter in Jakobs Traum führte von der Erde hinauf zum Himmel. Niemand ist je zum Himmel aufgestiegen außer der Sohn des Menschen, der aus dem Himmel gekommen ist und der *im* Himmel ist. Er war im Himmel auf der Erde. Das ist die Erfahrung der Wiedergeburt. Im Himmel, auf der Erde. Auf der Erde, so, wie es im Himmel ist! Jetzt in der Wirklichkeit des Himmels auf der Erde zu leben bedeutet, die Königsherrschaft Gottes herbeizuführen. Er bahnte den Weg für eine klare und reichliche Offenbarung von Gottes Willen: dass der Himmel und seine Geheimnisse offengelegt werden sollen, die zuvor von Ewigkeit her verborgen gewesen waren, jetzt aber in voller Weise geoffenbart worden sind. Durch Christus, der Gott war, geoffenbart im Fleisch, wurden die Kommunikationskanäle zwischen Himmel und Erde, zwischen dem Thron und dem Fußschemel, etabliert. Aufgrund der Auferstehung

---

9 Barton W. Johnson, »Commentary on John 1,« *The People's New Testament* (1891) http://www.studylight.org/com/pnt/view.cgi?book=joh&chapter=001

DIE REALITÄT DER KÖNIGSHERRSCHAFT

des Erlösers öffneten sich die Himmel *für* die Erde, und der Himmel öffnete sich *auf* der Erde. Das war doch die flehentliche Bitte von Jesaja gewesen: »Ach, dass du den Himmel zerrissest, herabstiegst, sodass vor deinem Angesicht [bzw. vor deiner Gegenwart] die Berge erbeben!« (Jes. 63,19b).

Wir sehen auch, wie der Himmel sich geradezu herabsenkte, nachdem Johannes Jesus getauft hatte. Was da herabkam, war ein Königreich der Macht, der Macht Gottes und der Wunder und Zeichen und Kraftwirkungen, der Herrschaft und Autorität. Dieses Sich-Öffnen des Himmels und sein Herabkommen auf die Erde wurde später auch unmittelbar vor dem Tode des Stephanus durch den Sanhedrin anschaulich. Er sah die Herrlichkeit Gottes, weil der Himmel sich öffnete. Er sagte: »Siehe, ich sehe die Himmel geöffnet und den Sohn des Menschen zur Rechten Gottes stehen!« (Apg. 7,56). Damit er in den dritten Himmel hineinblicken konnte, musste er mit übernatürlichen Augen sehen können, wie dies Jesaja und Hesekiel lange vor ihm getan hatten. Möglicherweise war es aber auch so, dass der Himmel zu ihm herabkam, wie damals, als der Apostel Johannes die Heilige Stadt, das neue Jerusalem, »aus dem Himmel von Gott herabkommen« sah (Offb. 21,2).

Wie man die Segnungen im himmlischen Bereich ergreift

Der springende Punkt ist der, dass sich die Türe Gottes nie schließt. Der Himmel hat eine offene Einladung ergehen lassen, kühn vor den Thron zu kommen, um diesen unsichtbaren geistlichen Bereich des Reiches Gottes zu sehen und in ihn einzutreten (vgl. Hebr. 4,16). Wir werden auch eingeladen, so oft zu kommen, wie wir möchten, weil uns das Blut Christi freien Eintritt ermöglicht hat. Wir haben uneingeschränkten Zugang, sooft wir wollen. Unter dem Gesetz gab es Einschränkungen, doch unter dem Neuen Bund muss der Priester nicht mehr einmal im Jahr das Allerheiligste betreten. Wir alle sind geistliche Priester, die jederzeit frei hineingehen und die vielen Segnungen ergreifen können, die sich dort finden.

Weißt du, wie du Zugang hast »zu jedem geistlichen Segen in den himmlischen Regionen in Christus«, wovon die Bibel bezeugt, dass wir ihn haben (vgl. Eph. 1,3)? Viele von uns wissen, dass diese Segnungen dort sind, aber tief im Inneren glauben wir nicht, dass sie für uns sind. Dennoch möchte Gott, dass wir die Fülle dieser Verheißungen erfahren und dass sie für uns eine Realität sein mögen. Wir eignen sie uns an, indem wir mit Christus in den himmlischen Bereichen sind. Wir können uns das Erbe des Himmels nicht vom physischen Bereich hier auf Erden aneignen. Nur wenn wir den Bereich des Himmels erleben, das Reich Gottes, haben wir Zugang zu den übernatürlichen Segnungen und zum Erbe. Der Bereich des Himmels enthält ungeheure, aufgestapelte Reichtümer, und Gott möchte dieses übernatürliche Ressourcen-Zentrum für uns öffnen.

Bist du bereit und wartest du darauf, dass die Königsherrschaft Gottes dein Leben erobert? Wenn das bei anderen geschehen kann, dann kann es das auch bei dir. Das Reich Gottes ist herbeigekommen, es ist nahe, und es geht nur mehr darum, dass die Trennwand zwischen Erde und Himmel durchbrochen wird.

Träger des Reiches Gottes

Der natürliche Verstand, der fleischliche Denksinn, die Begrenzungen des Fleisches, Zerstreuungen, Ablenkungen und die Welt halten uns von der Manifestation der Fülle Gottes fern. Gerade jetzt bist du ein Träger der Königsherrschaft Gottes. Es ist nicht die zukünftige Königsherrschaft, sondern die nahegekommene Königsherrschaft – die Königsherrschaft Gottes in dir. Der Heilige Geist möchte, dass du dir eine Königreichs-Denkweise aneignest. Die Königsherrschaft geht von deinem Inneren aus. Derselbe Geist, der Jesus von den Toten auferweckt hat, lebt in dir, und Er führt deinem sterblichen Körper Leben zu (vgl. Röm. 8,11).

Mein Leben veränderte sich wirklich, als ich anfing, über diesen Vers nachzudenken und zu meditieren. Ich verbrachte viele Stunden nur damit, mich auf diese eine Wahrheit zu konzentrieren: Derselbe Geist. Derselbe Geist. Was? Derselbe Geist. Der*selbe* Geist?! Ja, *derselbe* Geist. *Derselbe Geist*, der Jesus von Nazareth salbte, *derselbe Geist*, der Jesus von den Toten auferweckte, lebt in mir! Das bedeutet, dass ich gerade jetzt ein Träger des Reiches

Gottes bin. Ich bin geladen und gefährlich! Und du auch. Du bist brandgefährlich!

Lebe in Christus, halte dich dem Ich für gestorben, erfahre die Auferstehung

Es ist geradezu eine Ironie, aber schon bald nach deiner neuen Geburt trittst du bewusstseinsmäßig in eine Todeserfahrung ein – der Tod deines Ichs, der Tod deiner fleischlichen Natur, dieses »alten Menschens«. Doch wir können Gott danken für die Auferstehungserfahrung, die darauf folgt. Bevor ich im Wasser getauft wurde, sagte mir jemand, dass, nachdem ich untergetaucht wäre, ich als neuer Mensch auferstehen würde. Das traf zu. Das Zusammentreffen dieser beiden Handlungen, das Untertauchen und das Heraufkommen, bewirkte, dass etwas Übernatürliches geschah.

Erstens, als ich ins Wasser hinabtauchte, identifizierte ich mich ganz bewusst mit Christus, dass er starb und in ein Grab gelegt wurde, und ich mit ihm. Symbolisch starb ich meinem Ich gegenüber. Mit anderen Worten, wenn du getauft wirst, identifizierst du dich mit der Wahrheit, und diese Wahrheit ist, dass du deiner alten Natur, ihren Sünden und Leidenschaften gegenüber gestorben bist – du bist gestorben. Glaub' es! – »Oder wisst ihr nicht, dass wir, so viele auf Jesus Christus getauft wurden, *in Seinen Tod hineingetauft/hineingetaucht worden sind?*« (Röm. 6,3; *eigene Übersetzung*). Es ist geschehen!

Zweitens, als ich aus dem Wasser herausstieg, war ich auferstanden, gerade so wie Christus auferstanden war![10] Auferstehung in eine völlig neue Art des Lebens! – »Durch die Taufe in Seinen Tod hinein sind wir nämlich (auch) mit Ihm zusammen begraben worden mit dem Ziel, dass, genauso wie Christus um der Herrlichkeit

---

[10] Natürlich erfolgte das Mitgekreuzigtsein, Mitbegrabensein, Mitauferwecktsein des Gläubigen mit Christus, ebenso wie sein Miterhöhtsein und Mitsitzendürfen zur Rechten Gottes (vgl. 2. Kor. 5,14; Kol. 3,3; Gal. 2,19; Eph. 2,6) bereits vor knapp 2000 Jahren, als der historische Jesus von Nazareth starb, begraben wurde, auferstand, zum Himmel auffuhr und Sich zur Rechten Gottes des Vaters setzte. Aktualisiert wurde diese Realität in der Bekehrung und Neuschöpfung des Gläubigen, aber bewusstseins- und erfahrungsmäßig erlebt das der Gläubige erst in seiner Taufe, welche all dies auf übernatürliche Weise besiegelt (Anm. d. Übers.).

des Vaters willen aus den Toten auferweckt wurde, auch wir (mit Ihm auferweckt werden und) eine völlig neuartige
Art von Leben führen können.« (Röm. 6,4; *Haller*). Es ist geschehen! Eine geistliche Mitteilung und Übertragung war geschehen, aktiviert durch die Kraft dessen, was durch diese prophetische Handlung im Geist geschehen ist.

Obwohl wir dazu neigen, unsere Auferstehung in die Zukunft zu verlegen, ist sie dennoch nicht bloß ein zukünftiges Ereignis! Als mich diese Offenbarung traf, begann ich damit, eine Auferstehungs-Denkweise zu entwickeln, indem ich dachte: *Mein Geist ist von den Toten auferweckt worden. Ich weiß, wie das ist,* dieselbe *»Herrlichkeit«, die Christus von den Toten auferweckt hat. Es war* dieselbe Herrlichkeit, *die meinen Geist berührt und mich lebendig macht gemacht hat! Ich habe bereits* genau dieselbe Auferstehungskraft *erlebt, die Jesus aus dem Grab aufgerichtet hat; und zwar hatte sie mich nicht bloß berührt, sie ist jetzt gerade in meinem Inneren wirksam! Es ist die Salbung, der Heilige Geist, der in mir wohnt!* Diese Offenbarung ging so tief, als ob man auf herrlichste Weise noch einmal wiedergeboren worden war!

Mit dem Geist erfüllt zu sein war für mich stets ein starker Schlüssel, um Kraft und Salbung in meinem Leben und Dienst zu manifestieren, aber ich muss »saftig«, »geölt« und »betrunken« bleiben! Oft *soake* ich und lasse mich in die Realität von Römer 8,11 einweichen, wenn ich nachts in meinem Bett liege – es ist so machtvoll!

Wie oft höre ich Leute sagen: »Ich habe nötig, dass Todd mir die Hände auflegt!« Für viele scheint Heilung etwas Äußerliches zu sein. Doch Gott möchte, dass die Menschen wissen, dass die Heilungssalbung durch den Geist kommt, der *in* ihnen wohnt – diese Heilungssalbung ist *in* dir! Der Heilige Geist ist nicht außerhalb von dir – Heilung ist nicht außerhalb von dir – sie ist dort, wo der Heilige Geist wohnt – *in dir*. Gott versucht gerade, deine Aufmerksamkeit zu gewinnen! Er sagt: »Du hast denselben Geist – derselbe Geist, der Jesus von den Toten auferweckt hat, lebt gerade jetzt in dir! Er ist genau derselbe Geist, der auch bei der Erschaffung des ganzen Universums beteiligt gewesen war. Er ist derselbe Geist, der

DIE REALITÄT DER KÖNIGSHERRSCHAFT

den Dienst Jesu mit Kraft ausstattete, um all diejenigen zu heilen, die vom Teufel überwältigt gewesen waren. Er lebt in dir!«

Nur fünf Minuten über diese Realität meditieren – und schon strotze ich wieder so voller Kraft – bereit, hinzugehen und für das Unmögliche zu glauben. Der Heilige Geist möchte, dass wir diese Reich-Gottes-Denkweise haben. Das Reich der Himmel ist nahe herbeigekommen, und das Reich Gottes ist in dir. Erlaube deinem Verstand nicht, dich zurückzuhalten und dir Beschränkungen aufzuerlegen. Du kannst jetzt in deinem göttlichen Erbe wandeln. Alles, was dich zurückhält, ist die Beschränkung deines natürlichen Denkens. Du wirst anfangen, die Königsherrschaft Gottes am Werk zu sehen, wenn du mit den Augen des Glaubens sehen lernst.

Deine Wunder kommen von innen. Die Heilungssalbung kommt von innen. Wenn Jesus in himmlischen Bereichen sitzt, zur Rechten Hand Gottes, des Vaters, wo lebt Er dann? Er lebt in dir. Christus in euch, die Hoffnung der Herrlichkeit (vgl. Kol. 1,27). Die himmlischen Bereiche sind in dir und dein Herz ist die Tür.

Dein Denken sollte auf den Vater ausgerichtet sein und darauf, ihn durch den kostbaren Heiligen Geist kennenzulernen. Jesus wusste dies, als er uns sein Modell-Gebet gab, eine Art zu beten an einem stillen Ort, sodass wir Ihn immer besser erkennen können.

Mit Hilfe dieses Modells, wie ich dies in der Einführung zu diesem Buch geschrieben habe, lehrt uns Jesus im Wesentlichen die Grundlagen dafür, wie man die Welt Gottes in unsere Welt und den himmlischen Bereich in unseren Bereich hier auf Erden zieht. Wir beten Ihn an und lobpreisen Ihn, wir liefern uns Ihm vollständig aus, tun Buße und bekennen – wo es nötig ist – Sünde (vgl. 1. Joh. 1,9). Wir vergeben anderen und verkünden Seine Kraft, Sein Reich und Seine Herrlichkeit in Ewigkeit.

Die Wahrheit Seines Wortes für den Glauben

Der Heilige Geist möchte, dass wir jetzt eine Reich-Gottes-Denkweise empfangen. Erinnere dich, es geht nicht einfach um eine zukünftige Königsherrschaft. Das ist ein Teil davon, ja, aber die Königsherrschaft des Himmels ist nahe gekommen, und die Königsherrschaft Gottes, das Reich Gottes, ist in dir – jetzt, hier. Das

Reich Gottes ist auf Erden, wie es im Himmel ist. Die Wahrheit Seines Wortes wird dir dafür Glauben verleihen, dass es Gottes Wille für dich ist, *jeden Tag den Himmel zu erleben*.

Ich weiß, dass ich zu solch einem Reich-Gottes-Bewusstsein gelangt bin, dass ich jetzt in meinem himmlischen Erbe lebe. Ich warte nicht nur auf die Zukunft. Ich träume und habe Visionen, ich sehe – im Glauben und in der physischen Realität – die Lahmen gehen und die Tauben hören, ich spreche prophetisch und ich erlebe die Wirklichkeit des übernatürlichen Bereiches Gottes hier auf Erden, gerade jetzt! Die Königsherrschaft des Himmels ist nahe gekommen. Wenn wir die Welt und ihr Weltsystem betrachten, müssen wir verstehen, dass im Geistbereich die Reiche dieser Welt bereits zu den Reichen unseres Herrn und Christus geworden sind (vgl. Offb. 11,15). Es ist geschehen! Die Welt weiß es nur noch nicht! Die Erkenntnis der Herrlichkeit des Herrn wird durch uns als Söhne und Töchter Gottes freigesetzt. Wir sind Vermittler und Verstrahler Seiner Herrlichkeit, die veranlassen, dass Sein Reich genauso auf die Erde kommt, wie es im Himmel ist.

Wenn wir die Salbung manifestieren, setzten wir sie frei! Gott möchte, dass wir wissen, wer wir zu sein berufen wurden, und Er möchte, dass wir in der *Fülle* dessen wandeln, *was Er für uns beabsichtigt hat und was uns gehört*. Wenn wir das tun, dann werden wir eine Gruppe von Menschen sein, die so sehr den Himmel manifestieren, dass Städte und ganze Nationen durch das Evangelium des Himmels nachhaltig beeinflusst werden.

Hör gut zu! Gewiss will Gott, dass Sein Wille auf Erden geschieht, wie das im Himmel der Fall ist. Er möchte hierbei unser Partner sein und uns die Realitäten des Himmels zeigen, sodass diese auf Erden zur Wirklichkeit werden. Wenn sich deine Partnerschaft mit Gott auf dieser Mitarbeiterebene mit Ihm befindet, sodass Himmel und Erde sich miteinander verbindend aufeinandertreffen, dann wird dein Leben in Christus eine vollständig neue Bedeutung annehmen. Denk mal darüber nach!

Gott ist riesig! Er möchte, dass wir unser Leben riesig und außergewöhnlich leben, genauso wie Er das tut. Wie soll die Welt wissen, wer Er ist, wenn wir nicht denselben Eindruck hinterlassen wie Er?

Er möchte Seine Herrlichkeit durch uns zur Schau stellen, aber wir müssen uns gemeinsam mit ihr bewegen – wir müssen herausfinden, was Gott will, dass wir tun, müssen sehen, was Gott tut, und es wirklich *tun*!

In den Tagen des Mose besaßen die Magier riesige okkulte Kraft. Wäre es Mose nicht gelungen, die Kraft Gottes zu erkennen und darin zu wandeln, hätte er bloß versucht, dem Pharao und seinen Magiern mit einer »Lasst-es-uns-versuchen-und-damit-ein-gutes-Bild-machen«-Einstellung gegenüberzutreten – hätte er dann die Macht der Herrlichkeit Gottes zur Schau gestellt? Wäre dann die Furcht Gottes über die Gegner gekommen? Erinnere dich, dass Gott zu Mose sagte, er solle dem Pharao mitteilen, dass Er Seine ganze Macht zur Schau stellen würde, damit die ganze Nation Ägyptens sehen würde, dass es keinen anderen Gott wie Ihn geben und dass Sein Ruhm über die ganze Erde ausgebreitet werden würde (vgl. 2. Mose 9,14-16). Pass auf! Wie wird die Welt Gottes Macht und Majestät sehen – wie sollen die Nationen für Christus gewonnen werden – wenn wir, das heißt du und ich, nicht endlich ernst machen und kühn demonstrieren, wer Er wirklich ist?

Unmittelbar vor jeder Versammlung, die ich leite, und manchmal sogar mehrere Tage am Stück, verbringe ich Zeit mit dem Herrn – und ich bitte darum, sehen zu dürfen, was der Vater tut. Oft zeigt Er es mir und ich kann schon ganz am Anfang der Versammlung kühn aussprechen, was Er mir gezeigt hat. Und genau so trifft es dann ein. Ob jemand von Taubheit geheilt werden wird oder ob jemand von einer Abhängigkeit befreit werden soll, ich kann die Werke des Herrn kühn ankündigen, weil ich schon im Geist gesehen habe, wie Er diese Personen geheilt hat.

Diese Stunde erfordert, dass wir Ihn auf der Erde verherrlichen, doch wenn wir Ihn der Welt gegenüber nicht manifestieren, wird diese nicht verändert werden. Es ist an der Zeit, unser Leben vollständig Gott auszuliefern, wieder ernsthaft Zeit auf den Knien zu verbringen und hingegebene Gefäße des Leibes Christi zu werden – diese Gruppe von Menschen, die durch die Gegenwart des Heiligen Geistes ausgezeichnet und versiegelt sind – gekennzeichnet, weil wir wie Jesus aussehen.

Wie viel von Gott kannst du empfangen und in deinem natürlichen Bereich manifestieren? Was hindert dich daran, es noch mehr zu tun? Dein natürliches, fleischliches Denken, die Beschränkungen des Fleisches, Zerstreuungen, Geschäftigkeit oder die Welt? Diese Dinge werden versuchen, dich daran zu hindern und davon fernzuhalten, Seine Fülle und die Fülle Seiner Königsherrschaft in deinem Leben zu manifestieren.

Eine Reich-Gottes-Mentalität zu haben, hat ganz und gar damit zu tun, dass die Liebe Gottes auf Erden geoffenbart und Seine Herrlichkeit freigesetzt wird. Eine verlorene und sterbende Menschheit benötigt die rettende Erkenntnis des Herrn Jesus Christus. »Wie sollen sie an den glauben, von dem sie nicht gehört haben? Wie aber sollen sie hören ohne einen Prediger?« (Röm. 10,14). So frage ich weiter: Wie werden sie hören, wenn wir nicht mit einer göttlich inspirierten Reich-Gottes-Denkweise gesalbt und ausgerüstet worden sind?

Dränge tiefer hinein, um den Herrn zu erkennen. Wenn du von ganzem Herzen nach Ihm suchst[11], wirst du eine echte Reich-Gottes-Denkweise haben, gesalbt und bevollmächtigt, hinzugehen und das Werk zu tun – in Jesu Namen.

Persönliches Gebet

Vater, heute bitte ich Dich, dass Du mir eine Freisetzung zu einer größeren Realität und zu einem tieferen Verständnis des Reiches Gottes schenkst, das in mir ist. Ich möchte Deine Königsherrschaft in eine verlorene und sterbende Welt hineintragen und sie auf Erden voranbringen. Bitte hilf mir zu sehen, dass ich an jeden Ort, zu dem ich hingehe, den Himmel mit mir trage, damit die Welt

---

11 Hierbei ist nicht ein Suchen nach Gott gemeint, das aus einer fehlgeleiteten Religiosität resultiert, als ob Gott Versteckspielen würde, sondern ein Aufsuchen von Ihm und ein Trachten nach Ihm, wie es in Mt. 6,33 oder in Hebr. 11,6 gelehrt wird und welches Gott signalisiert, dass wir es ernst mit Ihm meinen und Seine Herrlichkeit und Segnungen nicht leichtfertig für selbstverständlich erachten (vgl. Offb. 3,14-18; Jer. 48,10a; 1. Kor. 4,8a). Ebensowenig meint Todd mit der knienden Gebetshaltung ein religiös fehlgeleitetes »Kriechertum« als sündigunwürdiger Wurm, sondern ein Niederknien als Zeichen der Achtung und Ehrerbietung, wie es vielleicht am ehesten dem Bild eines ehrbaren Edelmanns entspricht, der sich vor den König hinkniet, um zum Ritter geschlagen zu werden (vgl. Eph. 3,14; Phil. 2,10; Röm. 14,11; Anm. d. Übers.).

befreit und gerettet werden kann. So wie ich den Himmel verstehe und wie es dort ist – dass es dort weder Krankheit noch Gebrechen, weder Armut noch Mangel gibt – möchte ich lernen, wie man die Erde für Deine Herrlichkeit einnimmt, Herr. Danke, dass Dein Reich gekommen ist. Gib mir eine tiefgreifende Offenbarung darüber, wer ich als Träger des Himmels in mir bin, weil ich ein Segen sein möchte, wohin auch immer Du mich führen magst, und weil ich auch erleben möchte, wie Menschen durch Deinen Geist umgewandelt und nachhaltig verändert werden.

Offenbare mir die Dinge, die mich davon abhalten, mehr von Dir zu erfahren – jene Dinge, die mich daran hindern, mehr von Deiner Macht in meinem natürlichen Bereich zu manifestieren, mehr von Deiner Fülle. Bring mich zu solch einem Reich-Gottes-Bewusstsein, dass ich mein himmlisches Erbe jetzt und hier ausleben kann. Bitte, gib mir eine Reich-Gottes-Mentalität. Es ist so gewaltig, dass derselbe Geist, der Jesus von den Toten auferweckt hat, in mir lebt und dass Du durch denselben Geist meinen sterblichen Körper lebendig machst und erquickst.

Danke, dass Du mich aus dem Reich der Finsternis in das Reich des Lichts versetzt hast. Weil Du den Sohn liebst, habe ich Glauben, zu sehen und zu wissen, dass du mir alles zeigen wirst. Gib mir eine tiefe Offenbarung Deiner Liebe, und wer ich als Dein Sohn bin, so dass ich jetzt das Leben auf Erden auf dieselbe Weise erfahren kann, wie es im Himmel ist.

»Dein Reich komme« bedeutet, Gottes Welt in unsere Welt einzuladen, sodass die Erde anfängt, jetzt schon das Bild und die Natur dessen anzunehmen, wie es im Himmel ist. Wenn du das Reich Gottes einlädst und die Königsherrschaft anfängt, sich in deiner Gegenwart zu manifestieren, verwandelt sich Niederlage in Sieg, Krankheit in Heilung, und ein Gebrechen in wunderbare Gesundheit. Heiße deshalb den Bereich des Himmels in deinem Leben willkommen. Wie es jetzt im Himmel aussieht, das solltest du dir für dein Leben, für deine Gemeinde, für deine Stadt und für deine Nation wünschen.

Schlüsselprinzipien des Reiches Gottes

- Hungere nach Gott. Trachte nach Ihm und strecke dich voller Sehnsucht nach Ihm aus.
- Bitte darum, eine Offenbarung über Jesus und über den Heiligen Geist in deinem Leben zu empfangen.
- Bitte um die Taufe des Heiligen Geistes, falls du diese wunderbare Gabe noch nicht empfangen haben solltest.
- Heiße das Reich Gottes auf dieselbe Weise willkommen, wie es uns Jesus vorgemacht hat. Bete, dass es für dich auf Erden jetzt so werden möge, wie es im Himmel ist.
- Trachte nach einer engen, vertrauensvollen Beziehung und Gemeinschaft mit Gott durch ausgedehnte ungestörte Zeiten der Intimität, des Soakens und der Anbetung.
- Bitte Gott um eine tiefere Offenbarung dessen, wer du in Ihm bist, und wer Er in dir ist.
- Liefere Ihm deinen Willen und deine Ambitionen aus, lege dein Eigenleben vor Ihm nieder und halte dich dir selbst gegenüber für gestorben.

Kapitel 2

Das Evangelium vom Reich

Das Evangelium vom Reich ist das Evangelium der Kraft. Es ist ein Evangelium von Ursache und Wirkung. In diesem Kapitel wirst du die Kraft kennenlernen, die im Evangelium vom Reich Gottes liegt, und verstehen, weshalb Wunder einfach geschehen müssen. Entdecke, wie die Kraft des Evangeliums vom Reich Gottes Zeichen und Wunder freisetzt, wenn du auszieht, um den Gefangenen die göttliche Botschaft »Dein Reich komme« zu proklamieren. Lerne, wie man mit Kühnheit und Kraft Zeugnis ablegt, indem du Ängste und Zurückhaltung überwindest. Werde mit Glauben und Kraft erfüllt durch Zuversicht in das Evangelium und in die Tatsache, dass »Gott mit uns« ist. Schließlich liegt mir am Herzen, dass du eine geistliche Einlage, Erteilung und Freisetzung erlangst zu einem Dienst von Wundern.

Das Evangelium nach Paulus

Gott möchte nicht, dass wir im Dunkeln wandeln, sondern vielmehr so, dass unsere geistlichen Augen weit offen sind, sodass wir sehen können, was Er im Himmel gerade sagt und tut. Jesus machte dies möglich durch die errettende Kraft des Kreuzes. Wegen Seines Opfers öffnete Er Sein Reich für alle Gläubigen, damit sie dienen, wie Er es tat, in der Kraft und Salbung des Heiligen Geistes.

Wenn du eine Offenbarung erlangen kannst von diesem Vers, der von Paulus geschrieben wurde, wirst du Wunder sehen, weil die Offenbarung des Evangeliums die Offenbarung des *Armes des Herrn* ist (vgl. Jes. 53,1). *Kraft* begleitete das Wort Christi, um zu heilen, zu retten und zu befreien.

»Denn ich schäme mich des Evangeliums von Christus nicht, denn es ist Gottes Kraft zur Errettung für jeden, der glaubt, zuerst für den Juden, dann auch für den Griechen« (Röm. 1,16).

Das Evangelium Gottes ist die Kraft Gottes! Das Evangelium *ohne* Kraft ist *nicht* das Evangelium von Jesus Christus. Jesus hat stets die Königsherrschaft mit dem Evangelium in Verbindung gebracht. Die Königsherrschaft ist die schöpferische Kraft Gottes, die aus dem Himmel in eine irdische Umgebung gebracht wird zu einer übernatürlichen Freisetzung von Wundern.

Wenn du die Gute Nachricht von Jesus Christus gepredigt hörst, aber nicht siehst, wie Menschen gerettet, geheilt, befreit oder umgewandelt werden, dann hörst du nicht das volle Reich-Gottes-Evangelium. Traurigerweise ist unser Evangelium heute zum größten Teil eine Sache von »ich denke« oder von »meiner Meinung nach«, oder sogar von »wenn du mit mir im Glauben übereinstimmst – das ist es, was ich denke…«. Gott sei Dank kehrt das Wort des Herrn nie leer zurück (vgl. Jes. 55,10-11). Viele im Leib Christi haben das Evangelium der Kraft einem Evangelium politischer Korrektheit geopfert, einem Evangelium, das die Tagesordnung nicht wirklich durcheinanderbringt, oder predigen ein steriles ohne jede Tiefe, Wirklichkeit oder wunderwirkende Kraft. Als Folge davon sind viele Kirchen leer, trocken, oder angefüllt mit durstigen, kranken, sterbenden, verzweifelten Menschen.

»Ich schäme mich des Evangeliums nicht« offenbart den raffinierten Römern das Herz von Paulus. Ziemlich sicher schrieb er dies, weil einige dort oben auf den höheren Stufen der gesellschaftlichen Leiter sich geschämt hätten oder zu stolz gewesen wären, als Nachfolger von Jesus Christus bekannt zu werden, der für ihre Sünden gekreuzigt worden war, besonders weil die niedrigeren Schichten die Gute Nachricht gerne annahmen. Paulus schämte sich nicht. Er sagte kühn: »Denn es ist die *Kraft Gottes* zur Errettung für *jeden*, der glaubt«, weil er wusste, dass die Gute Nachricht von Jesus Christus in sich eine Kraft barg, und dass jeder – jung, alt, arm und reich – Jesus brauchte. Paulus wusste dies aus Erfahrung, weil er die dynamische Kraft[12] Gottes am Werk gesehen hatte. *Wir* verleihen dem Evangelium keine Kraft, aber *wir können*

---

12 Das griechische Wort für Kraft lautet *dynamis*.

aufhören, die Kraft Gottes zu behindern, indem wir die *Dynamis* des Evangeliums Christi predigen und demonstrieren.

Als die Jünger umherzogen und die Gute Nachricht verkündigten, war dies mehr als nur eine Nachrichten-Eilmeldung. Sie hatte Kraft! Jedes Wort von ihr besaß Kraft. Es war nicht bloß eine Anweisung, wie man ein heiteres Gemüt bekommen konnte. Es war mächtig genug, das Gemüt froh zu machen. Es war kein Zehn-Schritte-Programm, um dich selbst zu heilen. Die Botschaft selbst konnte die bösartigsten Krankheiten heilen. Das Evangelium verleiht nicht nur Kraft, es *ist* Kraft. Es ist die Kraft Gottes, des Schöpfers.[13] Es ist der Heilige Geist, der durch das Wort wirkt, und ohne Seine Kraft ist das Evangelium nichts anderes als eine zusammengefaltete Zeitung. Die Kraft des Wortes Gottes gibt einer Person den Glauben, in einem Augenblick ihr ganzes Leben Jesus anzuvertrauen.

»Denn das Wort Gottes ist lebendig und wirksam und schärfer als jedes zweischneidige Schwert, und es dringt durch, bis es scheidet sowohl Seele als auch Geist, sowohl Mark als auch Bein, und es ist ein Richter der Gedanken und Gesinnungen des Herzens« (Hebr. 4,12).

Paulus musste Vertrauen in die Macht des Evangeliums haben, sogar um es zu predigen und um andere zu ermutigen, es den Römern zu predigen, weil Rom glaubte, alles über Macht zu wissen. Aber trotz der Macht, derer sie sich rühmten und von der sie glaubten, sie als Imperium des Welt-Kraftwerks zu haben, trotz all ihrer Macht waren sie unfähig, sich von ihren »Kloaken der Bosheit«[14] abzuwenden. Sie waren, wie wir alle, unfähig, sich selbst vor Gott gerecht zu machen. Das bringt nur die ewige und mächtige Kraft des Evangeliums von der Königsherrschaft zustande – dieses lebendige Evangelium von Jesus. Beachte, dass die Macht des Römischen Reiches schon längst vergangen ist. Himmel und Erde werden vergehen, doch Gottes Wort wird »unter keinen Umständen vergehen« (Mt. 24,35).

---

[13] Vgl. David Guzik »Commentary on Romans 1« in: David Guzik's Commentaries on the Bible. Enduring Word Media, 1997-2003, http://www.studylight.org/com/guz/view.cgi?book=ro&chapter=001
[14] So charakterisierte es Seneca, der alte, römische Philosoph.

Ursache und Wirkung

Worte, Worte, Worte! Jeden Tag werden wir durch Fernsehen, Radio, Zeitungen, Selbsthilfebücher, Zeitschriften, Predigten, Seminare, Konferenzen, Schulungen usw. mit Worten überschwemmt. Was die Welt überhaupt nicht braucht, sind noch mehr Worte, die keine Kraft in sich haben. Was sie hingegen wirklich braucht, ist die Kraft und Wahrheit, die sich in den Worten des Evangeliums findet: die Kraft für Wunder, die Kraft für atemberaubende Zeichen von Gott, die Kraft zur Heilung und die Kraft zur Freiheit von Unterdrückung; doch am allermeisten braucht sie die Kraft, die das Denken von Menschen ändert, ihr Herz und ihr Leben. Die Welt braucht die überflutende, lebensverändernde, umwandelnde Kraft des Evangeliums Jesu durch den Heiligen Geist.

Das Evangelium veränderte das Leben der Christen von Thessalonich. Paulus sagte: »Unser Evangelium, (das wir verkündigen), erreichte euch nicht nur (in Form von) bloßen Worten, sondern (vielmehr) mit der (entsprechenden) Kraftentfaltung, in (der Wirklichkeit) des Heiligen Geistes und im Vollmaß einer (göttlichen) Gewissheit...« (1. Thess. 1,5; *Haller*).

Wenn der größte Prediger der Welt das Evangelium in einem Stadion verkündigen würde, das voller Menschenmassen wäre, aber der Heilige Geist nicht durch das Wort wirkte, dann würden die Worte des Predigers so leer sein wie jedes andere Wort, das wir hören, weil dann keine Kraft in der Botschaft wäre. Der Heilige Geist bewirkt durch das Wort »Ursache und Wirkung«, damit jeder, der die Gute Nachricht hört, Kraft und Leben empfängt und so eine lebensverändernde Transformation erfährt. Wenn der Heilige Geist durch das Wort wirkt, können wir das Evangelium von Jesus Christus mit Gewissheit und Kühnheit verkündigen und sofortige Resultate sehen.

Was geschah, als die Thessalonicher das Evangelium der Kraft hörten? Sie wurden Nachfolger (vgl. 1. Thess. 1,6). Sie machten eine Kehrtwendung und hörten auf, toten Dingen zu folgen. Ja, sie hatten Schwierigkeiten und bekamen sogar noch viel mehr davon, als sie Christus nachfolgten. Dennoch hatte Paulus volle Zuversicht in die Macht Gottes. Er wusste wohin er ging, und sie folgten seiner Führung. Sie nahmen die Gute Nachricht an, selbst wenn das Schwierigkeiten bedeutete. Sie empfingen sie freudig mit der Freude des Heiligen Geistes! Dann wurden sie, wie Paulus, zu einem Beispiel für andere Gläubige (vgl. 1. Thess. 1,7).

Das ist genau die Art, wie Reich-Gottes-Arbeit geschehen sollte. Auch wenn die Thessalonicher Jesus erst seit kurzer Zeit nachfolgten, waren sie dennoch Beispiele für Christi Liebe und Macht. Das ist es, was die Welt braucht – das Wirken des Heiligen Geistes durch das Wort. Die Macht des Evangeliums und der Heilige Geist, der es mit Brennstoff versorgt, machen uns zu kühnen Zeugen. Es ist unsere Aufgabe, der Welt das wahre Christentum zu zeigen, es zu leben, es zu demonstrieren und nicht nur darüber zu reden. Wenn das geschieht, wenn der Leib von Gläubigen kühn Zeugnis gibt, wird die Welt darüber reden. Denke an die Schlagzeilen der Titelseite mit den allergrößten Neuigkeiten!

Die Neuigkeit von der Umwandlung der Thessalonicher verbreitete sich wie ein Lauffeuer. (Thessalonich war ein wichtiges Geschäftszentrum, zu dem Leute reisten, um Geschäfte zu machen usw. Deshalb verbreiteten sich dort Neuigkeiten auch so schnell). Paulus sagte: »Denn von euch aus ist das Wort des Herrn erschollen…« (1. Thess. 1,8a). In diesem Kontext bedeutete dies, dass die Worte, die sie predigten, wie ein Trompetenstoß wirkten! Es dauerte nicht lange, bis die ganze Region von ihren Werken gehört hatte.

Stell dir nur einmal vor, was in den Geschäftszentren heute geschehen würde, wenn wir, wie dies die Leute von Thessalonich taten, das Evangelium der Kraft so richtig machtvoll verkündigen würden? Kannst du dir vorstellen, wie weit und wie schnell dieses Trompetensignal in die Nationen hinausschallen würde?

Glaube und Einfluss

»… sondern an jedem Ort ist euer Glaube an Christus ausgebreitet worden, sodass wir nicht nötig haben, etwas zu sagen« (1. Thess. 1,8b). Das Wort des Herrn drang hinaus, und auch ihr Glaube verbreitete sich. Hier sehen wir die Ursache und Wirkung wiederum in Form von Glauben und Einfluss. Damit Glaube geschieht, müssen wir dieses Evangelium der Kraft selbst erfahren; es muss zuerst uns packen, bevor es andere packen kann. Wenn es uns packt, erheben sich in uns unser Glaube und unsere Kühnheit, um das Wort zu verbreiten. Nicht nur das, sondern allein schon unser Leben als Zeugnis und als lebendige Bestätigung von der Herrlichkeit und Macht des Herrn, uns umzuwandeln, wird Gerede, Verwunderung, Neugierde und Interesse wecken. Die Worte Christi an die Frau am Jakobsbrunnen veranlasste sie, in die Stadt zu rennen und jedermann zu sagen: »Kommt und seht diesen Mann, der von mir Dinge gewusst hat, die ich ihm nie mitgeteilt habe« (vgl. Joh. 4,29).

Das Evangelium Jesu Christi ist nicht bloß eine Botschaft. Ja, die Botschaft ist wahr, dass Jesus kam, starb, dass Er auferstand und dass Gott die Welt so sehr liebte, dass Er Seinen eingeborenen Sohn gab. Ja, darin liegt eine Botschaft, aber Jesus hat nicht bloß eine Botschaft ausgerichtet. Er *demonstrierte* die Botschaft, und so tat es auch Paulus, »in der Kraft von Zeichen und Wundern, in der Kraft des Geistes Gottes, so dass ich von Jerusalem an und ringsumher bis nach Illyrien das Evangelium von Christus völlig verkündigt habe« (vgl. Röm. 15,19).

Halte fest am Muster der gesunden Worte

In seiner Botschaft an den manchmal ängstlichen Timotheus sagte Paulus: »Du brauchst dich also keineswegs wegen des Zeugnisses von unserem Herrn zu schämen, und auch nicht wegen mir, (weil ich) um Seinetwillen im Gefängnis (sitze). Erdulde vielmehr mit (mir) die Leiden für die Frohbotschaft, (so wie) die *Kraft* Gottes (dich befähigt)« (2. Tim. 1,8; *Haller*). Haben wir das Evangelium dafür immun gemacht, dass es verbreitet werden kann? Schwächen wir seine Botschaft ab, um ja nicht irgendwem auf die Zehen zu treten? Überziehen wir es mit einem Zuckerguss, um es mundgerechter zu machen? Haben wir Angst davor, zurückgewiesen zu werden? Vor Spott? Vor Verfolgung? Paulus sagte: »*Halte fest* das Bild der gesunden Worte, die du von mir gehört hast, in Glauben und Liebe, die in Christus Jesus sind« (vgl. 2. Tim. 1,13). Halten wir das Bild, die Vorlage des Glaubens und der Liebe aus Angst zurück? Paulus sagte: »Gott hat uns nicht einen Geist der Furcht gegeben, sondern der Kraft und der Liebe und der Besonnenheit« (2. Tim. 1,7). Mit anderen Worten: »Habe keine Angst davor zu leiden, Timotheus, weil die Kraft Gottes dich durchtragen wird. Bleibe in Seinem vollkommenen Muster der Worte und du wirst dich nicht fürchten«.

All diese Dinge – Kraft, Liebe und Besonnenheit – haben wir in Christus Jesus geerbt. Das sind all die Dinge, die wir brauchen, um uns anzuleiten, wenn wir das Evangelium von der Königsherrschaft verkündigen.

Wie in den Tagen von Paulus scheint die Botschaft, Jesus Christus nachzufolgen und Ihn zum Herrn und Erretter über alles zu machen, für viele etwas Fremdes zu sein – vielleicht noch mehr in unserer »Ich-will-es-selber-machen«-Welt. Der Plan Gottes in Christus Jesus mag vielen töricht erscheinen. Einige mögen sich dadurch als »schwach« charakterisiert vorkommen oder bekommen sogar Angst, doch Paulus wusste, dass die Botschaft der Errettung die lebendige und wirksame Kraft Gottes war, um zu verwandeln und zu retten. Paulus schämte oder ängstigte sich deswegen in keinster Weise. Es gab nichts, was ihn hätte hindern können, das Evangelium der Kraft jedem Verlorenen oder Gefangenen zu verkündigen – ob es nun jemand war, der Einfluss und Macht besaß, oder jemand, der (in den Augen der Welt) unwichtig und bedeutungslos erschien. Er sagte Timotheus Folgendes und wir sollten Sorge tragen, seinen weisen Rat zu befolgen:

»*Dies ist der Grund, warum ich auch all diese Dinge durchmachen muss. Doch schäme ich mich (überhaupt) nicht; ich kenne doch Den, dem ich (mein) Vertrauen geschenkt habe! Ich bin (absolut) sicher, dass Er fähig ist und auch die Macht hat, auf das mir Anvertraute aufzupassen und es bis zu jenem Tag zu bewahren.*« (2. Tim. 1,12; Haller).

Der Christus der Kraft

Wie können wir uns Christen nennen – Nachfolger von Christus Jesus – wenn wir dem Christus der Kraft nicht nachfolgen? Denn genau das ist Er! Wie können wir – um alles in der Welt – nicht glauben, dass Wunder, Zeichen und Kraftwirkungen für heute sind? Zu behaupten, Wunder seien mit dem Zeitalter der Jünger vorbeigegangen, hieße, dass auch das Evangelium vorbeigegangen ist. Es hieße, dass Jesus nicht wirklich für *uns* gestorben und auferstanden ist, und dass derselbe Geist, der Ihn von den Toten auferweckt hat, nicht wirklich in uns wohnt. Es wäre ein kraftloser Geist – nicht der Heilige Geist – denn Er ist unwandelbar, genauso wie Gott unwandelbar ist und wie Jesus Derselbe ist gestern, heute und in Ewigkeit (vgl. Hebr. 13,8). Hat die Bibel dich überzeugt, dass Er fähig ist?

Wir können das Evangelium den ganzen Tag lang predigen, aber das wird noch keine Seelen gewinnen. Das wird die Herzen der Leute nicht gewinnen. Wir können reden, theoretisieren, theologisieren, räsonieren, argumentieren, debattieren und Zeit damit verbringen, zu beweisen, dass Jesus gelebt hat, aber das wird nicht ein einziges Herz gewinnen. Wie oft stoßen wir doch auf die religiöse Meinung, die glaubt, je mehr wir die Schrift zitieren, je lauter wir schreien, je mehr wir Höllenfeuer und Schwefel predigen, desto größer würden die Chancen stehen, jemanden für das Reich Gottes zu gewinnen! Wie oft sehen wir dann Leute, die dasitzen oder herumstehen und in eiskaltem Schweigen oder völliger Gleichgültigkeit zuhören?

Mein Team und ich hielten auf einem unserer Besuche in Südafrika, einige Freiversammlungen in den Gettos einer der Städte ab. Wir sahen, wie viele Drogenabhängige und Gangster die Kraft Jesu kennenlernten, und viele fielen unter der Kraft des Heiligen Geistes und kamen zum Glauben an den Erretter. Doch unmittelbar hinter uns, auf einem Hügel, standen 30 Gangster, die diese Leute verhöhnten und verspotteten. Ich rief ihnen zu und sagte: »Ihr glaubt das alles nicht?«

Mehrere antworteten: »Nein, das glauben wir nicht; wir glauben nicht an Gott. Das ist doch alles Schwindel und inszeniert«.

Was konnte ich da tun? Wie konnte ich sie überzeugen? Würde mehr Predigen sie überzeugen? Würde eine Lektion in Theologie diese gewalttätigen Jungendlichen und Drogenabhängigen überzeugen? Ich glaube nicht. Ich rief sie herüber und sagte: »Gut, das ist das, was ihr glaubt, aber stellt euch hier in die Reihe und lasst euch die Hände auflegen. Seht zu, wie Gott euch dann berührt. Ich garantiere euch, wenn Gott euch nicht berührt, werde ich sagen, dass es Gott eigentlich gar nicht gibt«.

Sie stellten sich in die Reihe, und der Heilige Geist bügelte sie nieder, meine Freunde! Wusch! Da fielen sie alle zu Boden, lagen unter Seiner Kraft, und jeder von ihnen wurde gerettet. Darum benötigen wir eine Manifestation der Demonstration des Geistes Gottes und der Kraft. Das ist Evangelisation in der Kraft des Geistes! Wenn wir das dann noch mit dem Weitergeben von Prophezeiungen kombinieren, wirkt es sogar noch stärker.

Glaube nach vorne aufs Feld

In diesen Tagen, besonders in Nordamerika, haben wir doch »alles schon gehört«. Das Christentum ist nichts Besonderes – es wird mit jeder anderen Sache in Verbindung gebracht, die beansprucht, dass sie etwas ändern, umwandeln, in den Griff bekommen oder modifizieren kann. Es gibt sogar Leute, die unseren Glauben als heuchlerisch bezeichnen, weil sie nicht sehen können, was wir behaupten, wenn wir Zeugnis ablegen. Wir predigen »Ich bin der Herr, der dich heilt« (2. Mo 15,26), doch wie viele Heilungen erleben wir? Wenn wir predigen: »Durch Seine Wunden sind wir geheilt« (Jes. 53,5; 1. Petr. 2,24), aber nicht Mut fassen und im Glauben einer Person die Hände auflegen oder für diese Person beten, wie wollen wir sie da gewinnen? *Haben wir wirklich Glauben, dass Gott heilt?* Hält Furcht uns zurück? Was hält dich zurück? Warum sagen: »Ich werde für Sie beten«, wenn wir doch auf der Stelle beten können, im Glauben, dass Gott das, wofür wir beten, auch bewirken wird? Wir müssen uns von der frommen Plattform herunter begeben mitten unter die Leute mit dem praktischen Evangelium der Wahrheit! Wir haben Hunderte von Verheißungen, aber wagen wir uns je mit ihnen hervor? Gott lügt nicht. Er ändert sich nicht und Seine Verheißungen durchdringen die Gegenwart noch genauso, wie sie in der Vergangenheit durchgebrochen sind.

Plattform oder Demonstration?

Ist das Christentum eher eine Plattform der Verheißungen oder treten wir konkret mitten unter die Leute mit den Verheißungen Gottes und demonstrieren sie – Seine Verheißungen, zu heilen und zu befreien, zu binden und zu lösen, zu retten und freizusetzen? Wie oft benutzen wir das Christentum doch mehr als eine Plattform, um unsere Gemeinden wachsen zu lassen, statt als ein Werkzeug, um die Verlorenen zu gewinnen? Das Gewinnen von Verlorenen für Christus durch mächtige Demonstrationen Seiner Macht ist doch Plattform genug! Bewaffnet mit der Wahrheit, sprechen wir den Verlorenen Seine Verheißungen zu, den Kranken, den Sterbenden, den Gefangenen: »Durch Seine Wunden *seid ihr geheilt* im Namen Jesu Christi von Nazareth!« Lege die Hände auf jemanden und sage: »Jesus sagte: ‚Siehe, ich bin gekommen, damit ihr Leben habt und es im Überfluss haben sollt'« (vgl. Joh. 10,10). Alles, was Leute brauchen, wollen oder sich wünschen, können sie in Ihm finden.

Die Macht Gottes, die durch uns wirkt, wird dumpfe, apathische und verhärtete Ohren und Herzen öffnen. Das Einzige, was ein Kraftwerk der Ernte freisetzen wird, ist die Königsherrschaft der Kraft in uns und durch uns. Wir leben in einer Zeit der Beschleunigung, meine Freunde. Die Zeit ist kurz, und es wird eine Demonstration dessen geben müssen, dass die Königsherrschaft der Himmel nahegekommen ist. Gott salbt und begabt Sein Volk dazu, das Evangelium der Kraft durch die Kraft des Heiligen Geistes zu bezeugen und zu verkündigen. Ich sage dir, ich sorge dafür, dass die Menschen in meinen Versammlungen wissen, dass Gott real und in ihrer Mitte ist.

Christen benötigen Begegnungen mit Gott. Das klingt töricht, nicht wahr? Als wir Jesus in unser Leben aufnahmen, glaubten wir nicht, dass Sein Kommen, um in uns zu wohnen, eine Begegnung bedeuten würde? Doch erst, wenn wir das zu einer Gemeinschaft und echten Begegnung mit Ihm machen – zu einem Zweiwege-Dialog –, sodass wir in Seiner Gegenwart Zeit verbringen, Zeit im Geist, und wenn wir uns wirklich nach Ihm ausstrecken, dann begegnen wir Ihm wirklich.

Ergreife Ihn!

Wir müssen Ihn ergreifen, wenn wir sehen wollen, was Er gerade im Himmel tut! Wie können wir den Himmel auf die Erde holen, wenn wir nicht einmal ein Empfinden für den Charakter Gottes haben? Meine Freunde, lasst das »Kopf«-Christentum fahren und ergreift das Beziehungs-Christentum. Eine Beziehung zu Gott ist explosiv und voller Dynamit. Könnt ihr euch vorstellen, ganz konkret und praktisch imstande zu sein, zu *sehen*, was der Vater im Himmel gerade tut? Jesus konnte dies. Er gestand, dass »der Sohn nichts von sich aus tun kann, sondern nur das, was er den Vater tun sieht; denn was immer er tut, tut in gleicher Weise auch der Sohn« (Joh. 5,19). Das war der Schlüssel zu Seinem Königsherrschafts-Dienst. Hier sagt Jesus: »Mein Vater hat gewirkt, also wirke auch ich«. Was für eine kraftvolle Wahrheit! Könnte es sein, dass Jesus Visionen gehabt hatte, wie der Vater Wunder vollbrachte, und Er dann das Beispiel des Vaters nachahmte? Sah Er den Vater den Lahmen heilen oder dem Blinden die Augen öffnen? Sah Er, wie der Vater Lazarus von den Toten auferweckte? Brachte Gott zuerst mit seinem Netz einen großen Fischfang an Land oder vermehrte Er zuerst die Brote und die Fische? Ich bin sicher, Jesus wusste, wie der Wind und das Meer zu beruhigen waren – es war aufgrund der Fähigkeit des Vaters.

Wie kannst du das anwenden? Nehmen wir an, wir führen eine Evangelisation durch. Weil Gott außerhalb der Zeit lebt, hat die Versammlung, die wir morgen haben werden, bereits im Bereich der Ewigkeit und Vorherbestimmung stattgefunden – sie ist sozusagen bereits im Himmel durchlebt worden. *Unsere Aufgabe im Dienst besteht darin, zu sehen, zu warten, zu hören, und zu verstehen, was der Vater im Himmel gerade tut, und es auf der Erde zu reproduzieren. Das bedeutet es, wenn Sein Wille auf Erden so getan wird, wie er im Himmel geschieht.*

Am Tag, bevor eine Gruppe unserer Praktikanten hinauszog, um eine Evangelisationsarbeit in der Kraft des Geistes auf einem Universitätscampus in Bellingham, Washington, durchzuführen, hatte einer der Praktikanten einen prophetischen Traum. Er träumte von einem großen Mann, der eine Beinverletzung hatte und ein Gipsbein trug. Im Traum sah der Praktikant, wie er für den Mann betete und der Mann geheilt wurde. Am folgenden Tag ging er rund um das Universitätsgelände und hielt Ausschau nach dem Mann, den er im Traum gesehen hatte. Mit welchem Erfolg? Da war er! Er ging zu ihm hin und sagte: »Ich hatte einen Traum von dir. Darin habe ich für dich gebetet und du bist geheilt worden. So seltsam das auch scheinen mag, ich habe von dir geträumt, und da bist du!«

Der Kerl berichtete, er sei ein Profi-Footballer und hätte eine Verletzung erlitten. Der Arzt hatte ihm gesagt, er müsse den Gips noch mindestens sechs weitere Wochen tragen. Sobald der Mann nun das seltsame Angebot in seinen Kopf hineingekriegt hatte und sich bei dem Gedanken, geheilt zu werden, eigentlich ganz angenehm fühlte, betete der Praktikant. Auf der Stelle wurde der Spieler geheilt. Er schüttelte seinen Gipsstiefel ab und rannte umher, um es zu beweisen. Gott ist ständig geschäftig am Wirken, und es liegt an uns, zu arbeiten, sodass Himmel und Erde synchron gleichziehen. Wir sehen, was der Vater tut, und wir tun ebenfalls, was der Vater tut.

Die Schrift sagt uns, dass Gott schon zuvor auf diese Weise gewirkt hat. Gott gab Mose ein Muster, aufgrund dessen er eine Stiftshütte für Ihn bauen konnte. Warum tat Er dies? Weil, wenn Mose Gottes Muster genau befolgte, die Herrlichkeit gewiss kommen würde. Moses bildete auf Erden ein getreues Abbild vom wahren himmlischen Tempel. Es musste bis zum exakten Detail so nachgebildet werden, genau nach den präzisen Maßen. Nur dann würde Gottes Herrlichkeit kommen und es erfüllen. Wir sehen oft keine größere Dimension von Gottes Herrlichkeit und Macht, weil wir nicht gelernt haben zu sehen, was der Vater tut, und wir wissen nicht, wie Er möchte, dass es getan wird.

»*Durch Glauben verstehen wir, dass die Welten durch Gottes Wort bereitet worden sind, so dass die Dinge, die man sieht, nicht aus Sichtbarem entstanden sind*« (Hebr. 11,3).

Alles, was ich heute an Wunderkraft aktivieren kann, hat damit zu tun, dass ich damit anfing, es vom Himmel her »nachzubauen«. *Ich habe damit begonnen, mit dem Wort Gottes dem »eine Form zu geben«, was Gott mir verheißen hatte, aufgrund jeden Traumes, jedes prophetischen Wortes, jeder Verheißung, jeder Schriftstelle, jedes Verlangens. Ich gestaltete es gemäß dem, was ich in meinem Herzen hatte, gegründet auf dem, was ich bin, und was zu tun ich berufen worden bin.* Ich trat in diesen Geist ein, ich trat an diesen unsichtbaren Ort, und ich nahm mir etwa Folgendes vor: »Alles, was sich in diesem Bereich befindet, machte Gott aus einem Ort, der unsichtbar ist, und so werde ich das Unsichtbare benutzen, um das Sichtbare zu bauen«. Das ist biblisch.

Er wird den Vorhang zurückziehen

Ich warte stets auf Gott und trachte danach, zu sehen, was Er tut, oft Stunden bevor ich zum Dienst antrete. *Ich bitte den Heiligen Geist, den Vorhang zurückzuziehen und mich die Wunder im Geist »ausleben zu lassen«, die Er in diesem Gottesdienst tun möchte, noch bevor ich dorthin gehe.* Gott möchte mit allen von uns auf diese Weise kommunizieren, wenn wir uns bloß die Zeit nehmen möchten, in Seiner Gegenwart zu warten und zu sehen, was Er tut. Diese Zeiten des Wartens auf Gott sind für mich unglaublich intensive Erfahrungen. Der Herr kann mir da ohne weiteres zehn spezifische Worte der Erkenntnis für Menschen geben, die im Gottesdienst an jenem Abend anwesend sein werden, doch später weiß ich, wenn ich länger ausgeharrt hätte, hätten es 20 oder 30 sein können. Je länger du in der Gegenwart des Herrn wartest, desto mehr Offenbarung wird Er ausschütten. Ich bin an den Punkt gekommen, wo Folgendes der Fall ist: Je länger ich in Seiner Gegenwart ausharre, desto unglaublicher in ihrer Präzision sind die prophetischen Details, die ich empfange. Oft lasse ich den Gottesdienst in meinem Geist vorüberziehen, wie Gott ihn mich im Geist »sehen« oder »hören« lässt. Manchmal höre ich diejenigen, die dort sein werden, miteinander über ihre Hoffnung auf Heilung sprechen, über die Art von Krankheit, die sie haben, und so weiter. Später weiß ich sogar ihre Namen, ich kann ihnen gewöhnlich mit absoluter Präzision sagen, was ihnen fehlt.

Einmal erhielt ich eine Einladung, um in Kansas City in einer riesigen 4000-Teilnehmer-Zeichen-und-Wunder-Erweckungsversammlung zusammen mit mehreren großen Propheten zu dienen. Es war das erste Mal, dass ich Seite an Seite mit einigen dieser großartigen Heiligen dienen sollte, und ich fand es ein bisschen einschüchternd, denn ich war ja sprichwörtlich »der neue Junge in der Straße«.

Die Dinge waren schon im vollen Gange, als ich einige Tage, nachdem die Konferenz bereits begonnen hatte, eintraf. Es hatte jedoch noch keine Manifestationen von Zeichen, Wundern und Kraftwirkungen gegeben, trotz der Vielzahl von gesalbten Rednern. Es schien merkwürdig, wenn man die angekündigten Themen wie Heilungserweckung, übernatürlicher Dienst, die Funktion von Wundern usw. betrachtete, doch aus irgendeinem Grunde entschloss Gott sich dazu, noch abzuwarten.

Ich bin sicher, dass die Leute anfingen, sich zu wundern, warum sie noch nicht eine Demonstration eines Wunders, Zeichens bzw. einer Kraftwirkung erlebt hatten. Es war, als besuchte man eine prophetische Konferenz, ohne dass man bisher auch nur eine Prophetie vernahm. Wie es sich dann herausstellte, hatten diese großen Kollegen von mir das Gefühl, sie sollten das alles mir überlassen, und in der Tat warteten alle sehnsüchtig auf meine Ankunft: »Nun, Todd trifft am Samstag ein, also wird der Wunder-Teil dieser Konferenz dann erst stattfinden«. Kannst du dir den Druck vorstellen, der auf mir lastete? Ich kehrte in mein Hotelzimmer zurück, bis ich an der Reihe war zu sprechen, und ich rief zum Herrn: »O Gott, gib mir eine Strategie! Was geschieht gerade jetzt im Himmel, Vater? Was soll ich heute Abend tun? Welche Botschaft soll ich bringen? Hilf mir!« Während ich auf meinem Bett lag und auf eine Antwort wartete, sagte Er zu mir: »Todd, heute Abend wirst du dich im Wort der Erkenntnis bewegen«.

Ich antwortete: »O nein, das werde ich nicht!«

»O doch, das wirst du, Todd! Tatsächlich wirst du die genauesten, detailliertesten Worte der Erkenntnis geben, die du je geäußert hast!«

»Aber Gott«, entgegnete ich ganz überrascht, »ich werde mich nicht im Wort der Erkenntnis bewegen heute Abend. Lass dies doch andere tun, die es schon seit langer Zeit machen, aber nicht mich! Warum lässt du mich nicht einfach hineingehen und das Wort predigen und für die Kranken beten?«

»Todd, du wirst dich im Wort der Erkenntnis bewegen«, sagte Er. Und das war es dann, bis Gott mir plötzlich genau dort, in meinem Hotelzimmer, eine Vision im Geist gab. Obwohl es noch fünf Stunden dauerte, bis die Versammlung anfing, befand ich mich trotzdem »mitten im Gottesdienst« und hörte ein Gespräch zwischen einem Ordner und einem Paar mit. Sie baten den Ordner, ob er es nicht einrichten könnte, dass ich ihnen die Hände auflegen würde, doch der Platzanweiser sagte, das sei nicht möglich, ich sei bereits auf der Plattform und er könne mich jetzt nicht stören.

Doch der Mann war unerbittlich und sagte: »Nein! Sie müssen Todd mitteilen, dass wir den ganzen Weg von Mexiko hierher gekommen sind! Ich bin ein Pastor, und das hier ist meine Frau. Es gibt einen Jungen in unserer Heimatgemeinde, der von einem Auto erwischt wurde und ins Koma gefallen ist. Er ist zwar wieder daraus erwacht, aber es hat ihn schlimm erwischt und wir möchten, dass Todd die Hände auf uns legt, damit er ein Wunder erlebt«.

Hier hörte meine Vision auf. Ich stand auf, kleidete mich an, verließ das Zimmer und ging zur Versammlung. Der Konferenzsaal war gepackt voll mit Anbetern. Sobald ich auf der Plattform war, fragte ich sogleich: »Wo ist der Pastor und seine Frau aus Mexiko, in deren Gemeinde sich ein Junge befindet, der von einem Auto erfasst wurde und der jetzt aus dem Koma erwacht ist?«

Das Paar flog förmlich nach vorne zur Plattform. »Das sind wir«, riefen sie, »wie konnten Sie das wissen?«

Ich antwortete schlicht: »Der Junge wird geheilt werden«.

Darauf erklärten sie das Ausmaß der medizinischen Probleme dieses Jungen, und plötzlich war ich mir der Dinge nicht mehr so sicher. Sie erklärten, der Junge sei nicht nur querschnittsgelähmt; er befinde sich auch noch in einem vegetativen Zustand.

Danke vielmals, Herr, dachte ich. *Ich habe bereits meinen Mund aufgemacht und prophezeit, dass er geheilt würde, aber ich hab ja nicht gewusst, dass es so schwerwiegend ist!*

Das ist der Grund, weshalb Gott uns oft bezüglich der genaueren Details im Unklaren lässt – weil es bei uns zuweilen Nervosität und Zweifel verursachen würde. Es ist ein wenig so wie bei Petrus, als er aus dem Boot stieg, um auf dem Wasser zu gehen. Alles ging gut, bis er realisierte, was er da eigentlich tat. Ihm ging auf: »Warte einmal, Petrus, ich bin *auf* dem Wasser!« Hätte ich wohl eine solche Zuversicht gehabt, wenn ich das Ausmaß der Situation des Jungen gewusst hätte?

Darf ich dir eine Frage stellen: Sollten diese Arten von Wundern, die unsere Erwartungen an Gott sprengen, gelegentliche Spitzen oder Höhepunkte in unserem Wandel sein, die wir nur selten erleben, oder sollten sie die ganze Zeit über geschehen? *Was ist deine Erwartung? Möchtest du, dass Gott Sich in allem machtvoll durch dich bewegt?*

Wie oft erwartest du, dass Gott mit absoluter Klarheit zu dir spricht? *Wenn der Vater den Sohn liebt und Ihm alles zeigt, was Er tut, warum kann Gott nicht auch uns, die wir in Christus sind, alles zeigen, was Er tut?* (vgl. Joh. 6,20). Gott möchte uns *alles* zeigen, was Er tut. Haben wir nur Glauben, um Gott einmal im Jahr zu hören oder zu sehen... einmal im Monat ... oder häufiger? Wenn du wirklich eine Offenbarung von der Liebe des Vaters zu dir hast – dass du ein geliebter Sohn, eine geliebte Tochter bist – dann wirst du nicht erwarten, Ihn nur einmal im Monat oder einmal in der Woche zu sehen. *Der Vater liebt Jesus und zeigt Ihm alles, was Er tut.* Gott tut nicht ab und zu etwas Wunderhaftes – Er ist ständig damit beschäftigt, warum also bist nicht auch du damit beschäftigt, das zu tun, was des Vaters ist?

Mach dir keine Gedanken – Gott zu bitten, was Er gerade vorhat, macht Ihm überhaupt nichts aus. Du kannst in der Wahrheit leben »Ich kann tun, was ich Gott tun sehe« und es täglich praktizieren!

Reich-Gottes-Hilfen

- Überwinde den Geist der Furcht (vgl. 2. Tim. 1,7; Lk. 12,32; und Römer 8,15).
- Trachte nach einer Offenbarung des Immanuel, des »Gott mit uns«.
- Gott wird das Wort durch die mitfolgenden Zeichen bestätigen (vgl. Mk. 16,20).

- Der Herr wird mit dir zusammenarbeiten; Er wird dir zur Seite stehen.
- Hab keine Angst; Er ist bereits da und wartet auf dich.
- Reagiere auf Seinen Ruf, und Er wird mit Seinem Werk beginnen.
- Wir sind Seine Botschafter: Autorität, Macht und Engel sind unsere Rückendeckung.
- Du und Gott – ihr seid Partner. Partner arbeiten zusammen. Du kannst nicht ohne Gott wirken.

Entwickle Zuversicht

Der Dienst des Reiches Gottes ist, dass wir die schöpferische Kraft aus dem Himmel herabholen, um das Natürliche und Unmögliche auf Erden außer Kraft zu setzen und stattdessen die übernatürliche Kraft Gottes freizusetzen. Nimm dir Zeit, die folgenden Schriftverse zu studieren und darüber nachzudenken: Mt. 12,28; Mk. 1,15; 4,26; sowie Lk. 4,43; 8,1; 9,2; 11,20; 17,21).

Zeichen, Wunder und Kraftwirkungen werden freigesetzt:
- wenn wir in die Welt hinausgehen (vgl. Mk. 16,15.17).
- wenn wir aus unserer Komfortzone heraustreten (vgl. Röm. 1,16).
- wenn wir den Geist der Furcht überwinden (vgl. Röm. 8,15),
- wenn wir versuchen, unsere Nachbarn zu erreichen (vgl. Röm. 13,9; Mt. 19,19; 22,39).
- wenn wir versuchen, die Kranken, die Gefangenen und die Unerretteten zu erreichen (vgl. Mt. 10,8).
- wenn wir in die Krankenhäuser, Gefängnisse und Straßen mit der Realität des Heiligen Geistes hinausziehen (vgl. Röm. 15,13; Apg. 10,38).

Persönliches Gebet

Vater Gott, vergib mir für die Zeiten, in denen ich meine Komfortzone nicht verlassen habe, um kühn Dein Evangelium zu verkündigen, welches die Kraft ist, um das Unmögliche zu tun. Ich möchte die Kühnheit haben, das Evangelium vom Reich Gottes für Ursache und Wirkung, sowie für Glauben und Einfluss zu verkündigen. Ich möchte mich im Glauben voranbewegen, indem ich Dein Reich durch mächtige Demonstrationen Deiner Verheißung voranbringe, dass es Dein Wille ist, dass alle geheilt werden. Vater, ich möchte die Ernte mit Deinem Wort einbringen und nur mit Deinem Wort. Hilf mir, am gesunden Muster Deiner Worte festzuhalten und möge Dein Wort durch mich hinausschallen durch die Kraft Deines Geistes. Im mächtigen Namen Jesu bete ich, Amen!

Kapitel 3

Die Demonstration des Reiches Gottes

Die meisten Menschen glauben, sie müssten lernen, wie man sich in der Salbung bewegt, aber das ist nicht etwas, das man lernen könnte. Ich kann dich über die Salbung lehren, aber ich kann dir nicht helfen, dich darin zu bewegen. Niemand brachte mir bei, wie man sich in ihr bewegt. Ich hatte niemanden, der sich hinsetzte und mich stundenlang darüber lehrte, was ich zu tun hatte. Nebenbei bemerkt, auch dein Pastor hat das nicht getan.

Weißt du, wie es mit mir passiert ist? Der Heilige Geist besuchte mich. Das stimmt! Gott besuchte mich und drei Monate lang hatte ich ein Zusammentreffen nach dem anderen mit Ihm. Alles, was ich tat, hatte mit Jesus zu tun. Alles, was ich praktizierte, war die Gegenwart Gottes. Ich hungerte nach Begegnungen mit Ihm. Wenn ich eine hatte, wollte ich die nächste. Nie zufrieden, wollte ich, dass Gott mich ergriff, und ich sage dir, ich wollte Ihn wirklich ergreifen!

Je mehr ich – um es in der Sprache meiner Generation auszudrücken – mit dem Geist Gottes »abhängte«, desto mehr rieb sich sozusagen der Geist an mir ab und desto mehr trug ich Seine Kraft und Herrlichkeit in meine eigene Gemeinde und in die Welt. Buchstäblich mit Gott »abzuhängen« – das heißt, sich in Seiner Gegenwart aufzuhalten – bringt Seine Herrlichkeit und die Substanz des Himmels ganz und gar über dich, sodass, wenn du dich deinen Angelegenheiten widmest, du in mächtigen Demonstrationen von Gottes Kraft den Himmel auf die Erde bringst. Erinnerst du dich an das Antlitz von Mose, als er von jenem Berg herabkam (vgl. 2. Mose 34,29)? Die Herrlichkeit strahlte förmlich von ihm aus – in ihm und durch ihn. Er kam herunter, und sein Gesicht war gleichsam mit der Substanz des Himmels eingeölt und eingeschmiert. Du benötigst eine Gottesbegegnung, mein Freund – den Geist Gottes auf dir – und wenn das geschieht, wirst du Kraft empfangen, Sein Zeuge zu sein (vgl. Apg. 1,8).

Werde begeistert von Seiner Kraft!

In die Botschaft vom Evangelium und der Evangelisation ist die Kraft Gottes hineingeflochten: »Wenn ihr hinauszieht, predigt, indem ihr sagt: ‚Die Königsherrschaft des Himmels ist nahe herbeigekommen!'« (Mt. 10,7). Wenn der Geist Gottes nicht auf uns ist, haben wir keine Kraft. Und wo keine Kraft ist, da gibt es kein Hinausgehen. Wenn keine Kraft und der Geist des Herrn nicht auf uns ist, gibt es keinen Schwung, keine Motivation, keine Zuversicht, keinen Eifer, keine Kühnheit, keinen Mut, kein Überzeugtsein, um zu sagen: »Mein Gott, ich möchte eine Ernte!« Ohne die Salbung gibt es keinen Anstoß zur Buße oder dazu, abgefallene Gläubige zurück zu Gott zu rufen, kein Hinausziehen in die Gettos mit der Demonstration der Kraft Gottes. Es bleibt nur fade Schalheit übrig.

Hör gut zu: Gott gibt keine Wunder, um eine bloße Show abzuziehen oder um dir einen guten Ruf zu bereiten. Er gibt keine Wunder für eine gute Versammlung, damit ein Dienst wachsen kann. Er wirkt Wunder, weil Er von Barmherzigkeit angetrieben wird. Wunder demonstrieren einer verlorenen und sterbenden Welt die Kraft Gottes, den Gott der Liebe, um selbst die Geringsten der Geringen zu retten, zu heilen und zu befreien.

Ich garantiere dir, je mehr wir das Evangelium von Jesus Christus auf die Straßen hinaustragen, desto mehr werden wir einen Zuwachs an Manifestationen der Kraft Gottes erleben. Gott segnet stets das Seelengewinnen. Er wird dich stets segnen, wenn du auszieht und predigst: »Die Königsherrschaft des Himmels ist nahe herbeigekommen!«. Er sagt: »Wenn ihr hinausgeht... heilt die Kranken, reinigt die Aussätzigen, weckt die Toten auf, treibt Dämonen aus. Umsonst habt ihr es empfangen, umsonst gebt es weiter« (Mt. 10,7-8). Ziehe hinaus in die Welt – diese Zeichen und Wunder werden dir folgen.

Ich bin davon begeistert, in die Welt hinauszugehen – in die Drogenhäuser und Gefängnisse, in die Waisenhäuser und Altenheime, in die Krankenhäuser und Sanatorien, in die Städte und Nationen. Ich kann nicht bis morgen warten. Warum? Weil ich von der Kraft

Gottes begeistert bin! Um Himmels willen, warum das Evangelium nur in Gemeinden predigen, wo ohnehin schon die meisten gerettet sind? Wir haben es gehört – es ist Zeit, dass wir damit beginnen, es in der Welt zu demonstrieren, wo Gott es auch immer schon haben wollte. Warum sollte denn Jesus sonst gesagt haben: »Wenn ihr hinausgeht«? Dieses »wenn« meint nicht »falls«, sondern »Immer dann, wenn...«! Geh schon! Wir haben die Kraft des Evangeliums und die Gegenwart des Heiligen Geistes. Was brauchen wir mehr?

Evangelium = Wunder

Weißt du, was ich am Evangelium liebe? Die Tatsache, dass damit Wunder verbunden sind – sie sind ganz einfach fest miteinander verschweißt, so wie der Heilige Geist und der gekreuzigte Christus eins sind. Das ist der Grund, weshalb vom Geist Christi gesprochen wird (vgl. Röm. 8,9). Der Heilige Geist und Gott, der Vater, sind eins – das ist der Grund, weshalb auch vom Geist Gottes gesprochen wird.[15] Darum können wir den Heiligen Geist, der die Kraft des Reiches Gottes manifestiert, nicht vom Evangelium trennen. Das Evangelium ist die dynamische Gegenwart des Heiligen Geistes. Er war ein Teil von allem, was Jesus tat. Christus wurde nicht einmal ohne den Heiligen Geist geboren, weil Maria »schwanger befunden wurde vom Heiligen Geist«, bevor sie überhaupt mit Josef eheliche Gemeinschaft gehabt hatte (vgl. Mt. 1,18). Christus diente nicht ohne den Heiligen Geist. Er starb nicht einmal ohne Ihn am Kreuz. Jesus hat »sich selbst durch den ewigen Geist (als Opfer) ohne Fehler Gott dargebracht«, und Jesus stand nicht einmal aus dem Grab auf ohne den Heiligen Geist (vgl. Hebr. 9,14).

Der Dienst des Heiligen Geistes besteht darin, Menschen zu einer Offenbarung von Jesus Christus, dem Geist Christi, zu bringen. Als Silvanus und Timotheus von Makedonien kamen, wurde

---

15 Vgl. Röm. 15,19. Achte auch auf die Wendung »Geist Gottes« in Mt. 3,16; 12,28; Joh. 4,24 (Gott ist Geist); Apg. 2,17; Röm. 8,14; 1 Kor. 2,14; 3,16; 6,11; 7,40; 12,3; 2 Kor. 3,3; 4,30; Phlm. 3,3; 1 Petr. 4,14; 1 Joh. 4,2. Und noch einige atl. Schriftstellen: 1. Mose 1,2; 41,38; 2. Mose 31,3; 35,31; 4. Mose 24,2; 1 Sam. 10,10; 11,6; 19,20; 19,23; 2. Chr. 15,1; 24,20; Hi 33,4; Jes. 61,11; Dan. 5,14.

Paulus *durch den Geist* gedrängt und bezeugte den Juden, dass Jesus der Christus ist (vgl. Apg. 18,5).

Alles ist miteinander zusammengepackt – der Heilige Geist und das Evangelium, der Heilige Geist und Golgatha, der Heilige Geist und der Tod, sowie die Auferstehung Jesu. Paulus flocht und wob oft Bezugnahmen auf jedes Glied der Dreieinigkeit in seine Briefe und seinen Dienst ein – er konnte nicht einmal von Gott reden, ohne die drei Personen der Dreieinigkeit anzuerkennen! Im Römerbrief sagt er: »Ich bitte euch aber, Brüder, durch unseren Herrn Jesus Christus und durch die Liebe des Geistes, mit mir zu kämpfen in den Gebeten für mich zu Gott« (Röm. 15,30). Im Zweiten Korintherbrief schreibt er: »Die Gnade des Herrn Jesus und die Liebe Gottes und die Gemeinschaft des Heiligen Geistes sei mit euch allen!« (2. Kor. 13,13).

Möchtest du mehr Kraft erleben, als du dir vorstellen kannst, wenn du von Jesus Christus predigst oder sprichst? Möchtest du das Evangelium mit Wundern, Heilungen, Zeichen und Kraftwirkungen freisetzen? Ich weiß, dass du das möchtest. Achte auf den Hinweis von Paulus und predige alle drei Personen der Gottheit im Evangelium. Und dann schau mal, was passieren wird. Wow!

Wort und Tat

Im Dienst von Paulus, besonders an die Heiden, benutzte Gott mächtige Zeichen und Wunder und die breitere Kraft des Geistes Gottes, um Paulus dabei zu helfen, das Evangelium von Christus überall dort, wohin er ging, *völlig* zu predigen. Er sagte: »Ich habe das Evangelium des Christus völlig verkündigt« (Röm. 15,19). Alles andere wäre ein kahles und seichtes Predigen, d.h., ohne dass das wunderhafte und aktive Wirken des Heiligen Geistes mehr als offensichtlich ist. Weißt du, dass Paulus weit gereist und das Evangelium bis nach Illyrien, was in unseren Tagen Jugoslawien und Albanien umfasst, verbreitet hat? Es wurde weit und breit verbreitet – durch die Kraft des Heiligen Geistes. Er liebte es, Pionierarbeit zu leisten. Im Grunde zog er dies dem Bauen auf dem fremden Fundament von jemand anderem vor – nicht weil das falsch gewesen wäre, sondern weil es so viel zu tun gab. Er liebte es, zu predigen und neues Territorium für das Evangelium zu erobern, es an neuen Orten darzulegen (vgl. Röm. 15,20-21). Er hatte allen Grund, sich in Christus Jesus zu rühmen hinsichtlich der Dinge, die in Verbindung mit Gott standen, und in dem, was Christus »in Wort und Tat« (vgl. Röm. 15,17-18) durch ihn vollbrachte. Es war durch Wort und Tat, dass Paulus, der Evangelist, Seelen gewann.

Damit wir als Priester dienen möchten

»Ich habe euch zum Teil deshalb so kühn geschrieben, um euch an all diese Dinge wieder zu erinnern aufgrund der Gnade, die mir von Gott geschenkt worden ist, damit ich ein Diener von Christus Jesus für die Heidenvölker werden sollte. Wie ein Priester sollte ich die Frohbotschaft Gottes verwalten und austeilen, damit die Darbringung der Heidenvölker (als Ganzopfer für Gott) ein wohlgefälliges Werk werde, geheiligt durch den Heiligen Geist.« (Röm. 15,15-16; Haller).

Nirgendwo im Neuen Testament wird das Wort »dienen« in dem Kontext verwendet, wie es im obigen Vers angewandt wird, denn es bezieht sich auf einen priesterlichen Dienst. Hier diente Paulus, indem er »priesterlich handelnd« diente, sodass es sich auf die Bekehrung der Heiden als ein wohlangenehmes Opfer für Gott bezog (vgl. Hebr. 7,11-28). So ist der Dienst des Evangeliums wirklich ein Spiegel des alttestamentlichen priesterlichen Opfers.

»Wenn er nun auf der Erde wäre, so wäre er nicht einmal Priester; weil solche da sind, die nach dem Gesetz die Gaben darbringen« (Hebr. 8,4).

»Da nun dies so eingerichtet ist, gehen zwar in die vordere Hütte allezeit die Priester hinein und verrichten den Dienst; in die zweite aber einmal im Jahr allein der Hohepriester, nicht ohne Blut, das er für sich selbst und für die Verirrungen des Volkes darbringt« (Hebr. 9,6-7).

»... und der uns dann selbst zu Königen gemacht hat, ja zu Priestern vor Gott, Seinem Vater – Ihm gehört die Herrlichkeit und das Herrschaftsmandat bis in alle (noch kommenden) Zeitalter hinein. Amen«. (Offb. 1,6; Haller)

In Römer 15,17-20 *rühmt* sich Paulus in dem Werk, das Gott *durch ihn* getan hat. Hast du Grund, dich in Christus Jesus zu rühmen wegen der Dinge, die Er durch dich in Wort und Tat vollbracht hat? Hast du das Evangelium des Christus *völlig* verkündigt oder bezeugt? Dienst du Gott als ein Priester?

Predige Kraft mit einer Botschaft

Paulus war nicht bloß ein Mann mit einer Botschaft. Paulus war ein Mann der Kraft mit einer Botschaft. Erfüllt mit dem Heiligen Geist war er durchtränkt mit Kraft von oben und mit einer Botschaft. Bist du ein Mann oder eine Frau der Kraft mit einer Botschaft? Wenn der Heilige Geist dich erfüllt und dich mit Seiner Kraft salbt, dann wirst du das Evangelium verkündigen. Dann wirst du ein wirksamer Zeuge sein. Paulus selbst bezeugte, er hätte das Evangelium nicht verkündigt, wenn er es nicht mit Zeichen, Wundern und Kraftwirkungen erlebt hätte. Wir alle brauchen eine Demonstration des Geistes Gottes und der Kraft in unserem Leben, und ich glaube, dass Er dir und jedem Gläubigen das als eine Einlage erteilen möchte.

Wunder sind etwas für heute, und es ist nicht falsch, für sie zu kämpfen! Es gab Leute, die mich »anklagten«, ich würde mich zu sehr auf die Kraft Gottes konzentrieren, um Zeichen und Wunder zu vollbringen, und doch sagen sie nichts über die Türen, die der Herr mir öffnete, um zu Millionen in Afrika durch das Medium von Großevangelisationen, Fernseh- und Radioauftritten zu predigen. Sie sagen nichts von den Tausenden von Bekehrungen zu Christus allein in Amerika und Kanada über all die Jahre hinweg, aufgrund der spürbaren Gegenwart und Kraft Gottes, der Krankheiten heilte, den Schmerz des Leidens beseitigte und die Lahmen befähigte, zu gehen, die Blinden, zu sehen, und die Tauben, zu hören. Sie sagen: »Würdest du nicht die Wunder einmal beiseite lassen? Es ist bereits genug! Konzentriere dich doch auf die Botschaft!«

Hallo?!

Wenn wir als geisterfüllte Gläubige nicht in der Fülle dessen wandeln, was uns in der Errettung zur Verfügung gestellt wird, dann erscheinen wir schnell als scheinheilig und tot. Wenn doch alle Verheißungen Gottes Ja und Amen sind (vgl. 2. Kor. 1,20) und Gottes Wort fest bleibt (vgl. 2. Petr. 1,19), wie viel mehr wird eine Demonstration Seiner heilenden Kraft Menschen zu Christus bringen.

sozo

Wenn du krank oder leidend bist und nicht darum ringst, gesund zu werden, indem du nach einer göttlichen Heilung eiferst, dann muss ich annehmen, dass du die Fülle der Errettung nicht verstanden hast: dass die Errettung deinem *Körper*, deiner Seele und deinem Geist gilt. *sozo*. Nein, das bedeutet nicht, dass die Errettung so-so ist. *sozo* ist ein griechisches Wort und bedeutet »retten, befreien, oder schützen (sowohl wörtlich als auch sinnbildlich); heilen, bewahren, retten, wohltun, gesund werden (oder machen)«.

Die Offenbarung bezüglich *sozo* zu empfangen, wird dir nicht nur Glauben verleihen, um Heilung zu empfangen, sondern dir auch eine Einlage von Glauben, Zuversicht und Kühnheit erteilen, um das *volle* Evangelium allen Nationen zu predigen. *sozo* ist das Fundament unseres Glaubens an göttliche Heilung. Es bedeutet die Errettung unseres Körpers, unserer Seele und unseres Geistes zum Zeitpunkt der Errettung.

Im Dienst Jesu gab es keine Trennung von Errettung (Bekehrung), Heilung und Befreiung. In den Augen Gottes benötigen geistliche Erlösung, Befreiung und körperliche Heilung alle dasselbe Heilmittel: Errettung. Der Kontext von *sozo* verleiht dem Begriff die Bedeutung von »gerettet« (Gesundheit für den Geist) in Matthäus 1,21; Apostelgeschichte 2,47; Jakobus 5,15 und Römer 10,9; von »gerettet« (Gesundheit für die Seele – befreit) in Lukas 8,36; und von »geheilt« (Gesundheit des Körpers) in Markus 5,34.

Könntest du je einer Person sagen, Gott wolle sie nicht retten? Glaubst du, dass, wenn irgendjemand ernsthaft den Herrn um Barmherzigkeit und Vergebung anfleht, Er ihn retten wird? Warum haben wir dann solche Schwierigkeiten, zu glauben, dass, wer immer den Namen des Herrn anruft, auch geheilt und befreit werden wird? So schnell sind wir bereit, die Errettung für unseren

Geist zu akzeptieren, und bleiben dennoch entschlossen, mit Krankheit, Trübsal oder geistlicher Bedrückung zu leben. *Sozo* meint das Evangelium der Kraft – es ist Gottes Bereitschaft, Körper, Seele und Geist zugleich zu retten.

Genauso sehr wie Christus für unsere Übertretungen und unsere Sünde verwundet wurde, trug Er auf Seinem Leibe auch alle unsere Beschwerden, sodass wir durch Seine Wunden geheilt würden (vgl. 1. Petr. 2,24). Heilungen und Wunder von Golgatha zu entfernen, bedeutet, den Dienst von Jesus, das Evangelium Gottes, gering zu machen. Zu glauben, dass wir ohne Kraft gerettet werden können, bedeutet, zu glauben, dass Jesus nie wirklich von den Toten auferstanden sei und dass im Evangelium keine Kraft liege. Ja, verbreite das Wort Jesu Christi von Nazareth. Ja, unendliche Kraft liegt in dem Wort – aber die Theologie allein wird die Menschen nicht retten, wenn du zwar Kraft predigst, aber nicht an die Kraft glaubst.

Ich kann dir sagen, wenn uns die Kraft Gottes heimsucht, wenn wir wirklich hungrig sind nach der Salbung, wenn wir Offenbarung haben über die immense Kraft, die uns zur Verfügung steht, wenn wir die Fülle der Errettung verstehen, wenn wir alles vom Evangelium glauben, *dann* werden wir die Hände auf die Kranken legen, und sie werden gesund. Wenn mehr Gläubige sich sehnsüchtig nach dieser Salbung ausstreckten, dann würden – stell dir das nur vor! – ganze Städte an einem Tag für Jesus eingenommen werden. Es spielt keine Rolle, wer du bist – ob groß oder klein, jung oder alt – wenn du nur hungrig genug bist nach Gott und bereit bist, dich in das Reich Gottes hineinzugraben, wird unser souveräner Gott sich durch dich souverän in Kraft bewegen, um immer noch größere Werke zu vollbringen.

Hör doch, wer ist denn Todd Bentley? Wer bin ich denn, dass Gott mich gebrauchen sollte, ein Ex-Drogenabhängiger, ein »Nichts« in gesellschaftlichen Kreisen. Wer bin ich? Ich bin ein Mann, der nach dem einen wahren Gott hungert. Ich wünsche mir eigentlich nichts anderes als Ihn auf intime Weise zu kennen! Es ist dieser Bereich des Ihn-Suchens-mit-meinem-ganzen-Herzen, aus dem alles Übrige hervorströmt und zur Fülle gelangt. Ich kann

»Halleluja« und »Amen« rufen mit dem Besten von ihnen, aber wenn ich Gott nicht kenne, ist doch alles hohl und leer.

Ich kann kein Evangelium der Kraft predigen, wenn ich nicht an diese Kraft glaube – und ich glaube – o Mann, wie ich glaube! Ich habe Seine Kraft erlebt! Ich bin Ihm begegnet; ich habe Ihn getroffen; ich habe Ihn gesehen; ich bin im Himmel gewesen; und es ist alles so herrlich!

»Wenn ihr nun also mit Christus auferweckt worden seid, dann (interessiert euch doch für das und) sucht das, was droben ist, wo sich Christus jetzt befindet, und wo er auf der Rechten Seite von Gott Platz genommen hat. Denkt (ständig und intensiv) über das nach (und sprecht miteinander darüber), was droben ist, statt darüber, was es auf Erden alles gibt. (Es ist so!), ihr seid gestorben, und das Leben, das ihr (jetzt führt), ist (im Augenblick noch) mit Christus zusammen in Gott verborgen. Sobald aber Christus, als euer (wahres) Leben, sichtbar erscheinen wird, werdet auch ihr mit ihm zusammen sichtbar erscheinen, und zwar in Herrlichkeit!« (vgl. Kol. 3,1-4; Haller).

Einmal, als ich in Atlanta, Georgia, war, versetzte mich der Heilige Geist kurz bevor ich zu predigen hatte, in eine tranceartige Verzückung. Plötzlich fuhr ich eine Autobahn hinunter und bewegte mich so schnell wie ein Auto, aber ich befand mich in keinem Fahrzeug! Es war so real. Ich konnte die Autos und den Straßenbelag sehen. Der Herr sagte mir, ich solle auf die Straßenschilder achten, denn Er würde mich irgendwo hinbringen. Ich sah ein Schild, auf dem stand: »Chattanooga-Autobahn«, und ich bog ab. Das nächste, das ich wusste, war, dass ich außerhalb eines Gefängnisses stand. Versteh nur, ich war noch immer in der Gemeinde – doch in dieser Vision befand ich mich woanders. Sobald ich mich entschloss, ins Gefängnis hineinzugehen – Bam! – war ich schon drin. Während ich durch den Zellentrakt schritt, wusste ich, dass ich auf eine bestimmte Zelle zuging, wo ich einen jungen Mann traf, der mir erzählte, weshalb er da drinnen war. Ich teilte ihm die Evangeliumsbotschaft mit und mit erneuter Hoffnung übergab er sein Leben Jesus aufs Neue. Wow! Als es vorbei war, stellte ich Gott zwei Fragen. Die erste: »Was möchtest Du, dass ich mit dieser

Erfahrung anfangen soll – wird sich etwas verändern oder ereignen hier im irdischen Bereich?« Er antwortete mir sogleich und sagte mir, dass sich in eben der Versammlung, zu der ich gleich predigen würde, eine Frau befände, gerade jetzt, die das hören sollte, was ich soeben in jenem Gefängnis gesehen und gehört hatte.

Ich berichtete jedes Detail, an das ich mich erinnern konnte, der Name der Ausfahrt, wie das Gefängnis ausgesehen hatte, Details über den Mann und über das Gespräch, das ich mit ihm geführt hatte. Da sprang eine Frau hoch und erklärte: »Meine beste Freundin sollte heute Abend hier sein – aber sie konnte nicht mitkommen. Das ist *ihr Sohn* in dem Gefängnis!«

Ich sagte ihr, sie solle die Frau von ihrem Handy aus anrufen. »Rufe sie gleich jetzt an!« – Im selben Augenblick, als wir anriefen, sagte uns die Frau, dass ihr anderer Sohn gerade dabei sei, seinen Vater umzubringen. Sie war in völliger Panik, als sie schnell mitteilte, wie er in Zauberei verwickelt war.

»Lasst uns beten«, sagte ich. »Ich nehme Autorität über die Zauberei und erkläre sie für wirkungslos im Namen Jesu!« Bam! Gerade da geschah etwas. Die Gewalt gegen den Vater hörte auf. Ein paar Stunden später traf die Frau, die wir angerufen hatten, in der Versammlung ein. Sie sprach über jenen Sohn und in allen Details darüber, was geschehen war, als wir angerufen hatten. »Sobald du jenes Gebet gesprochen hattest«, sagte sie, »hörte die dämonische Anweisung, seinen Vater zu töten, auf«. Sag jetzt ja nichts mehr über Gottes Timing!

Wenn wir mit Gott Partner sein wollen, um die Mächte der Finsternis zu stürzen – weil Tod und Vernichtung die Erde ständig bedrohen – muss die Salbung hier auf Erden aus unserem Leben hervorströmen. Wir benötigen die Salbung, die Leben gibt – die uns befähigt, voll in unserer Autorität loszuschreiten, herrschend, als entschlossene Gläubige, die das Reich Gottes auf der Erde hervorbringen, wie es im Himmel ist. Es geht um viel, aber die Auferstehungskraft wird den ganzen Unterschied in der Welt ausmachen.

Tauche dich in Ihn hinein!

Du hast keine Vorstellung davon, wie sehr du von Gott gebraucht werden kannst, wenn du in der Kraft des Heiligen Geistes wandelst, aber dazu ist Hunger nötig. Paulus war hungrig. Er hungerte und dürstete nach Gott, und Zeichen, Wunder und Kraftwirkungen folgten seinem Dienst. Dasselbe tat David – und Gott gab ihm ein Königreich.

Den Heiligen Geist, den Geist Gottes, auf intime Weise zu kennen, bedeutet, Freude und Kraft zu kennen. Weißt du, was ich am Heiligen Geist am meisten liebe? Ich liebe die Tatsache, dass Jesus Ihn uns als die Verheißung des Vaters verhieß: »Johannes taufte zwar mit Wasser, ihr aber werdet mit Heiligem Geist getauft werden nach nunmehr nicht vielen Tagen« (Apg. 1,5). Die Errettung ist kostbar, und sie ist ein Werk des Heiligen Geistes in der Wiedergeburt. Sein Werk ist jedoch nicht bloß eine innere Umwandlung unserer neuen geistlichen Geburt und Heiligung; sie ist auch das Werk einer Ausrüstung der Gläubigen als Zeugen für Christus, indem sie so die Mission des Leibes Christi von Matthäus 28 erfüllen (vgl. Mt. 28,18-20; Apg. 1,8).

Der Akt des Getauftwerdens ist der, dass wir in etwas hineingetaucht oder von etwas überdeckt werden. Jesus verhieß, Seine Jünger würden in den Heiligen Geist hineingetaucht werden. Da ist es nicht verwunderlich, dass Er im Anschluss daran, bei Seiner abschließenden Belehrung und Verheißung, bevor Er in den Himmel auffuhr, zu ihnen sprach: »Aber *ihr werdet Kraft empfangen*, wenn der Heilige Geist auf euch herabkommt; und ihr werdet meine Zeugen sein, sowohl in Jerusalem, als auch in ganz Judäa und Samaria und bis an das Ende der Erde« (Apg. 1,8).

Zeugen zu sein bis an die äußersten Enden der Erde braucht Kraft, meine Freunde – *sozo*-Kraft. Hey, sie hatten keine Geschäftsflugzeuge, Privatflieger oder Autos, um sich in jenen Tagen fortzubewegen. Sandalen und ein Kamel oder ein Esel waren gerade gut genug. Es gab kein Internet und keine Konferenzschaltungen. Keine Chatrooms und Lautsprecher. Vergiss auch das Fernsehen und das Radio. Und doch sagte Jesus, sie würden überall Zeugen sein.

Zeugen wofür? Für die Errettung von Körper, Seele und Geist – durch die Kraft des Heiligen Geistes. Das Wort Gottes würde sich durch ihre Demonstration von dessen Kraft ausbreiten, und zwar schneller, als heute der allerschnellste Internetdienst Daten vermitteln kann.

Sich in der Kraft von Wundern *bewegen*

Der Heilige Geist ist mehr als eine Erfahrung des Redens in Zungen. Er ist mehr als die Gaben des Heiligen Geistes. Es geht um mehr als geistlich von Ihm betrunken zu sein – (doch ich liebe dies *ganz besonders*!). Der Heilige Geist bedeutet, sich in der Kraft von Wundern zu *bewegen*. Als die Jünger zum ersten Mal erfüllt wurden, bewegten sie sich in Kraft – wie die Heilung eines Gelähmten an der Schönen Pforte des Tempels zeigte – und der Herr fügte der Gemeinde täglich Menschen hinzu (vgl. Apg. 3,1-10). Spring jedoch mal ins 4. Kapitel der Apostelgeschichte hinüber, denn dort nehmen die Dinge wirklich Dynamitcharakter an. Sie wurden *aufs Neue erfüllt* – weshalb? Weil sie etwas begehrten. Und was war das? Sie verlangten nach Kühnheit für ihren großen Auftrag.

»*Und nun, Herr, sieh an ihre Drohungen und gib deinen Knechten, dein Wort zu reden mit aller Freimütigkeit, indem du deine Hand ausstreckst zur Heilung und dass Zeichen und Wunder geschehen durch den Namen deines heiligen Knechtes Jesus. Und als sie gebetet hatten, erbebte die Stätte, wo sie versammelt waren; und sie wurden alle mit dem Heiligen Geist erfüllt und redeten das Wort Gottes mit Freimütigkeit... Und mit großer Kraft legten die Apostel das Zeugnis von der Auferstehung des Herrn Jesus ab; und große Gnade war auf ihnen allen*« (Apg. 4,29-31.33).

Kühnheit bedeutet im alttestamentlichen Griechisch »Macht, Kraft, Stärke, stark«.[16] Im neutestamentlichen Griechisch bedeutet es »freies und furchtloses Vertrauen, fröhlicher Mut und Gewiss-

---

16 Gemeint ist die griechische Übersetzung des Alten Testaments aus dem 3. Jh. v. Chr., die sogenannte Septuaginta. Vgl. auch Brown, Driver, Briggs, und Gesenius, *The Old Testament Hebrew Lexicon*, s.v. «Oz» (Strongs Konkordanzeintrag Nr. 5797). http://studylight.org/lex/heb/view.cgi?number=5797.

heit«.[17] Es beschreibt die Zuversicht, mit der Christen sich aufgrund des Erlösungswerkes Christi Gott nahen können.[18]

Das ins Griechische übertragene Wort für Wunder ist *dynamis*.[19] Es bedeutet Stärke, Fähigkeit und Kraft, um Wunder zu tun. Es ist Gottes Dynamit-Sprengkraft. Wir finden *dynamis* das ganze Neue Testament hindurch im Zusammenhang mit dieser Kraft: 120-mal in der (englischen) King James Version – siebenmal für *Wunder*, viermal für *Macht*, siebenmal für *Stärke*, siebenundsiebzigmal für *Kraft*, und elfmal für *Machttat*. Siehst du die Verbindung zwischen den Worten »Kühnheit« und »Wunder«? Macht, mächtig, Kraft, Stärke, stark. Sie beten um Kühnheit – sie beten für Wunder. Sie beten um Gottes Dynamit-Sprengkraft in ihnen und durch sie, die sich in mächtigen Werken manifestieren würde – in Wundern, Halleluja![20]

Kühnheit wofür? Sie baten um Kühnheit, um hinauszugehen und das Evangelium Fremden in weit entlegenen Ländern zu verkündigen, wegen ihrer zuversichtlichen Gewissheit, dass durch den heiligen Namen des Sohnes des Vaters Zeichen und Wunder geschehen würden. Die Jünger waren bereits in der Kraft Gottes wirksam, aber sie hatten eine Offenbarung über die Notwendigkeit der Evangelisation, und sie sagten im Grunde: »Wir können dies nicht ohne mehr Kraft tun. Wir wissen, dass es da noch eine andere Dimension gibt. Wir brauchen diese Dimension der Kraft, um Deinen Willen zu tun«. Sie brauchten die Fülle Gottes in diesem Augenblick.

Der Heilige Geist erfüllte selbst nach dem Pfingsttag Gläubige um Gläubige um Gläubige. Die Briefe von Paulus und die Apostelgeschichte weisen sowohl wiederholt und ständig neue bevollmächtigende Erweisungen auf, als auch Erteilungen von machtvollen und großartigen Gaben zum Dienst.

---

17 Vgl. Thayer and Smith, *The New Testament Greek Lexicon*, s.v. «Parrhesia". http://www.studylight.org/lex/grk/view.cgi?number=3954.
18 Vgl. 2 Kor. 3,4-6.12; Hebr. 10,19; 1. Joh. 2,28; 4,17; Trent C. Butler, ed., *Holman Bible Dictionary* (1991), s.v. «boldness". http://www.studylight.org/dic/hbd/view.cgi?number=T998.
19 Vgl. Strong's Exhaustive Concordance of the Bible, s.v. «Dunamis" (Greek Number 1411).
20 Studiere die Wunder-Kraft von *dynamis* in Apg. 1,8; 2,22; 3,12; 4,7; 4,33; 6,8; 8,10; 8,13; 10,38; 19,11.

Andauernde Kraft = Andauerndes Erfülltwerden

Jeder Gläubige hat den Heiligen Geist; doch macht die Schrift deutlich, dass wir uns ständig erfüllen lassen sollten (vgl. Röm. 8,9.16; Eph. 5,18). Auch wenn die Taufe des Heiligen Geistes ein spezifisches Ereignis ist, das uns in den fortlaufenden Prozess einführt, ein durch den Geist bevollmächtigtes Leben zu führen, *sollten wir dennoch einen ständigen Hunger nach Gott haben und danach trachten, immer wieder mit Seiner Kraft erfüllt, erfüllt, noch einmal, und noch einmal erfüllt zu werden.*

Siehst du, es besteht ein Unterschied zwischen dem »voll Geistes sein« und (immer aufs Neue) mit dem Geist erfüllt zu werden. Gott gab uns den Heiligen Geist in Seiner Fülle, doch haben wir nötig, nach einem ständigen Erfülltwerden mit Ihm zu trachten – das weit über die ursprüngliche Innewohnung und die darauffolgende Taufe mit dem Heiligen Geist hinausgeht. Wir brauchen die bleibende Gegenwart des Heiligen Geistes – die erfüllende Fülle des Wohnens Gottes in unserem Leben. *Der Schlüssel zur Kraft der Jünger war ein ständiges Erfülltwerden – sie wurden wieder und wieder und wieder erfüllt.* Sie wurden in Apostelgeschichte 2 erfüllt, zweimal in Apostelgeschichte 4 (vgl. Apg. 4,8.31), und dann noch einmal in Apostelgeschichte 7.

Wir wissen, dass Stephanus voll Heiligen Geistes war, weil die Bibel sagt: »Sie wählten Stephanus, einen Mann *voll* des Glaubens und des *Heiligen Geistes*« (Apg. 6,5). Stephanus, voller »Glauben und Kraft«, war bereits mit dem Heiligen Geist erfüllt und wirkte große Zeichen, Wunder und Machttaten unter dem Volk (vgl. Apg. 6,8). Als sie ihn steinigten, hatte er eine Vision von Jesus, und die Bibel sagt: »Da er aber *voll Heiligen Geistes* war...« (vgl. Apg. 7,55). Stephanus war voll und blieb so, weil ein ständiges Erfülltwerden ihn voll erhielt. Paulus sagt: » Und berauscht euch nicht mit Wein, worin Ausschweifung ist, sondern werdet voller Geist« (Eph. 5,18). Dieses *Voll werden* meint in der hier verwendeten griechischen Zeitform eigentlich einen fortgesetzten Vorgang, im Sinne von: »*Lasst euch beständig erfüllen, und wieder erfüllen, und andauernd immer wieder erfüllen!*«

Wie sieht das Sich-Erfüllen-Lassen aus? Als mein Team und ich in Nigeria waren, gab mir Gott jeden Morgen diesbezüglich eine Offenbarung und jeden Morgen kam Er herab und füllte mich mit Seinen Lichtblitzen. Jeden Morgen erlebte ich eine frische Erfüllung, wurde ganz und gar abgefüllt und war dann voll von Seiner Kraft.

Vom Geist erfüllt zu werden ist ein Befehl. Es bezieht sich auf eine andauernde, fortgesetzte Handlung. Die Gemeinde wurde am Tag von Pfingsten erfüllt (vgl. Apg. 2,4). Petrus und Johannes wurden aufs Neue erfüllt, die Diakone wurden wieder erfüllt, Stephanus wurde noch einmal erfüllt, die Apostel Paulus und Barnabas wurden ständig erfüllt und andere Jünger wurden auch erfüllt mit Freude und dem Heiligen Geist (vgl. Apg. 8,8.13; 6,13; 7,55; 9,17; 11,24; 13,52).

Möchtest du Lust, Eifer, Spannkraft, Leidenschaft, Enthusiasmus und geistlichen Appetit? Möchtest du in Leidenschaft für Gott brennen? Dann grabe dich tief in Ihn hinein! Fragst du dich vielleicht, warum das Leben anderer, die weniger Talent oder Begabung haben als du, viel voller und lebendiger zu sein scheint? Sie werden von Leidenschaft motiviert und bewegt. In diesen Leuten ist die Sünde auch weniger stark ausgeprägt. Der Schlüssel liegt darin, dass sie sich ständig mit dem Geist erfüllen lassen und so ein dynamisches Christenleben führen, das ständig von ihrem Hunger begleitet wird.

Der Schüssel dazu, voll von der Kraft Gottes zu sein, ist, mit dem Heiligen Geist erfüllt zu sein. *In Zungen zu sprechen führt noch nicht dazu, dass du voll von Ihm bist. Voll zu sein setzt voraus, dass du dich ganz bewusst wieder und wieder und immer wieder erfüllen lässt. Das kommt durch die Salbung zustande – indem du erlaubst, dass die Königsherrschaft des Himmels dich erfüllt und in Besitz nimmt!* Da gibt es etwas, das ich entdeckt habe und das ich dir hier mitteilen muss. So voll ich zu gewissen Zeiten auch sein kann, so leer kann ich am nächsten Tag sein. Es ist jedoch nicht so, dass der Heilige Geist mich verlassen hätte, aber ich habe mich vom Kurs abbringen lassen – ich habe irgendwie die Dynamik gewechselt. Wenn ich mit dem Himmel und dem Heiligen Geist abhänge«, geschieht ein ständig neues Erfrischt- und Erfülltwerden, doch wenn ich das nicht tue, fällt der Brennstofftank schnell auf die Stufe »Brennstoff tanken« ab. Lass deinen geistlichen Brennstofftank nicht auf »leer« absinken; du benötigst dringend ein neues Erfülltwerden mit hyper-dynamischem Heilig-Geist-Brennstoff. Wie sieht das Erfülltwerden und Vollsein aus? Lass dich erfüllen mit der Realität des Folgenden:

- »Oder wisst ihr nicht, dass euer Leib ein Tempel des in euch wohnenden Heiligen Geistes ist, den ihr von Gott empfangen habt, und dass ihr nicht euch selbst gehört? Denn ihr seid teuer erkauft; darum verherrlicht Gott in eurem Leib und in eurem Geist – beides gehört Gott!« (1. Kor. 6,19-20; mit hinzugefügter alter griechischer Textvariante).
- »Jesus aber, voll Heiligen Geistes, kehrte vom Jordan zurück und wurde durch den Geist vierzig Tage in der Wüste umhergeführt, sodass Er den größten Versuchungen widerstehen konnte, die einem Menschen je widerfahren sind (vgl. Lk. 4,1).
- Das Baby, das Elisabeth in sich trug, hüpfte in ihrem Leib, und Elisabeth wurde mit Heiligem Geist erfüllt und richtete kühn prophetische Worte an Maria: »Gesegnet bist du unter den Frauen, und gesegnet ist die Frucht deines Leibes!« (Lk. 1,42).
- Der Heilige Geist erfüllte Zacharias auf machtvolle Weise, sodass er prophetisch redete (vgl. Lk. 1,67).
- Johannes der Täufer, so berichtet es uns Lukas 1,15, wurde sogar vom Mutterleib an mit dem Heiligen Geist erfüllt. Beachte, was Jesus über ihn sagte – dass es keinen Größeren gegeben hatte als Johannes, den Täufer (vgl. Mt. 11,11).
- Bei der Auswahl von sieben Diakonen riefen die Jünger nach sieben Männern »von gutem Ruf und voll Heiligen Geistes und Weisheit« (vgl. Apg. 6,3).
- Barnabas wurde als »guter Mensch, voll Heiligen Geistes und Glaubens« beschrieben. »Und eine große Zahl von Leuten wurden dem Herrn hinzugefügt« (vgl. Apg. 11,24).

- »Die Jünger wurden mit Freude und Heiligem Geist erfüllt« (Apg. 13,52).

Wir sehen aufgrund dieser Beispiele viel Kraft. Kraft, um der Versuchung zu widerstehen, um zu unterscheiden, um prophetisch zu reden, um Zeugnis zu geben, und um Erkenntnis, Weisheit, Offenbarung, einen guten Ruf, Glauben und *Freude* zu haben.

Der Hunger kommt aufgrund des Gebrauchs

Jeder Gläubige, ob er geistlich reif ist oder nicht, sollte nach dem Herrn hungern. Es gibt solche, die sich zufriedengeben, und das ist traurig, weil sie glauben, es gebe nur ein bestimmtes Maß an geistlichem »Fettsein« für sie, und so klammern sie sich daran fest. Es gibt solche, die so fett sind, dass sie sich nicht bewegen können. Alles, was sie tun, ist, dass sie von Konferenz zu Konferenz reisen, aber sie haben keinen Platz für frisches Öl, und das Öl inwendig wird ranzig, weil es nicht verbraucht wird. Dann aber gibt es solche wie Paulus, die Hunger haben nach einem dauernden Erfülltwerden, weil sie sich ständig selbst entleeren, damit sie wieder gefüllt werden können. Hunger lässt sich mit »mehr und mehr von Gott verlangen« übersetzen – und das muss ständig sein. Du wirst keinen Hunger verspüren, wenn du Ihn nicht in das Leben der Verlorenen oder Kranken hinein ausgießt. Du wirst hungrig aufgrund des ständigen »Gebrauchs«, indem du in der Salbung wandelst und den Brennstoff aufbrauchst, sodass Er dich mit mehr von Sich Selbst wieder erquicken und auffüllen kann.

Ich möchte, dass du etwas tust. Versuche Folgendes: Verlass dein Schlafzimmer am Morgen nicht, ohne Ihn gesucht zu haben. Verbringe Zeit in Seiner Gegenwart, um hyper-dynamischen Brennstoff des Heiligen Geistes zu empfangen, noch bevor du irgendwohin gehst oder irgendetwas machst. Ich liege einfach auf meinem Teppich, bis ich den Himmel in mein Zimmer hereinbringe, bis ich fühle, wie das Feuer Gottes meinen Körper von Kopf bis Fuß erfüllt.

Dann bitte Gott, dir zu zeigen, wo du diesen Brennstoff in deinem Tag anwenden sollst, und beobachte, wie er sich über alles ausbreitet und in Situationen und Menschen hinein »überschwappt«. Der Brennstoff des Heiligen Geistes wird sich um jeden Zweifel kümmern, den du bezüglich Seiner Gegenwart in deinem Leben noch haben magst, oder bezüglich Seiner Kraft, Seiner Fähigkeit und Bereitschaft, durch dich zu wirken und sich mit dir zu bewegen. Diese Kühnheit wird dir die Gewissheit vermitteln, dass Gott alles ist, was Er sagt, dass Er sei – und noch viel mehr. Der Heilige Geist wird dem *Wort* Leben verleihen und deine Worte mit Kraft erfüllen, sodass dein Glaube, deine Kühnheit und dein Vertrauen machtvoll aufgeladen und verstärkt werden.

Vertrauen, Zuversichtlichkeit, Gewissheit

Johannes der Täufer schickte seine Jünger zu Jesus, um ihn zu fragen, ob er der Kommende sei, höchstwahrscheinlich nicht um seiner selbst, sondern um seiner Jünger willen. Jesus wollte ihnen versichern, dass er tatsächlich der Messias ist:

»Und es geschah, als Jesus die Befehle an seine zwölf Jünger vollendet hatte, zog er von dort weg, um in ihren Städten zu lehren und zu verkündigen. Als aber Johannes von den Werken des Christus hörte, sandte er zwei seiner Jünger und ließ ihm sagen: Bist du derjenige, der kommen soll, oder sollen wir auf einen anderen warten? Und Jesus antwortete und sprach zu ihnen: Geht hin und berichtet dem Johannes, was ihr hört und seht: Blinde werden sehend und Lahme gehen, Aussätzige werden rein und Taube hören, Tote werden auferweckt, und Armen wird das Evangelium verkündigt. Und glückselig ist, wer nicht Anstoß nimmt an mir!« (Mt. 11,1-6).

Im Grunde ging es um die Fragen: »Ist Jesus gekommen, oder ist Er nicht gekommen? Ist Er lebendig, ist Er für mich?« Heute könnte deine Frage lauten: »Bist du diejenige Art von Glauben, die ich kennen muss? Wie kann ich wissen, ob sie gesund ist? Wie weiß ich, dass es sich hierbei nicht eine verkleidete Sekte handelt? Wie weiß ich, dass ich aus den Millionen von Göttern den richtigen Gott habe?«

Jesus hingegen musste nichts Weiteres zu ihnen predigen, um sie zu überzeugen. Er sagte (meine Umschreibung): »Schaut doch einfach an, was ihr gesehen habt, was Ich getan habe, und ihr werdet es wissen! Blickt nicht auf Mein Predigen, Mein Lehren oder Meine Theologie. Die Blinden sehen, die Lahmen gehen, die Aussätzigen werden gereinigt, die Tauben hören, die Toten werden auferweckt und auch die Armen sind davon nicht ausgenommen. Ist dies nicht Bestätigung genug?«

Christus sagte im Grunde: »Ihr habt die Manifestation von *Mir* versäumt, dem Einen, um den es der Heiligen Schrift geht. Macht euch keine Gedanken darüber, was ich gepredigt habe. Geht und berichtet ihnen von dem, was Ich tue, von Meinen Werken, und wenn ihr das tut, habt ihr das Evangelium verkündigt!«

Paulus verstand, was das bedeutete. Er machte es sich zum Ziel und zur Pflicht, Christus dort zu predigen, wo der Name von Christus noch nie ausgesprochen worden war. Er hatte ein Herz für Seelen und war begeistert davon, die Mauern niederzureißen, die das Christentum von der verlorenen und sterbenden Welt trennten. Mehr als alles andere liebte er es, ein Apostel von Christus zu sein, in die Welt hinauszuziehen um mit der Kraft des Evangeliums die Verlorenen und Gefangenen zu retten!

Geht hinaus in die Welt!

Wir sind in der Gemeinde so sehr mit der Vision »im Innern des Hauses« beschäftigt, dass wir vergessen, dorthin zu gehen, wo der Name von Christus noch nie genannt worden ist. Gemeinden führen Konferenzen durch, aber für wen? Für Gläubige! Dienste führen Konferenzen durch, und für wen? Für Gläubige! Wie steht es mit dem Hinausgehen in die Welt? Viele der Konferenzen von heute sind das, was ich »gerechte« Konferenzen nenne. Dort dreht sich alles darum, die Dinge richtig zu machen und »im Haus selbst« zu lernen, statt Brennstoff anzusammeln zu den Füßen Jesu und dann mit der Kraft des Evangeliums als unserem Lehr- und Anwendungswerkzeug in die Welt hinauszugehen. Überall und ständig finden Konferenzen statt, prophetische Konferenzen, Anbetungskonferenzen, Konferenzen, um geistliche Dinge zu vermitteln, Konferenzen über geistliche Kampfführung, und die Liste geht sogar noch weiter. Ich jedoch frage: »Was wäre, wenn…?« Was wäre, wenn wir für jede Konferenz, die stattfindet, eine Evangelisation durchführen würden? Was, wenn wir statt 5000 Konferenzeinladungen zu verschicken, 10 000 evangelistische Briefträger aussenden würden, welche die Häuser von Unerretteten erreichen und ihnen von Jesus erzählen würden?

Was wäre, wenn...? Was wäre, wenn wir unsere Konferenzen im weltlichen Radio und Fernsehen und in weltlichen Zeitungen und anderen säkularen Medien ankündigen würden? Weißt du, dass einige Pastoren mich in ihre Stadt bringen und mich einfach innerhalb der vier Wände ihrer Kirche halten wollen? Sie laden nicht einmal andere Gemeinden ein, zu kommen, oder bewerben die Veranstaltung außerhalb ihrer Gemeinde für die Welt. Sie wollen, dass ich mich in ihre Gemeinde hinein ausgieße und nur in ihre eigene. Wie traurig! Ich frage dann »Was hast du dafür getan, um dich auf mein Kommen vorzubereiten, und um Wunder zu erleben?« Und schließlich finde ich heraus, dass sie einfach nur etwa 500 Einladungen an ihre Gemeindeglieder verschickt haben.

Wie werden wir je unsere Städte für Christus gewinnen, wenn alles, was wir heute in der Gemeinde tun, dies ist, dass wir uns selbst mästen, ohne das Öl zu nehmen und es im Alltag von uns auf andere abreiben oder durch uns in die Welt hinausfließen zu lassen? *Wir müssen größere Ziele haben und wie Paulus sein, indem wir es zu unserem Ziel machen, dorthin zu gehen, wo der Name Christi noch nicht genannt wurde, denn das ist der Ort, wo das Evangelium völlig imstande ist, zu funktionieren und in der Kraft wirksam zu werden, die dieses Evangelium wirklich darstellt.*

Für eine besondere Konferenz, die ich vor einigen Jahren in Kanada durchführte, gab ich Tausende von Dollar aus, um sie im weltlichen Radio, im Fernsehen und in Zeitungen anzukündigen. Rate mal, was geschah! Zweihundert ostindische Seelen kamen zur Konferenz, und viele gingen errettet, geheilt und befreit nach Hause. Das wäre nie geschehen, hätte ich nicht die Unerretteten wissen lassen, dass eine Konferenz stattfindet. Auch während unserer Pausen ging unser Team auf die Straßen und Plätze hinaus, und 50 weitere wurden unserer Zahl hinzugefügt.

DIE DEMONSTRATION DES REICHES GOTTES

Ich verstehe das Bedürfnis, die Gemeindefamilie im Leib Christi innerlich zu stärken und ich verstehe, warum wir Picknicke, Seminare, Einkehrtage, Freizeiten oder andere Versammlungen in unseren Gemeinden durchführen und das alles ist schön und gut. Es fragt sich jedoch, ob diese Dinge uns nicht viel zu sehr beschäftigen, als dass wir noch mit der guten Nachricht des Evangeliums in die Welt hinausgehen könnten? Rüsten sie uns für die Evangelisation aus? Heute scheinen sich die Gemeinden mehr darauf zu konzentrieren, dass ihre Mitglieder glücklich und zufrieden bleiben, statt als Schulungs-, Trainings- und Ausrüstungszentren, sowie als Tankstellenzentren zu fungieren, wo sich die Gläubigen mit dem Heiligen Geist erfüllen lassen können, wie dies sie es in der Urgemeinde taten, um dann in die Welt hinauszuziehen, um die Jerusalems, die Samarias und Judäas zu evangelisieren und um das Evangelium bis an die äußersten Ränder der Erde zu tragen. Doch mit der Zeit hat Religiosität so viele Gemeinden infiltriert und zusammen mit menschengemachten Regeln und Traditionen irgendwie ihre Kraft verdünnt.

Wo ist der evangelistische Eifer?

Ich möchte erleben, wie die Freisetzung des evangelistischen Eifers in die Herzen des Volkes Gottes dringt, um uns aufzuwühlen, mächtige Demonstrationen des Geistes Gottes auf die Einkaufsstraßen, die Straßen, in die Gettos, die Krankenhäuser und in die Lieblingstreffs der Teenager hinauszutragen. Das ist unser Auftrag, und das ist der Dienst von Jesus. Als Jesus seine 12 Jünger berief, gab Er ihnen Macht, um das Werk zu tun – Macht, um unreine Geister auszutreiben und Macht, um alle möglichen Krankheiten und Gebrechen zu heilen (vgl. Mt. 10,1). Er gab nicht nur ihnen Macht, Er gab euch dir Macht, und Er gab deinen Kindern Macht. Beachte, dass die machtvolle Kraft zuerst zu den Zwölfen kam. Dann erlebte sie eine exponentielle Zunahme und sprang hoch auf 70, dann auf 120, dann auf 3000 und dann ging sie zu so Vielen, wie der Herr, unser Gott, noch hinzurufen wird: »Denn euch gilt die Verheißung und euren Kindern und allen, die ferne sind, so viele der Herr, unser Gott, herzurufen wird« (vgl. Apg. 2,39).

Weißt du, dass, ganz gleich, welche Funktion du im Leib Christi ausübst, sei es als Apostel, als Evangelist, oder in irgendeiner anderen Funktion des fünffältigen Dienstes, du zuerst und vor allem ein Jünger bist? Er gab Seinen Jüngern Kraft – du bist Sein Jünger. Du bist ein Jünger von Jesus. Sag es laut, gerade jetzt, und lass es in dich hineindringen (und setz dabei deinen eigenen Namen ein): »Ich, Todd Bentley, bin ein Jünger Jesu«. Ja, das bin ich, und ja, das bist auch du! Er versprach uns den Heiligen Geist. Seine Verheißung *ist* der Heilige Geist. Diese Verheißung setzt uns zu »vielen Wundern und Zeichen« frei (vgl. Apg. 2,43).

Kraft, wenn du gehst

Wenn Er sagte: »Diese Verheißung gilt euch« sprach Er eigentlich von der Verheißung des Heiligen Geistes. *Die Verheißung des Heiligen Geistes war für uns. Und was tut diese Verheißung für uns? Sie setzt uns frei für das Unmögliche.* »… und viele Wunder und Zeichen geschahen durch die Apostel« (Apg. 2,43). Diese Verheißung gilt dir und deinen Kindern, und so vielen, die der Herr, unser Gott, noch herzurufen wird, sodass, wenn der Heilige Geist auf dich kommt, du nicht nur in Worten ein Zeuge sein kannst, sondern auch in Kraft.

Jesus versprach uns Kraft, wenn »wir gehen«. Erinnere dich, dass Er den Jüngern sagte: Immer dann, »wenn ihr geht, predigt, und sagt: ‚Das Königreich der Himmel ist nahe herbeigekommen'« (Mt. 10,7). In einem einzigen Atemzug fuhr Er mit Seiner Anweisung fort: »Heilt die Kranken, reinigt die Aussätzigen, weckt die Toten auf, treibt die Dämonen aus. Umsonst habt ihr es empfangen, umsonst gebt es auch weiter« (Mt. 10,8).

Wie kommt es dann aber, dass wir viele Leute haben, die das Wort Gottes heute predigen, und nicht annähernd genug solche, die die Kraft des Wortes demonstrieren, wie Christus uns sagte, dass wir es tun sollten? *Der Himmel ist für uns als Gläubige heute ebenso offen, wie er für Christus vor 2000 Jahren offen war. Gott möchte, dass du die Fülle der Errettung predigst mit einer Demonstration davon durch die Kraft des Heiligen Geistes.* Man nennt das »das Zeugs erledigen«. Hör mal, wer lebt in dir? Der Heilige Geist.

Wer hat Jesus von den Toten auferweckt? Der Geist Gottes. Wer gibt unserem sterblichen Körper Leben? Der Geist Gottes, der in uns lebt (vgl. Röm. 8,11). *Natürlich können wir das Evangelium der Kraft predigen. Natürlich werden uns Zeichen, Wunder und Kraftwirkungen folgen* (vgl. Mk. 16,17). *Natürlich werden wir den Himmel mit uns führen. Natürlich!*

Mach dich einfach an die Arbeit!

Prediger und Lehrer gibt es in Hülle und Fülle – es gibt viele Botschafter, aber wir müssen aufhören, Heilungen, Befreiungen, Zeichen und Wunder vom Evangelium zu trennen. Wir müssen damit aufhören, sie in verschiedene Kategorien aufzuspalten. Ja, es gibt spezifische Gaben und Funktionen im Leib, aber wir sind alle dazu berufen, die Kranken zu heilen, die Aussätzigen zu reinigen, Dämonen auszutreiben und die Toten aufzuerwecken. Wir alle haben denselben Heiligen Geist, oder etwa nicht? Wir sind alle Jünger, nicht wahr? Du brauchst keinen internationalen Befreiungsdienst zu leiten, um einen Dämon auszutreiben. Du brauchst keinen Heilungsdienst zu leiten, um für ein gelähmtes Bein zu beten. Du brauchst kein Lehramt zu bekleiden, um zu lehren. Diese Dienste haben zwar ihren wichtigen Platz, aber du bist berufen, wie übrigens wir alle, deine Arbeit zu erledigen, wie Jesus dies tat. Wir haben die priesterliche Autorität, es zu tun.

Die Königsherrschaft Gottes ist nicht einfach eine Königsherrschaft in Worten, sondern auch in Kraft (vgl. 1. Kor. 4,20). Es spielt keine Rolle, wie viel du theologisch über den Prozess der Errettung oder über Heilung weißt – aber es spielt eine Rolle, was du mit diesem Wissen *tust*, weil Erkenntnis, nur um der Erkenntnis willen tot, leblos und nutzlos ist. *Angewandtes Wissen* hingegen ist ein Schatz. *Du hast das Wissen; Gott möchte, dass du es anwendest.* Lege die Hände auf jemanden, treibe einen Dämon aus, bete für jemanden auf seinem oder ihrem Totenbett. Was ist denn das Schlimmste, das geschehen kann? Hör, Jesus sprach zu Seinen Jüngern – Er spricht auch zu uns.

Beachte in Matthäus 10,8, dass das Auferwecken von Toten *vor* dem Austreiben von Dämonen angeführt ist. Das bedeutet Kraft,

Freunde – die große und wunderbare Kraft Gottes, die besagt, dass, wenn du Dämonen austreibst, du auch alles andere tun kannst. Wenn du das Evangelium predigen kannst, dann kannst du auch die Kranken heilen. Wenn du die Kranken heilen kannst, dann kannst du auch das Evangelium predigen. Wenn du das Evangelium predigen kannst, kannst du auch die Aussätzigen reinigen. Wenn du die Aussätzigen reinigen kannst, kannst du auch das Evangelium verkündigen. Wenn du die Kranken heilen kannst, kannst du auch die Toten auferwecken. Wenn du die Toten auferwecken kannst, kannst du auch Dämonen austreiben. Wenn du Dämonen austreiben kannst, kannst du auch das Evangelium predigen. Wenn du die Kranken heilen kannst, kannst du auch die Aussätzigen reinigen. Wenn du die Aussätzigen reinigen kannst, kannst du auch die Toten auferwecken. Wenn du die Toten auferwecken kannst, kannst du auch das Evangelium predigen. Wenn du das Evangelium predigen kannst, kannst du auch die Kranken heilen. Es ist alles dasselbe! Leichter geht es gar nicht! Es geht immer um Ihn! Es ist die Königsherrschaft, das Reich Gottes. Es ist das Evangelium. Es ist die Botschaft, und der Heilige Geist bewirkt eine Demonstration der Kraft Gottes.

Wie hungrig bist du? Komm schon, wie hungrig bist du, Gott und Seine Kraft zu kennen und zu einer Freisetzung dieser Kraft zu gelangen, die dich ständig erfüllt und dich auf eine neue Ebene des Glaubens und der Kraft bringt? Stephanus war bis an sein Ende voller Glauben und Kraft, aber weißt du auch, weshalb er voll war? Weil er voll Heiligen Geistes war, und das ist alles, was auch du brauchst. *Du brauchst gar nicht zu versuchen, mehr Glauben und Kraft zu bekommen; werde einfach voll des kostbaren Heiligen Geistes!*

Wie wir jetzt gelernt haben, bringt der Dienst der Königsherrschaft Gottes schöpferische Kraft vom Himmel herunter, um das Natürliche und Unmögliche hier zu übertrumpfen, und setzt die übernatürliche Kraft Gottes frei. Mit dem uns zugänglich gemachten Himmel sind wir imstande, zu sehen, zu betasten, zu hören und zu wissen, was der Vater tut, und wir können zuversichtlich mit derselben Kraft Zeugnis ablegen, wie Jesus dies tat, weil auch wir unseren Sinn und unser Herz auf den Himmel ausrichten. *Jesus eröffnete für alle Gläubigen die Möglichkeit, die Hände auf die Kranken zu legen, Teufel auszutreiben und Tote aufzuerwecken, weil wir dieselbe Salbung des Heiligen Geistes haben, die Er gehabt hat.*

Wir können durch unsere Handlungen, unsere Theologie, durch unser Verhalten oder durch irgendetwas anderes Gottes Hand nicht zwingen. Er bewegt sie, weil Er es möchte, weil Er uns liebt, weil Er unser Vater ist und Er uns so sehr liebt, dass Er Jesus sandte, um die Last zu tragen, die wir nicht tragen konnten. Er bewegt sich nicht in Kraft oder handelt, weil wir eine geheime Formel hätten, womit wir Ihn zwingen könnten, auch bewegt Er Sich nicht aufgrund unserer eigenen Verdienste. Er bewegt sich aufgrund dessen, *wer* Er ist.

Wir haben gelernt, warum Wunder in der Gegenwart des Heiligen Geistes und des machtvollen Evangeliums von Jesus Christus geschehen müssen. Ich hoffe, dass du die machtvollen Schriftstellen und Lehren, die ich in diesem Kapitel genannt habe, studiert und darüber meditiert hast, sodass auch du begeistert, kühn und zuversichtlich wirst in deinem Glauben und in die Welt hinausziehst, zu denen, »denen noch nicht von ihm verkündigt worden« ist, damit sie »es sehen; und die, welche es nicht gehört haben, sollen es verstehen« (Röm. 15,21).

Bitte den Heiligen Geist, dir zu offenbaren, wie Er möchte, dass du anwendest, was du in diesem Kapitel gelernt hast, wenn du das Evangelium vom Reich Gottes in die Welt hinausträgst, sodass du noch mehr wie Jesus werden kannst im Herzen, im Denken und in der Tat, während du die Kraft Gottes bezeugst und demonstrierst.

Wenn du weißt, dass du glaubst und wirklich Glauben hast, es aber schwierig findest, hinauszugehen und die Botschaft von der Königsherrschaft Gottes mitzuteilen, dann tue Buße und unternimm konkrete Schritte des Glaubens, die sich auf Seine Verheißungen gründen, welche du in Matthäus, Kapitel 10, findest.

Vertrauensbildende Worte für die Evangelisation in der Kraft des Geistes (Apg. 4,31)

Es ist wichtig, dem Evangelium und Gott in uns zu vertrauen, um:
- für Ihn kühn zu sein
- begeistert zu sein
- sich der Apathie zu entledigen
- leidenschaftlich zu werden
- vorzustoßen
- spontan das Evangelium verkündigen zu können
- in den Geist einzudringen

Auftrag zur Evangelisation in der Kraft des Geistes (Matthäus 10)

Während du hingehst:
- gibt Er dir Kraft (V. 1)
- wird Er dein Wort bestätigen (V. 7)
- predige, dass »das Reich Gottes nahe herbeigekommen ist«
- predige das Evangelium und heile die Kranken (V. 8)
- Was du tust, wenn du abgelehnt wirst (V. 14)
- Gott wird dir eingeben, was du reden sollst (V. 19)
- Gott spricht durch dich (V. 20)
- einige werden dich hassen, aber das ist in Ordnung (V. 22)
- sei kühn, ruf es von den Dächern (V. 27)
- sie können die Seele nicht töten (V. 28; vgl. Apg. 14,22)
- Er ist mit dir (V. 29-30)
- wenn du das Evangelium predigen kannst, so kannst du auch heilen, befreien, Dämonen austreiben, Tote auferwecken – du kannst alles tun, weil Kraft im Wort ist.

DIE DEMONSTRATION DES REICHES GOTTES

Persönliches Gebet
Danke, Jesus, dass Du alle geheilt hast, und dass Du noch heute Derselbe bist. Lass den Samen dessen, was ich heute hier gelernt habe, zu einem radikalen Glauben heranwachsen, dass Du mir helfen wirst, denselben Auftrag zu befolgen, den Du Deinen Jüngern gegeben hast, um die Kranken zu heilen, die Aussätzigen zu reinigen, die Toten aufzuerwecken und die Dämonen auszutreiben. O Herr, gib mir ein tieferes Bewusstsein und Offenbarung davon, dass Du bei mir bist; von der Botschaft des Kreuzes; mache Deine Kraft für mich zu einer Realität. Zerstöre jede Lüge, die der Feind in mich hineingesät hat, um mich davon abzuhalten, Deine ungeheure Kraft und Schönheit, sowie die Botschaft von Deiner Königsherrschaft mit anderen zu teilen. Vergib mir meinen Unglauben an Deine heilende, wunderwirkende Kraft. Reiße allen Unglauben und Angst, alle Apathie und Selbstgefälligkeit aus und hilf mir, in radikalem Glauben und im Glauben an die Kraft Deiner Königsherrschaft hinauszuziehen. Ich bete, dass das Evangelium von der Königsherrschaft, vom Reich Gottes, zum Wort des Lebens für die Verlorenen wird, für die Gefangenen, für die Unterdrückten, für die Kranken und die Gefangenen. Gib meinem Glauben Füße, Herr, wenn ich nun in die Welt hinausgehe. Mache mich wie Jesus, zu dem, der die Werke des Teufels zerstört und den Menschen überall Freiheit und Heilung bringt. Ich möchte Dein volles Evangelium, die unglaublich gute Nachricht von Deinem Reich, predigen und demonstrieren. Lass Deine Königsherrschaft durch mein Leben heute offenbar werden. Du bist gewaltig, Gott! In Jesu Namen bete ich, Amen.

Kapitel 4

Die Invasion der Königsherrschaft

Das Reich Gottes ist unzerstörbar, es nimmt ständig zu und es dauert ewig. Es schreitet voran, es nimmt Raum und es erfüllt. Während jedes andere Königreich eines Tages zerfallen wird, kann Gottes Reich nicht erschüttert werden. Es wird nie zerstört werden.

»Aber in den Tagen jener König wird der Gott des Himmels ein Königreich aufrichten, das in Ewigkeit nicht untergehen wird; und sein Reich wird keinem anderen Volk überlassen werden; es wird alle jene Königreiche zermalmen und ihnen ein Ende machen; es selbst aber wird in Ewigkeit bestehen« (Dan. 2,44).

Es schreitet voran, voran, voran! Es schreitet voran, und dann erfüllt es alles mit sich selbst – mit der ureigensten Gegenwart und Herrlichkeit Gottes. Es schreitet voran, übernimmt und stellt alles wieder her. Es kann nicht erschüttert werden.

»Deshalb lasst uns, da wir ein unerschütterliches Reich empfangen, dankbar sein, wodurch wir Gott wohlgefällig dienen mit Scheu und Furcht! Denn auch unser Gott ist ein verzehrendes Feuer!« (Hebr. 12,28-29).

Um Himmel und Erde miteinander in Übereinstimmung zu bringen, brauchen wir eine Offenbarung, ein klares Reich-Gottes-Denken bezüglich der ständig zunehmenden Weite des Reiches Gottes, sowie der Herrlichkeit, die es erfüllen soll. Wir können nicht zulassen, dass unsere Reich-Gottes-Gesinnung mickrig bleibt; es ist unendlich und gewaltig. Wir wollen unseren Blick größer werden lassen!

Daniel, der Prophet, prophezeite in der Deutung, die Gott ihm vom Traum Nebukadnezars gab, von einem kommenden Königreich, welches die Erde erfüllen würde, indem es jedes andere Königreich übernimmt. Der König hatte einen Felsen gesehen, »aus einem Berg gehauen, doch nicht von Menschenhand«, der zu einem großen Berg werden würde, der die Erde *erfüllte* (vgl. Dan. 2,34-35). Dieser Fels war ein Bild für den Messias, den Felsen, unseren Herrn Jesus

Christus, der mit den Heiligen die Königsherrschaft der durch Seinen Tod und Seine Auferstehung Gerechtigkeit aufrichten und regieren würde, der die Erde mit Gottes Gerechtigkeit, Frieden und Barmherzigkeit belegen und erfüllen wird (vgl.5. Mose 32,4). Später sah Daniel in einem parallelen eigenen Traum bzw. einer Vision, den Sohn des Menschen, »dem Autorität, Herrlichkeit und souveräne Macht verliehen wurde« und »den alle Völker, Nationen und Menschen aus jeder Sprache … anbeteten« (vgl. Dan. 7,13-14).

Das Erfülltwerden der Erde stimmt überein mit einer Verheißung, die den Israeliten gegeben wurde, als sie in der Wüste zwischen Ägypten und dem verheißenen Land Kanaan waren. Nach einer gewissen Zeit der Rebellion gegen Gott bat Mose Gott, ihnen zu vergeben, und Gott antwortete: »Ich habe vergeben nach deinem Wort. Jedoch, so wahr ich lebe und von der Herrlichkeit des Herrn die ganze Erde erfüllt werden wird...« (4. Mose 14,20-21). Das ist Seine Verheißung, dass Er die Erde mit Seiner Herrlichkeit *erfüllen* werde. Das sollte die zentrale Hoffnung jedes Gläubigen sein. Jesus sagte: »Das Reich Gottes ist nahe herbeigekommen«. Das Reich Gottes ist gekommen, um unser Leben zu erfüllen und einzunehmen. Das ist ein machtvoller Entwurf für unser Leben.

Handle, bis Er wiederkommt!

Jesus forderte uns auf: »Handelt, bis ich wiederkomme!« (Lk. 19,13b). Die Königsherrschaft Gottes stellt eine Strategie dar, um Grund einzunehmen, sodass die Herrlichkeit des Herrn die Erde erfüllen kann. Möchtest du das Land für die Herrlichkeit des Herrn einnehmen? Die Königsherrschaft Gottes ist unser Führer und unser Bauplan, um die Erde mit Seiner Herrlichkeit zu füllen. »Hier ist es«, sagt Jesus, »das Reich Gottes befindet sich in deiner Reichweite. Ich habe für alles gesorgt«. Pack es, ergreife es, empfange es und gründe dein Leben auf diese gewaltige Gelegenheit, ein auf natürliche Weise übernatürliches Leben zu führen, ein Leben unter der göttlichen Herrschaft und Regentschaft des Königs der Könige – Jesus, des Königs der Herrlichkeit. Er ruft jeden von uns dazu auf, sich in diese neue Realität hineinzubegeben. Jesu Ruf zur Buße war ein Ruf, deine Absichten zu ändern, einen Frontwechsel zu vollziehen, deinen Sinn zu ändern, denn das Reich, die Königsherrschaft Gottes ist hier, für dich jetzt verfügbar, nicht erst in der Zukunft (vgl. Mt. 4,17).

Aspekte der Königsherrschaft

Es gibt zwei Aspekte für dieses Wachstum und das Erfülltwerden mit der Königsherrschaft Gottes: die Aspekte, die natürliche Seite, d.h. die zahlenmäßige Zunahme der Gläubigen im Leib Christi (der Gemeinde), und die geistliche Seite, das Wachstum des Reiches Gottes in den Herzen derer, die den König des Königreiches anerkennen und Ihm dienen.

Seit der Zeit von Adam und Eva ist Sein Königreich gewachsen und ist vorangeschritten, indem sich Leute durch alle Zeitalter hindurch dazu entschlossen, Grund für das Reich Gottes einzunehmen. Über die heutigen Gläubigen sagt die Bibel, dass das Reich Gottes seit den Tagen Johannes des Täufers bis jetzt Gewalt erlitten habe und dass die Gewalttätigen es an sich reißen werden (vgl. Mt. 11,12). Warum mit Gewalt?

Jede einzelne Person, die in das Reich Gottes eingeht, muss hineindrängen, um zu wachsen und die Königsherrschaft voranzutreiben, weil unser Fleisch Gottes Königsherrschaft widersteht. Jesus hat dies auf wunderbare Weise im Gleichnis vom Sämann erklärt, als Er aufzeigte, dass die Gute Nachricht von der Königsherrschaft (der Same) in unseren Herzen wächst, dass aber gewisse Herzen zu hart seien, und sie deshalb nicht hören und das Gehörte nicht behalten können (vgl. Mt. 13,3-8.18-23). Andere Herzen wiederum sind nicht tief genug, um den Widerstand zu überwinden, und so stirbt der Same Seines Wortes. Einige Leute lassen Sein Wort in sich wachsen, doch die Belange dieser Welt ersticken es, sodass das Leben dieser Person keine Frucht bringt. Das Reich Gottes wächst, wenn die Person den Samen in einer guten Erde aufnimmt (im Herzen) und sich dazu entschließt, ihn Frucht bringen zu lassen.

Von der Königsherrschaft sagte Jesus in einem anderen Gleichnis, dass sie einem Menschen gleich sei, der Samen auf die Erde streut, und die Samen von selbst Frucht hervorbringen:

»Und er sprach: Mit dem Reich Gottes ist es so, wie wenn ein Mensch den Samen auf die Erde wirft und schläft und aufsteht, Nacht und Tag, und der Same keimt und geht auf, ohne dass er es weiß. Denn die Erde trägt von selbst Frucht, zuerst den Halm, danach die Ähre, dann den vollen Weizen in der Ähre. Wenn aber die Frucht es zulässt, schickt er sogleich die Sichel hin; denn die Ernte ist da.« (Mk. 4,26-29)

Reich-Gottes-Gleichnisse

Die Reich-Gottes-Gleichnisse in Matthäus 13 offenbaren viel über die Königsherrschaft Gottes und deren sichtbares und unsichtbares Wachstum und Wirken in unserem Leben und in der Gemeinde. All diese Gleichnisse zeigen den Hörern an, dass Jesus uns einlädt, in etwas einzutreten, das unmittelbar zugänglich ist.

Jesus lehrte diese Gleichnisse der Volksmenge und den vielen Leuten vom Boot aus, das Er häufig als Seine »Kanzel« benutzte. Stell dir Jesus einen Augenblick lang im Mittelpunkt dieses wunderbaren Hintergrundes vor: eine endlos scheinende ausgedehnte Meeresfläche, in der sich der endlose Himmelsumfang spiegelt; dann hast du ein Bild für die Grenzenlosigkeit des Reiches Gottes mit Christus, der in ihm regiert.

Leute haben oft gesagt, Gleichnisse seien irdische Geschichten mit einer himmlischen Bedeutung oder Aussage. Ist es da ein Wunder, dass Jesus oft auf diese Weise von der Königsherrschaft des Himmels gesprochen hat?

Im Gleichnis vom Senfkorn verglich Jesus einen Aspekt des Reiches Gottes mit einem

Senfkorn, das ein Mann in sein Feld säte. Dadurch lehrte Er, dass, egal, wie unscheinbar das Reich Gottes uns im Augenblick auch vorkommen mag, es dennoch zu etwas ungeheuer Großem heranwächst – von einem kleinen Senfsamen zu einem Strauch, groß genug, um uns Schutz zu gewähren (vgl. Mk. 4,30-32).

Auch verglich Er das Reich Gottes mit Sauerteig, den eine Frau unter das Mehl mischte, bis er sich durch den ganzen Teig hindurch ausgebreitet hatte. Ein bisschen Sauerteig durchsäuert den ganzen Teig. Ein Stein wird zu einem Berg, der die ganze Erde ausfüllt.

Erkennst du das Wesen des Wachstums? Das Reich Gottes ist gewachsen, es wächst und es wird weiter wachsen, während es unsere Herzen und die ganze Welt erfüllt und umwandelt.

Warum? Warum sollte sich Jesus solch große Mühe machen, uns die Prinzipien des Reiches Gottes zu erklären?

Erstens sind wir der Schatz, den Er gefunden hat. Im Gleichnis vom verborgenen Schatz erklärte Jesus, dass die Königsherrschaft des Himmels einem Schatz gleicht, den ein Mann findet und dann auf einem Felde versteckt. Dann verkauft dieser alles, was er besitzt, und kauft damit das ganze Feld wegen des Schatzes, den er selbst dort vergraben hatte. Das Feld ist die Welt und der Mann ist Jesus, der alles hingab, was Er hatte, um das Feld des Schatzes willen zu kaufen. *Welcher Schatz konnte denn so wunderbar sein, dass Jesus Sein Leben hingeben sollte, um ihn zu erwerben? Das sind wir! Wir sind der Schatz, von dem Er so entzückt ist.*

Was für eine Art von Schatz sind wir denn? Wir sind die äußerst kostbare Perle. Jesus erzählte die Geschichte von einem Händler, der nach kostbaren Perlen suchte. Als er schließlich eine überaus kostbare Perle fand, ging er hin und verkaufte alles, was er besaß, und kaufte sie. Der Käufer in dieser Geschichte ist Jesus und wir sind die Perle, die Er als so kostbar betrachtet, dass Er für sie gern alles hingab, um sie, um uns, für immer zu besitzen.

Zweitens wollte Jesus Sich vergewissern, dass die Jünger die Dinge des Reiches Gottes verstanden, von denen Er sprach. So erklärte Er auch, dass die Königsherrschaft des Himmels einem Hausvater gleiche, »der aus seinem Schatz Neues und Altes hervorholt« (Mt. 13,52). Jeder, der Gottes Wort wirklich schätzt und kennt, wird das Alte von der Königsherrschaft kennen und das Neue lernen.

Die Zunahme Seiner Herrschaft und des Friedens

Die Natur der Königsherrschaft Gottes lautet: »Die Zunahme der Herrschaft und der Frieden werden kein Ende haben« (Jes. 9,6). Genauso wie der Fels zu einem großen Berg wird und die Erde erfüllt, wie ein Senfsamen heranwächst und alles übernimmt, wie ein wenig Sauerteig den ganzen Teig durchsäuert, so besteht die

Natur der Königsherrschaft Gottes darin, dass sie wächst, dass sie alles erfüllt und einnimmt. Die Bibel ruft aus und erklärt: »Denn die Erde wird voll werden von der Erkenntnis der Herrlichkeit des Herrn, so wie die Wasser den Meeresgrund bedecken« (Hab. 2,14). Heute erwarten wir jenen souveränen Tag, an dem Gott Seine Herrlichkeit ausgießen wird; allerdings sagt Gott auch: »Steh auf, leuchte, denn dein Licht ist gekommen, und die Herrlichkeit des Herrn ist über dir *aufgegangen*! (Jes. 60,1). Das ist kein irdisches Licht, sondern ein Licht, das aus der Herrlichkeit des Herrn hervorgeht und ausstrahlt. Es ist das Licht Jesu bei der Verklärung, da »sein Angesicht leuchtete wie die Sonne, seine Kleider aber weiß wie das Licht wurden« (Mt. 17,2).

Der König der Königsherrschaft, Gott Selbst, ließ es zu, dass Er auf Erden als ein menschliches Wesen geboren wurde (vgl. Lk. 1,30-33). Als dann Gott als Mensch auf die Erde trat, kam und folgte Ihm Seine Königsherrschaft auf die Erde, wohin immer Er ging. Die Feinde der Königsherrschaft konnte Seine Gegenwart nicht ertragen, und obwohl sie Ihn töteten, konnte selbst der Tod nicht vor Ihm bestehen. Gott kam, um Seine Königsherrschaft auf die Erde zu bringen, um Sein Reich in die Nähe des Menschen zu bringen, und das tat Er durch Jesus. Die Königsherrschaft nahm zu, als Leute Seinem Ruf folgten, als Menschen Ihn aufsuchten, Seine Worte hörten und ihnen glaubten. Es war während der Zeit Jesu und durch Ihn, sowie durch diejenigen, die Ihm nachfolgten und an Ihn glaubten, dass das Reich Gottes für die Welt sichtbar wurde. Die Leute sahen das Reich Gottes durch die Gute Nachricht, die Jesus predigte und lehrte, und durch das plötzliche Verschwinden der Konsequenzen der Sünde – Krankheit und dämonische Unterdrückung, indem Jesus und Seine Jünger heilten und das Böse austrieben. Sünde und Krankheit konnte es in der Gegenwart des Königs oder in Seiner Königsherrschaft nicht mehr geben. Sie stehen den Gesetzen des Reiches Gottes entgegen. Auch Knappheit und Mangel konnten in Seiner Gegenwart nicht bestehen, ebenso wenig unsere sündhafte Natur – alles war dem König unterworfen.

Die Verheißung des Trösters und Helfers

Jesus gab Seinen Jüngern alle Schlüssel des Reiches Gottes während Seines kurzen Lebens auf Erden. Bevor Er sie physisch verließ und sie in die Welt hinaussandte, versprach Er ihnen, dass der Tröster, der Heilige Geist, kommen und in ihnen leben, sie in die ganze Wahrheit leiten und ihnen mehr und mehr von Ihm offenbaren würde (vgl. Joh. 14,16-19). Nachdem Jesus in den Himmel aufgefahren war, kam der Heilige Geist herab, wie Er es verheißen hatte. Der Heilige Geist fiel nicht einfach zuerst auf die elf Jünger. Er setzte sich gleich auf 120 von ihnen, und bis zum Ende des Tages auf weitere 3000. Halleluja!

Jesus sandte uns den Heiligen Geist, damit Er in uns leben kann, damit die Königsherrschaft Gottes und die Gegenwart des Königs nicht nur unser Leben durchdringen, infiltrieren, erfüllen, umwandeln und voranbringen kann, sondern auch das Leben Vieler auf der ganzen Welt, zur Herrlichkeit und zur endzeitlichen Heilsabsicht Gottes.

33 Jahre hindurch war die Königsherrschaft Gottes in einem einzigen menschlichen Körper gegenwärtig, in Jesus, dem König. Aufgrund Seines Todes und Seiner Auferstehung wurde die Königsherrschaft in Tausenden weiterer Körper gegenwärtig und zu einer Realität. Diejenigen, die jetzt Untertanen des Königs waren, würden fortan mit Seiner vollen Autorität handeln, voranschreiten, Grund einnehmen und sich fortbewegen. Doch obwohl der König und Seine Königsherrschaft in vielen Körpern waren, waren sie in Wirklichkeit nur ein einziger Leib. Denn Jesus hatte für die Gläubigen gebetet, dass sie ausgesondert und mit Ihm selbst, dem Vater, und untereinander in vollkommener Einheit eins würden, damit die Welt glauben würde. *Jesus gab uns die Herrlichkeit, die der Vater dem Sohn gegeben hatte. Wir wurden in ein Einziges hinein vollendet.* Jesus betete auch zum Vater, dass wir stets bei Ihm sein sollten. Lies Folgendes, es ist so machtvoll:

»Aber nicht nur für diese bitte Ich, sondern auch für (alle), die durch ihr Logos(zeugnis) an Mich glauben werden. Sie sollen alle (so) eins sein, wie Du, Vater, in Mir (bist) und Ich in Dir (bin). Auch

sie selbst sollen in Uns sein, damit die Welt glaubt, dass Du Mich (tatsächlich) hergeschickt hast. Ich habe die Herrlichkeit, die Du Mir verliehen hast, an sie weitergegeben, damit sie eins sein können, wie Wir – (Du und Ich) – eins sind. (Dann bin) Ich in ihnen, und Du (bist) in Mir, damit sie zu einer vollendeten Einheit gelangen und die Welt wahrnimmt, dass Du Mich hergeschickt und sie geliebt hast, wie Du Mich geliebt hast. Vater, (was die betrifft), die Du Mir geschenkt hast, (so) will Ich, dass sie (immer) dort bei Mir sind, wo Ich (jeweils) bin; (Ich will), dass sie Meine Herrlichkeit schauen, die Du Mir verliehen hast, weil Du Mich geliebt hast, bevor der Kosmos gegründet wurde. Gerechter Vater, zwar hat der Kosmos Dich nicht erkannt, obwohl Ich Dich erkannt habe, aber diese (wenigstens) haben gemerkt, dass Du Mich hergeschickt hast. Ich habe ihnen Deinen Namen (d.h. Deine Person) bekannt gemacht und werde Ihn (weiter) bekannt machen, und (so) soll die Liebe, mit der Du Mich geliebt hast, in ihnen sein, und Ich Selbst (werde) in ihnen (anwesend) sein« (Joh. 17,20-26; Haller).

Alle von uns, die wir glauben, sind der Leib Christi auf Erden – eins im Geist. Als solche sind wir Brüder und Schwestern in Christus, Bürger des Königreichs des Vaters, und Träger der Königsherrschaft im Innern, Träger des Reiches Gottes, Träger des Königs, Träger Seiner Herrlichkeit und Gegenwart hinaus in eine dunkle Welt. Wohin auch immer wir gehen, haben wir das Potenzial, den Himmel mit uns zu tragen und als Seine Botschafter die Pforten des Himmels auf der ganzen Welt zu öffnen.

Als Jesus sagte, das Reich des Himmels sei nahe herbeigekommen, da meinte Er es so – das Reich Gottes ist in uns, für uns zugänglich, 24 Stunden lang, 7 Tage die Woche. Es ist ohne Ende, gleichwie Gott ohne Ende ist. Es ist so groß wie Gott – unvorstellbar groß! Je mehr Zeit du in Seiner Gegenwart verbringst, desto mehr füllt Seine Herrlichkeit deinen Ort. In der Gegenwart Seiner Herrlichkeit entfaltet sich deine Bestimmung, Wunder und Heilungen geschehen, und Dämonen fliehen.

Der Herr sagte einem mir gut bekannten Pastor von Las Vegas, der eine unserer »Offener Himmel Konferenzen« in Abbotsford, British Columbia, in Kanada, besucht hatte, er solle ein Zweipersonenzelt kaufen, um es als behelfsmäßige »Stiftshütte« zu benutzen. Es sollte sein geheimer Ort sein, um Gott zu begegnen. Er stellte es in seinem Wohnzimmer auf und legte eine Bibel hinein, und jeden Tag ging er dort hinein und betete Gott an. Eines Tages rief er an und sagte: »Todd, ich fülle mein Zelt mit der Herrlichkeit Gottes. Und wenn es voll ist, dann mache ich weiter und fülle mein Haus mit der Herrlichkeit. Und wenn dieses voll ist, werde ich meinen Stadtbezirk damit erfüllen, dann meine Stadt, meine Region, und schließlich die ganze Nation!«.

Das ist das Wesen der Königsherrschaft Gottes: Sie wächst, nimmt zu, und erfüllt. Diese Begebenheit zeigt, wie wichtig es ist, dass wir alle »Träger« der Königsherrschaft sind, dass Gottes Gegenwart so überströmend in unserem Leben ist, dass sie überallhin überschwappt und Menschen um uns herum berührt. Es ist das, was ich gern als »Reich-Gottes-Radius« bezeichne. Wieviel vom Reich Gottes, wieviel von der Königsherrschaft schwappt von dir über und wie weit reicht es?

Reich-Gottes-Sphären und -Radien

Das Reich Gottes kann jeden Raum in unserem Radius oder Einflussbereich erfüllen. Der Apostel Petrus hatte einen Reich-Gottes-Radius von gut 2 Metern, der ihm so nahe lag wie sein Schatten. Das Reich Gottes war insofern nahegekommen, als die Leute, wo immer Petrus vorüberging, ihn baten, dass selbst sein Schatten auf sie oder ihre kranken Lieben fallen möge (vgl. Apg. 5,15). Nun, denke doch einen Augenblick lang mal darüber nach. Wohin auch immer Petrus ging, brachte er innerhalb dieser ungefähr zwei Meter den Himmel auf die Erde. Petrus war eine lebendige, atmende Manifestation des Reiches Gottes, und wo immer er hinkam, brachte er den Himmel auf die Erde herab – Gottes Königsherrschaft berührte die Menschen.

Wenn sich Gottes Königsherrschaft manifestiert, verliert der Teufel seinen Zugriff auf Menschenleben. Genau das geschah, als Brian, ein Anbetungsleiter, und einige Freunde, Musiker und Tänzer, ein Einkaufszentrum in Redding, Kalifornien, besuchten, um dort anzubeten. Als der Anbetungsleiter und seine Begleitung gerade eine Pause machten und sich setzten, ging ein Mann an dem Platz vorbei, wo sie eben angebetet hatten. Der Mann nahm einige Drogen aus seiner Tasche, warf sie zu Boden und ging weiter. Warum, glaubst du, ist dies geschehen? Eine himmlische Pforte hatte sich geöffnet und der Mensch war dem »Himmel hier und jetzt« begegnet. Da es im Himmel keine Drogen gibt, verlor der Feind seinen Zugriff in diesem Bereich des Himmels. Das ist das Reich des Himmels in Aktion!

Das Reich Gottes ist solcherart, dass es jeden Quadratmeter bzw. -kilometer ausfüllen kann, den du betrittst. Die Bibel erklärt, dass die Erde ebenso umfassend mit der Herrlichkeit des Herrn erfüllt werden wird, wie die Wasser den Meeresgrund bedecken (vgl. Hab. 2,14). Erinnere dich, der Stein wurde zu einem Berg und der Berg füllte die ganze Erde (vgl. Dan. 2,34-35). Das Samenkorn wurde zu einem Baum (vgl. Mt. 13,31-32). Die Herrlichkeit des Herrn in dir kann das geistliche Klima oder die geistliche Atmosphäre hin zu einer massiven Erweckung ändern, wo immer du hinkommst.

Wir sind dafür verantwortlich, die Erde zu erfüllen – Städte, Regionen und Nationen, ja die ganze Erde mit dem Reich Gottes zu erfüllen. Gott hat gesagt, dass, wenn das Evangelium des Reiches Gottes allen Nationen verkündet würde, dann das Ende kommen werde (vgl. Mt. 24,14). Was aber, wenn Gott auf uns wartet, dass wir bei der Ausdehnung Seiner Königsherrschaft Seine Partner werden? Viele von uns haben auf die Entrückung gewartet. Wir warten auf den Tag, an dem Gott Seine Verheißung erfüllt und die ganze Erde mit Seiner Herrlichkeit füllt. Wir warten auf den souveränen Tag, an dem das Ende kommt und Jesus wiederkehrt; doch wartet Jesus auf *dich*, damit *du* mit Ihm zusammenarbeitest, um die Erde mit der Erkenntnis Seiner Herrlichkeit zu erfüllen.

Der Schatz des Reiches Gottes ist auf der Erde in irdenen Gefäßen verborgen: in dir und in mir. Wir tragen einen Schatz in diesen irdenen Gefäßen. Es ist eine souveräne Zeit, diese Schätze zu offenbaren und das Evangelium mitzuteilen. Und doch sind wir hier und warten die meiste Zeit auf die souveräne Zeit oder auf den Tag, an dem das Ende kommen wird (vgl. Mt. 24,14).

»Steh auf, werde Licht! Denn dein Licht ist gekommen« (Jes. 60,1). Weißt du, was Gott Abraham gesagt hat? »Mache dich auf und durchwandere das Land seiner Länge und seiner Breite nach! Denn dir will ich es geben« (1. Mose 13,17). Er zeigte Abraham das Erbe und Abraham sah es und empfing es in seinem Geist. Gott sagte auch, er solle hinsehen und die Sterne anschauen: »Blicke doch auf zum Himmel und zähle die Sterne, wenn du sie zählen kannst! Und er sprach zu ihm: So zahlreich wird deine Nachkommenschaft sein« (1. Mose 15,7). Damit sagte er: »Tritt in deinen Geist ein, Abraham! Ich möchte, dass du dein Erbe siehst!«

Obwohl ich dies ausführlicher im Kapitel »Das göttliche Erbe« behandle, möchte ich bereits jetzt betonen, dass Gott uns Herrschaft und Autorität gegeben hat, Grund für dieses Erbe einzunehmen. Er sagte zu Josua: »Jeden Ort, auf den eure Fußsohle treten wird – euch habe ich ihn gegeben, wie ich zu Mose geredet habe« (Jos. 1,3). Er möchte, dass wir den Grund einnehmen, dass wir das Land einnehmen. Das können wir nicht tun, wenn wir nicht erkennen, was es da einzunehmen gilt, oder wenn wir nicht wissen, was wir haben, nicht wahr? Wir müssen unseren Reich-Gottes-Radius ausweiten. Wie viel vom Reich Gottes bewegt und manifestiert sich rund um dich herum?

Die Königreichs-Botschaft

Ich bin kanadischer Bürger und mein Land unterhält auf der ganzen Welt Botschaften. Botschaften sind Repräsentationen deines Heimatlandes in anderen Ländern. Wenn ich zum Beispiel nach Indien gehe, kann ich zur dortigen kanadischen Botschaft gehen und wenn ich dieses Stück Boden betrete, befinde ich mich im Grunde in Kanada. Ich bin zwar in Indien, doch bin ich dann auch in Kanada mit allen Rechten, Vorteilen und allem Schutz, den ich auch in Kanada genieße. Genauso verhält es sich mit dem Reich Gottes auf Erden. Wir sind Botschafter des Reiches Gottes. Wohin auch immer wir gehen, geht der Heilige Geist mit uns. Es ist, wie wenn du ein geistliches Konsulat bzw. eine Botschaft mit dir trägst. Wir sind auf Erden im Himmel, mit allen Vorzügen und Hilfsquellen des Himmels, die uns zugänglich sind; mit der ganzen Autorität des Himmels, die hinter uns steht.

Wie es im natürlichen Bereich der Fall ist, so trifft es auch auf den geistlichen Bereich zu – dass Gott Grenzen gesetzt hat. Wenn wir durch Dörfer und Städte reisen, gehen wir oft von einer Jurisdiktion in eine andere über, ohne uns dessen bewusst zu sein. Im Grunde trennt eine unsichtbare Schranke einen regierungsmäßigen Kontrollbereich vom anderen. Genauso, wie du, natürlich gesprochen, von einem Landkreis in einen anderen gehen kannst, hat Gott auch Grenzen und Eigentumslinien im Geist. Denk einmal an das Haus, in dem du wohnst. Wenn dir das Haus gehört, dann ist das Haus dein Besitz – es gehört dir und mit dem Besitz kommt auch die Verantwortung. Es ist dein eigenes, kleines Reich. Geistlich gesehen ist das, was der Herr in deinen Besitz gegeben hat, das Reich Gottes für dich. Da hat der Teufel keine Autorität. Wenn du im Geist auf »deinem Eigentum« stehst, kann dir keine Plage, keine Krankheit, kein Übel schaden. Kannst du dir vorstellen, auf diese Weise ganze Städte und Nationen einzunehmen?

Gott hat für mich dieses Prinzip machtvoll demonstriert, als ich in Malawi in Afrika war. Von der Regierung wurde mir ein 100-mal-100-Meter-Grundstück *gegeben*, um eine Evangelisation durchzuführen. Für die Zeit dieser Mission gehörte das Gebiet, auf dem ich predigte, mir. Die Regierung gab es mir und Eigentum bedeutet gleichzeitig Autorität. Im Stadion hinter mir jedoch führte die Regierung Wahlkampf durch und auf der gegenüberliegenden Straßenseite war die örtliche Moschee der Muslime – das waren Gebiete, über die ich keine Autorität besaß.

Die geistlichen Türen und Pforten des Himmels

Ich hatte das Evangelisationsgrundstück für fünf Tage. Ich erklärte, dass dieses Grundstück für die Dauer der Evangelisation das Grundstück des Reiches Gottes war, also der »Himmel auf Erden«. An einem der Tage ging ein Junge, der taub war, an unserer Evangelisation vorbei. Er hatte keinerlei Interesse daran, er war ein Muslim, der auf dem Weg zur Moschee war. Doch gerade als er vorbeiging, berührte sein Fuß *meinen* Grund und seine tauben Ohren gingen auf! Im örtlichen Krankenhaus war auch noch ein anderer Junge mit einem inoperablen Tumor an seinem Bein. Die Ärzte konnten ihm nicht helfen, also schlugen sie ihm vor, er solle zur Evangelisation von Todd Bentley am unteren Teil der Straße gehen. Jemand fuhr ihn sogar direkt auf das Grundstück der Evangelisation. Die Autotüre öffnete sich und sobald er den Fuß auf das Gras setzte, fiel der Tumor von seinem Bein ab. Warum? Weil es im Himmel keine Tumore gibt und der Himmel war auf meinem Evangelisationsgrundstück.

Ein Mann, der buchstäblich mit Hunderten von kleinen Geschwüren übersät war, saß am anderen Ende der Stadt in einer Bar und trank ein Bier. Der Barbesitzer entschloss sich, das Radio anzudrehen und stieß bei der Sendersuche auf die Sendung meiner Evangelisation, die im ganzen Stadtgebiet übertragen wurde. Weil er als der Besitzer dieses Grundstückes, auf dem sich die Bar befand, diese Wahl getroffen hatte, war es, als ob sich eine unsichtbare Pforte für die Kraft Gottes geöffnet hätte, sodass sie in die Bar hereinkommen konnte. Der Mann mit den Geschwüren wurde augenblicklich geheilt, sodass eines nach dem andern zu Boden fiel. Er sprang buchstäblich in ein Taxi hinein und fuhr zur Evangelisation, um sein Leben Jesus zu übergeben!

Ein örtliches Hospiz hatte 65 todkranke Patienten. Eine Anzahl »Botschafter« von unserem Team ging an diesen Ort, um den Himmel zu repräsentieren, und sie beteten für alle 65 Patienten. Zwei Tage später hatte jeder einzelne von ihnen das Spital verlassen, weil Gott sie geheilt hatte. Ein ganzes Hospiz war leergeheilt worden!

In den historischen Erweckungstagen der Vergangenheit, von denen ich Berichte gelesen habe, wurden sogar Leute, die sich der Stadtgrenze näherten, durch die Kraft Gottes zu Boden geworfen, welche dieses Gebiet erfüllte. Männer und Frauen in den Bars quer durch die Stadt hindurch waren nicht einmal mehr imstande, die Bierkrüge an ihre Lippen zu heben. Das ist es, was ich möchte. Ich möchte mit der Herrlichkeit Gottes scheinen, sodass, wo immer ich hinkomme, die Kraft Gottes Menschen mit Seiner Herrlichkeit berührt und verwandelt. Macht euch auf und scheint, werdet Licht, Heilige, denn euer Licht ist gekommen! Und die Herrlichkeit Gottes ist über euch aufgegangen (vgl. Jes. 60,1).

Das Synchronisieren von Himmel und Erde

Das Reich Gottes nimmt zu und schreitet voran. Die Herrschaft Gottes kommt, wenn Himmel und Erde miteinander synchronisiert werden – wenn der Himmel die Erde berührt. Sein Reich kommt, wenn der Himmel in deiner Welt auftaucht und dein Leben mit Gottes Herrschaft in Einklang kommt. Was weißt du über den Himmel? Keine Krankheit, kein Kummer, kein Schmerz, keine Armut? Wie es im Himmel ist, so soll es auch auf Erden sein! Als Jesus sagte: »Betet ... Dein Reich komme« (Mt. 6,8-10), dann sagte er damit, dass die Dinge hier auf Erden nicht so waren, wie sie sein sollten, eben nicht so, wie im Himmel. *Wenn das Reich Gottes kommt, wird alles, was im Himmel existiert, die Erde übernehmen. Das Reich Gottes besteht darin, dass der Realität dessen, »wie es im Himmel ist« auf der Erde Ausdruck verliehen wird. Das Reich Gottes reflektiert auf der Erde, wie der Himmel gerade jetzt ist.*

Heute ist es auf Erden nicht so wie im Himmel. Es kann jedoch so sein. Das ist der Grund, weshalb Jesus die Jünger lehrte, dafür zu beten, dass das Reich Gottes kommen soll. Das Reich Gottes bedeutet, dass der Wille Gottes auf Erden geschieht bzw. ausgeführt wird. Er möchte, dass die Erde *jetzt* so wird, wie es im Himmel ist. Der Feind wird alles unternehmen, um diesem wundervollen göttlichen Plan zu widerstehen. Darum bete, dass das Reich Gottes komme. Ladet die Atmosphäre des Himmels in dein Leben, deine Gemeinde, deine Stadt ein. Bring dich in Einklang mit dem Himmel und richte dein Leben danach aus.

Jesus sagte: »Wer mich gesehen hat, hat den Vater gesehen« (vgl. Joh. 14,9). Jesus heilte jede Krankheit und jedes Gebrechen unter den Menschen. Das bedeutet, dass die Heilung von jeder Krankheit und jedem Gebrechen der Wille Gottes ist, und der Wille Gottes ist das Reich Gottes. Aber wie kann der Wille Gottes auf der Erde geschehen? Der Himmel ist unser Modell. Wir sollten nicht Wunder, Zeichen und Kraftwirkungen um ihrer selbst willen suchen, sondern zugunsten der Zunahme des Reiches Gottes. Wunder, Zeichen und Kraftwirkungen sind der Ausfluss eines Lebens im Übernatürlichen, doch wenn du lediglich nach der Gabe der Heilung strebst, dann ist das falsch. Es ist nicht falsch zu wünschen, dass Leute geheilt werden, doch es ist viel wichtiger, zuerst nach Gott und nach Seiner Königsherrschaft zu trachten (vgl. Mt. 6,33).

Eindringen

Wir können nicht dieselben bleiben, wenn wir einmal auf Jesu Ruf in die Königsherrschaft reagiert haben. Unter das Königtum und unter die Herrschaft Gottes zu fallen bedeutet, dass wir alle unsere Ressourcen, Talente und Fähigkeiten benutzen. Diejenigen, die das Königreich betreten, werden einer radikalen und großartigen Veränderung unterzogen. Wir dienen einem Meister, dem alles gehört, und Ihm gehört auch unser Herz (vgl. Ps. 24,1). Gehört Ihm auch das deine?

Gott ruft uns dazu auf, in das Reich Gottes einzudringen. Wie tun wir dies? Indem wir fleißig und ernsthaft darin sind, uns um unsere Reich-Gottes-Angelegenheiten zu kümmern, nach Seinen Worten zu suchen, zu forschen und sie zu empfangen, und Seine Gebote in uns wertzuschätzen, indem wir uns stets nach Weisheit und Verständnis, nach Unterscheidung und Erkenntnis ausstrecken. Denn der Herr gibt uns Weisheit, von der Er sagt, dass wir nach ihr trachten sollen wie »nach Silber«, und nach ihr forschen sollen wie »nach einem verborgenen Schatz« (vgl. Spr. 2,1-4).

»Dann wirst du die Furcht des Herrn verstehen und die Erkenntnis Gottes finden. Denn der Herr gibt Weisheit; aus seinem Mund kommen Erkenntnis und Verständnis. Er bewahrt klugen Rat auf für die Aufrichtigen; er ist ein Schild denen, die in Lauterkeit wandeln, indem er die Pfade des Rechts behütet und den Weg seiner Frommen bewahrt« (Spr. 2,5-9).

Göttliche Offenbarung und göttlicher Rat

Offenbarung und Rat sind wichtig, wenn wir die Atmosphäre des Himmels dabei willkommen heißen und einladen wollen, die Erde zu überfluten. Wir tragen das Reich Gottes mit uns und wir haben in der Tat das Potenzial, diese Pforten des Himmels für den nächsten Gläubigen zu öffnen, der beim Erledigen seiner Reich-Gottes-Angelegenheiten vorbeikommt.

Die Macht Gottes wirkt durch den Rat Gottes. Der Geist der Macht folgt dem Geist des Rates. Wenn wir den Rat des Himmels empfangen, sehen wir eine Demonstration und Manifestation der Macht des Himmels hier auf Erden. Der Prophet Jesaja rief zu Gott, Er möge die Himmel zerreißen und herabkommen, sodass die Berge buchstäblich unter Seiner Gegenwart beben sollen (vgl. Jes. 64,1). Hast du eine Ahnung davon, wieviel Macht es braucht, um einen Berg zu erschüttern? Weißt du, dass diese Macht der Heilige Geist ist? Macht ist einer der sieben Aspekte des Heiligen Geistes, und die Macht ist die Partnerin des Rats, genauso wie der Geist der Weisheit und des Verständnisses, der Geist der Erkenntnis und der Furcht des Herrn Partner sind (vgl. Offb. 3,1; 4,5; 5,6; Jes. 11,2). So spricht Gott: »Nicht durch Macht und nicht durch Kraft, sondern durch meinen Geist ... Wer bist du, großer Berg, vor Serubabel? Zur Ebene sollst du werden« (vgl. Sach. 4,6b.7a).

Das Werk des Wiederaufbaus des Tempels war so riesig und so massiv, dass es wie ein großer Berg erschien. Einige Theologen glauben, dass dieser große Berg zu dieser Zeit in der biblischen Geschichte ein großer Schutthaufen auf dem Tempelareal gewesen sei. Gott jedoch verheißt, dass der Schutt beseitigt und das Werk weitergeführt werden würde, aber nicht durch menschliche Macht, noch durch menschliche Kraft, sondern durch Seine. Er versprach, dass dieser große Berg durch Seinen Geist zu einer Fläche eingeebnet werden sollte. Flach wie ein Pfannkuchen! Gott warnt uns im Grunde, dass diejenigen, die nicht bei Ihm Rat suchen und Pläne aushecken, die nicht vom Heiligen Geist stammen, Sünde auf Sünde häufen (vgl. Jes. 30,1).

Als solche, wenn wir uns um die Angelegenheiten des Reiches Gottes kümmern, kann es sein, dass wir viel Schutt begegnen – Bergen von Schutt, die es zu durchbrechen gilt. Doch wir können die geistliche Atmosphäre und das geistliche Klima verändern, indem wir jeden Ort mit dem Reich und der Gegenwart des Königs füllen, ob es sich nun um unser Zuhause, unsere Stadt, unseren Arbeitsplatz oder um eine ganz spezifische Region handelt. Wir können Gott bitten, den Himmel zu zerreißen, um die Schleusen des Himmels zu öffnen[21] und Offenbarung herabregnen zu lassen, die unsere Berge zur Ebene machen und uns bei unseren Reich-Gottes-Bestrebungen helfen werden. Gott wird für uns den Himmel öffnen und uns unseren Plan und unsere Strategie für Sein Werk zu offenbaren. Wir können jene unsichtbaren Dinge, die noch nicht existieren, herunterrufen (als ob sie existierten), indem wir auf das Ziel unserer hohen Berufung als Bürger und Botschafter der Königreichsnation des Himmels zueilen (vgl. Röm. 4,17b).

Jesus, der Zugang zum Himmel
In Jakobs Offenbarungstraum von der Himmelsleiter, den wir schon betrachtet haben, gab es jetzt einen Zugang zum Himmel. Er sah, wie die Engel Gottes hinauf- und hinunterstiegen. Die Engel stiegen *von* der Erde *zum Himmel hinauf und wieder zurück* (vgl. 1. Mose 28,12). Jesus sagte, dass »niemand in den Himmel hinaufgestiegen ist, als der, der vom Himmel herabgekommen ist, nämlich der Sohn des Menschen, der (auch jetzt) im Himmel ist« (Joh. 3,13). Sie stiegen (von der Erde) zum Himmel hinauf und kehrten mit Offenbarung zur Erde zurück, und so gingen sie hin und her. Jakob wusste nun, dass Gott näher als je zuvor war und dass es einen echten Zugang und eine Wechselbeziehung zwischen Himmel und Erde gab. Jesus machte in Johannes 1,51 deutlich, dass Er Selbst der Zugang zum Himmel war, das Mittel, durch das der Himmel zu uns herabkam und durch das wir zum Himmel gelangen können.

Tatsächlich lud Jesus später seinen Apostel Johannes in den Himmel ein. Johannes beschreibt, wie er im Himmel eine Türe offenstehen sah. Dann hörte er Jesus mit einer Stimme so klar wie die einer Trompete rufen: »Komm hier herauf, und ich werde dir die Dinge zeigen, die nach diesem geschehen werden« (Offb. 4,1b).

---

21 In manchen christlichen Kreisen ist es verbreitet, sich über eine solche Aussage lächerlich zu machen, weil der Himmel seit Pfingsten ja für uns Gotteskinder bereits offen stehe und sich nun in unserem Herzen befinde. Interessanterweise wirken die meisten dieser Kritiker nicht entsprechende Wunder wie Todd Bentley, ja, sie haben oft keinerlei Offenbarung darüber, dass es neben der Salbung in uns, immer noch die *Salbung auf uns*, sowie externe erwecklichen Kraftwirkungen gibt, die sehr wohl durch Hunger und Gebet herbeigefleht werden können (Anm. d. Übers.), wie die ganze Erweckungsgeschichte belegt.

Geografische geistliche Atmosphären

Beachte auch, dass Jakob von einem spezifischen Ort aus träumte. Er hielt an jenem einsamen Wüstenort an, der später Bethel (Haus Gottes) genannt wurde, als er sich auf einer Reise nach Syrien befand, um eine Frau zu finden. Dreimal wird in einem Vers das Wort »Stätte« erwähnt: »Und er gelangte *an eine Stätte* und übernachtete dort; denn die Sonne war schon untergegangen. Und er nahm einen von den Steinen der *Stätte* und legte ihn an sein Kopfende und legte sich nieder *an jener Stätte*« (1. Mose 28,11). Warum die Betonung auf einer bestimmten Stätte, einem bestimmten Ort? Ich glaube, es war deshalb, weil der Himmel über jenem besonderen geografischen Ort offen stand, der als Bethel bekannt war. Denn viel früher, bevor er Kanaan betrat, baute Abraham, Jakobs Großvater, einen Altar bei Bethel, wo er »den Namen des Herrn anrief«, und dahin kehrte er nach seiner Zeit in Ägypten auch wieder zurück (vgl. 1. Mose 12,8; 13,3).

Als Jakob mit seiner großen Familie zurückkehrte, kam er wieder an diesen Ort, um vom Herrn eine Bestätigung des Bundes zu hören, und hier änderte Gott auch seinen Namen in »Israel«. Wieder richtete Jakob ein Steinmal auf (vgl. 1. Mose 35,1-6; Hos. 12,4-5).[22]

Bethel wurde zu einem wichtigen Ort, sowohl geografisch, als auch geistlich. Es wurde zu einem *Ort der Offenbarung*. Die Bundeslade wurde während der Zeit der Richter dort aufgestellt (vgl. Ri. 20,27). Die Stämme kamen dort zusammen wegen Benjamin, um die moralische Gräueltat an Gibea zu rächen (vgl. Ri. 20,18-28). Dort brachten sie dem Herrn Opfer dar, *um Seine Weisung zu erfahren* (vgl. Ri. 21,1-4). Von dort aus richteten Debora und Samuel über die zivilen und religiösen Angelegenheiten in diesem Gebiet (vgl. Ri. 4-5; 1. Sam. 7,16). Beide Propheten hörten regelmäßig von Gott.

Bethel wurde ein Ziel für die Attacken des Feindes, da die Archäologie zeigt, dass es während dieser Zeitspanne mehrere Male zer-

---

22 Trent C. Butler, ed. *Holman Bible Dictionary* (1991), s.v. «Bethel". http://www.studylight.org/dic/hbd/view.cgi?number=T892

stört wurde. Andere echte Propheten waren mit Bethel verbunden, da Elia einer Gruppe von ihnen begegnete, als er unterwegs war (vgl. 2. Kön. 2,2-3). David betrachtete die Stadt als bedeutsam genug, um ihr, während er vor Saul floh, Gaben zukommen zu lassen (vgl. 1. Sam. 30,27).

Bevor Jakob ihm einen neuen Namen verlieh, hieß der Ort Luz, was »Mandelbaum« bedeutet. Hast du gewusst, dass der Mandelbaum ein Baum ist, der im Frühling am schnellsten sprosst und blüht? Er blüht schon im Januar, bevor die anderen Bäume überhaupt ausgeschlagen haben. Auf hebräisch wird der Mandelbaum »schached« genannt, was »hastiger Baum« bedeutet.[23]

Interessanterweise sah Jeremia, noch als junger Prophet, in seiner ersten Vision den Zweig eines Mandelbaumes. Gott lobte ihn dafür, dass er so aufmerksam war. Er sagte: »Du hast recht (gut) gesehen; denn ich werde über meinem Wort wachen, um es auszuführen!« (Jer. 1,12). Mit anderen Worten: »Jeremia, du hast einen hastigen Baum gesehen, was bedeutet, dass ich Mein Wort beschleunigen werde; es wird blühen und zur Reife gelangen, um ausgeführt zu werden!«[24]

Gut zu sehen bedeutet, von Gott zu hören und den weisen Rat Gottes zu empfangen. Die Macht erscheint, um Sein Wort hastig auszuführen, es wachsen, blühen und reifen zu lassen. So war der Ort, wo Jakob sein Haupt hinlegte, bedeutsam und hatte in der Tat einen offenen Himmel über sich – dort bestätigte Gott die Bedingungen des Bundes, den Er sowohl mit Abraham als auch mit Isaak geschlossen hatte (vgl. 1. Mose 12,1-3; 26,2-5; 28,3-4). Zuvor wurde Jakob lediglich durch Isaak mitgeteilt, dass der Bund ihm gehörte. Gott beschleunigte Sein Wort, und Er beschleunigte es genau an dem Ort, wo sein Großvater Abraham Gott angerufen hatte, als er das verheißene Land betrat. Bis zu jenem Zeitpunkt hatte Jakob nur von diesem ehrfurchtgebietenden und großen Gott gehört, der seinen Vorvätern erschienen war. Doch jetzt, hier, hatte

---

23 Matthew Henry, *Matthew Henry Commentary on the Whole Bible* (Peabody, MA: Hendrickson Publishers, 1991), 1706. http://www.studylight.org/com/mhc-com/view.cgi?book=jer&chapter=001.
24 Ebd.

dieser selbe Gott eine persönliche Begegnung mit Jakob, die sein Leben radikal und rasch umwandeln würde.

Es gibt den offenen Himmel über spezifischen geografischen Orten auch heute noch auf Erden, wo das Wort Gottes eilt, blüht und heranreift. Hast du je den Ausdruck »am richtigen Ort, zur richtigen Zeit« gehört? Manchmal befinden wir uns in Bereichen, wo der geistliche Himmel sich in einem größeren Ausmaß für uns öffnet. Es mag eine Stadt sein, eine Region, ein Land oder ein spezifischer Ort, den aufzusuchen Gott uns anweist.

Bereiche eines offenen Himmels
In den Bereichen eines offenen Himmels bestehen bestimmte geistlichen Atmosphären, die es uns erlauben, auf eine gesteigerte und sensibilisiertere Weise Offenbarung zu empfangen, oder es ist dort leichter für uns, geistlich mit Offenbarung in den Himmel hinaufzusteigen und wieder auf die Erde zurückzukehren. Gewöhnlich kam dieser offene Himmel durch jemanden zustande, der vor uns dort gewesen ist. Jakobs Offenbarungs-Vision war ein Beispiel dafür und ich bin überzeugt, dass Gott ihn zu diesem Zweck an diesen bestimmten Ort geschickt hat.

Moravian Falls im US-Bundesstaat North Carolina ist einer jener Orte, die ich besucht habe. Einige sagen von ihm, dass sich Herrnhuter Missionare vor Hunderten von Jahren dort niedergelassen hätten, nachdem sie Deutschland verlassen hatten, wo sie Teil einer hundert Jahre währenden Gebetsversammlung gewesen waren. Man nimmt an, dass sie einen offenen Himmel mit sich brachten und auch dieses Gebiet von Amerika mit Gebet durchdrangen. Interessanterweise ist es auch der Ort, wo Rick Joyner die Offenbarung für sein Buch »Der letzte Aufbruch« empfangen hat.

Bei meinem ersten Besuch in Moravian Fall konnte ich kaum schlafen oder die Offenbarung stoppen, die ich (dort) während drei Tagen und Nächten ununterbrochen empfing. Wann immer ich schlief, hatte ich prophetische Träume. Wann immer ich aufwachte, hatte ich Besuche von Engeln. Es war so, als wäre man ein Radio mit einer riesengroßen Antenne! Ich empfing so viel Offenbarung, dass es war, als würde ich gleichzeitig verschiedene Rundfunkstationen einschalten.

Atmosphäre

Die Atmosphäre eines Ortes hat ganz und gar mit Offenbarung zu tun. In 2. Könige 3,15-17 kam die Hand des Herrn auf Elisa, als der Saitenspieler mit der Harfe spielte. Dann empfing Elisa Offenbarung und weissagte.

Anbetung und Gebet richten Gottes Thron auf Erden auf (vgl. Ps. 22,3). Die Seraphim in Offenbarung 4,8 beten Gott jeden Tag 24 Stunden an. In einer Atmosphäre der Anbetung und des Gebets werden wir transparent vor Gott, und Er schenkt uns Augen, um in den Geistbereich hineinzublicken, während sich der Himmel öffnet. Wenn wir uns Ihm nahen, wird die Gegenwart der Herrlichkeit Gottes berührbar, und die Cherubim und Seraphim – die Geschöpfe, welche diese Herrlichkeit bedecken und schützen – werden aktiv.

Der Himmel durchdringt die Erde, wenn wir beten, anbeten und Ihn suchen. Diese Dinge »zerreißen« den Himmel, und Gott kommt mit Seinem weisen Rat vom Himmel herab und berührt das Leben von Menschen auf mächtige Weise (vgl. 2. Chr. 7,14). Wo »die Harfe erklingt« und Menschen beten, kommt die Hand des Herrn.

Wir haben hier das Thema des offenen Himmels und der geografisch bezogenen prophetischen Atmosphäre bloß berührt, aber du wirst es durch dieses ganze Buch hindurch angedeutet finden, denn es ist ein entscheidender Schlüssel für den Durchbruch des Reiches Gottes. In meinem 2008 erschienenen Buch »Die Realität der unsichtbaren Welt«[25] widme ich dem ein ganzes Kapitel.

Die Brunnen der Tiefe

Lass mich dir in diesem Kapitel folgendes ans Herz legen: Wenn der Himmel sich öffnet, geschehen zwei Dinge gleichzeitig. Die Brunnen der Tiefe öffnen sich und die Flut kommt.

---

25 ISBN-Nr. 978-3-926395-41-2. Wir gratulieren unseren Glaubensgeschwistern vom Aufbruch-Verlag in Berlin für die Veröffentlichung dieses fantastischen Buches! (Anm. d. Wohlkunde-Verlags)

»*Im sechshundertsten Lebensjahr Noahs, am siebzehnten Tag des zweiten Monats, an diesem Tag brachen alle Quellen der großen Tiefe auf, und die Fenster des Himmels öffneten sich*« (1. Mose 7,11).

Siehst du es? Die Brunnen der Tiefe öffneten sich, und gleichzeitig öffnete sich auch der Himmel und es regnete (vgl. 1. Mose 7,12). Obwohl diese Geschichte von Gottes Gericht handelt und die Wasser Flutwasser waren, so geschieht es doch in gleicher Weise, wenn wir uns in der Wüste befinden und Gott Ströme, Quellen und Teiche von frischem Wasser freisetzen möchte, dass dann die eigentlichen Brunnen der Tiefe aufbrechen und geistliche Wasser durch die Wüste fließen. Gott versprach sogar Fluten von Segen über unsere Wüsten: »*Denn ich werde Wasser auf das Durstige gießen und Ströme auf das Dürre; ich werde meinen Geist auf deinen Samen ausgießen und meinen Segen auf deine Sprösslinge*« (Jes. 44,3).

Selbst in schwierigen Zeiten überflutet die Ausgießung Seines Geistes unser Leben, erhebt uns auf einen Ort der Sicherheit und stößt uns hinein in einen neuen Zeitabschnitt des Segens. Möchtest du eine Flut des Heiligen Geistes empfangen? Zerreisse den Himmel! Verlange nach den tiefen Brunnen. Wenn wir von Seinem Wasser trinken, werden wir nie mehr dürsten, weil die Wasser zu einem Brunnen von Wasser werden, der ins ewige Leben quillt (vgl. Joh. 4,14).

Du magst tatsächlich in ein Gebiet reisen, wo es einen geöffneten Brunnen gibt oder einen bereits geöffneten Himmel, aber glaube mir, dass du das nicht nötig hast. Du kannst neue Brunnen graben und die Himmel immer wieder zerreißen über jedem beliebigen Gebiet, weil das Wasser reichlich genug ist, um es aus deinem eigenen tiefen Brunnen der Offenbarung zu schöpfen, damit die Schleusen des Himmels Segen und Erweckung über dir ausschütten.

Du kannst der Brunnen sein in einem trockenen Land. Du trägst die Herrlichkeit in dir. Grabe tief, suche in der Tiefe. Das kann bedeuten, dass du lange Stunden in der Gegenwart des Herrn verbringst. Es kann Fasten[26] und Beten bedeuten, und das zu sehen und anschließend zu praktizieren, was Jesus Selbst tat, indem Er sah, was der Vater wirkte, und es in gleicher Weise dann auch tat (vgl. Joh. 5,19).

Es ist okay, Gott zu bitten, dass Er dich in den Himmel holt um dir zu zeigen, was als nächstes geschehen wird. Wenn ich Ihn darum bitte, mir zu zeigen, was als nächstes geschehen wird, nehme ich mir die Zeit zu empfangen und meinen eigenen Brunnen mit Offenbarungserkenntnis zu füllen aus den Brunnen der Tiefe.

In Johannes 5,19 sagt Jesus: »Wahrlich, wahrlich, ich sage euch: Der Sohn kann nichts von sich selbst aus tun, sondern nur, was er den Vater tun sieht; denn was dieser tut, das tut gleicherweise auch der Sohn«. Hier offenbart uns Jesus den wahren Schlüssel zu einem Reich-Gottes-Dienst: »Ich tue nur das, was ich den Vater tun sehe«. »Mein Vater hat gewirkt«, erklärt Jesus, »und so wirke auch Ich«. Was für eine machtvolle Wahrheit. Könnte es sein, dass Jesus Visionen hatte, in denen der Vater Wunder vollbrachte, und Er dann Sein Beispiel nachahmte und sah, wie sich Wunder ereigneten?

Die Erde mit der Königsherrschaft Gottes zu durchdringen wird und kann nur stattfinden, wenn wir uns so positionieren, dass wir sie mit dem füllen können, was wir sehen und wissen. Gott hat uns die Pläne und die Strategie gegeben – wir müssen die Sache nur ausführen und mit dem Evangelium der Kraft dort hinausziehen.

Wir befinden uns in der Zeitspanne des »nahegekommenen« Reiches Gottes. Es liegt an dir, hinauszugreifen und es mit deiner Hand zu empfangen. Wenn du das Reich Gottes besitzt, dann besitzt der König dich. Die Veränderung kommt – es ist eine machtvolle Veränderung und sie kommt vom nahegekommenen Himmel. Diese Veränderung gleicht einem mächtigen und starken Wind in Stärke und Macht, und sie wird das Land überschwemmen, ein-

---

[26] Manche Christen haben Fasten kategorisch als »religiös« abgetan, nur weil manche es als »Hungerstreik« missbraucht haben. Doch Missbrauch hebt den rechten Gebrauch nicht auf. Der biblische Befund bleibt bestehen, dass Jesus und die Apostel Fasten als sehr wichtig erachteten (vgl. Mt. 4,12; 6,16; 9,15b; Mk. 2,20b; 9,29; Apg. 13,2; 14,23; 2. Kor. 6,5b; 11,27b). Fasten hat unzählige Christen geistlich vorangebracht und kein Geringerer als Kenneth E. Hagin lehrte aus eigener Erfahrung, dass durch – in innerlicher Freiheit durchgeführtes – Fasten und Gebet die Salbung verstärkt werden kann (Anm. d. Übers.).

nehmen und erfüllen mit dem Evangelium des Reiches Gottes. *Der König kommt tatsächlich, doch mit unserer übernatürlichen Kraft und Stärke, mit unserem Herzen und unserem Geist, können wir wirklich ausrufen: »Der König ist hier ... Er ist hier ... Er lebt ... Er ist in mir und ich bin in Ihm, und zusammen werden wir die Erde mit Seiner Herrlichkeit durchdringen«.*

Mache dich auf zu einer Mission, um die Königsherrschaft Gottes in deiner Ecke der Erde zu manifestieren. Gib dich nicht mit den alten Mustern zufrieden, sondern dränge vorwärts nach dem Neuen. Versammele dich mit gleichgesinnten Gläubigen, die den Wunsch haben, Berge zu erschüttern und die Welt mit der übernatürlichen Macht des reiches Gottes zu verwandeln, um sie zu heilen und wiederherzustellen.

Es ist ganz gewiss ein Abenteuer, aber es ein schönes Stück aufregender als irgend etwas im natürlichen Bereich, weil es im geistlichen Bereich keine Einschränkungen gibt. Weil du in Ihm lebst, webst und dein Dasein hast, und weil Er in dir lebt, kann jeder Quadratmeter der Welt, auf den du tritts, mit Seiner Herrlichkeit eingenommen und erfüllt werden.

Reich-Gottes-Strategie

- Bringe die Ernte hervor – bete im Geist, gerade auch in den Stunden der Mitternacht.[27]

- Wenn du ein prophetisches Wort empfängst, dann werde zu einem Zeichen des prophetischen Wortes, das du empfangen hast. Höre es, sprich es aus, lebe es.

- Es ist nicht hochmütig, Gott um große Dinge zu bitten. Denke groß, träume groß. Doch sei stets und jederzeit bestrebt, in der Gunst Ihm gegenüber zu wachsen indem du Ihm pausenlos nachjagst.

- Achte auf Hindernisse dem Reich Gottes gegenüber, wie etwa Ungehorsam. Bitte den Heiligen Geist im Gebet, alles in deinem Leben aufzudecken, das dich daran hindert, deinen Radius oder

---

27 Vgl. Ps. 119,62; Lk. 11,5; Apg. 16,25 (Anm. d. Übers.).

DIE INVASION DER KÖNIGSHERRSCHAFT

deine Einfluss-Sphäre mit der Herrlichkeit des Herrn zu vermehren und zu füllen.
- Kümmere dich um die Armen, die Bedürftigen, und die Bedrückten. Verkünde den Gefangenen die Freiheit und den Blinden, dass sie wieder sehend werden. Bete und sprich das Wort aus.
- Bete und bitte Gott um die Massen und die Volksmengen!

Persönliches Gebet

» Vater, ich danke Dir für den Heiligen Geist, für die Autorität, die in Deinem Wort ist. Ich träume groß – ich möchte ein fleißiger Arbeiter sein. Ich möchte sehen, dass Männer, Frauen, junge Leute und Kinder mit dem Evangelium von Jesus Christus erreicht werden. Ich möchte die Invasion des Reiches Gottes auf der Erde erleben und sehen, wie es zunimmt und sich zu Deiner Herrlichkeit und Deinen Absichten mit der Endzeit manifestiert. O, Herr der Ernte, salbe mich, um Dein Evangelium in Städten, Ortschaften und Nationen zu verkünden. Ich möchte Erweckung nicht nur in meinem Leben und Herzen, sondern auch in meiner Familie, in meiner Nachbarschaft. In der Vergangenheit habe ich mit der Hoffnung auf die Ernte gewartet, doch möchte ich das Reich Gottes jetzt. Ich wartete in der Hoffnung auf die Ernte, aber ich möchte sie jetzt. Vergib mir, dass ich bloß zukunftsorientiert gewesen bin und blind für das, was jetzt geschieht. Ich danke dir für die Zunahme der Gnade und Gunst über meinem Leben. Hilf mir, die Himmel zu zerreißen, Atmosphären und neue Orte zu schaffen, Herr, wo diejenigen, die nach mir darauftreten, einen offenen Himmel erfahren. Diese Stadt, meine Familie, unsere Nation, Vater, gehören alle Dir! Die Erde gehört Dir und ihre ganze Fülle und alle, die darauf wohnen. Gib mir das Erntefeuer, Herr – Reich-Gottes-Feuer – das Verlangen, zu bauen, zu erfüllen, zu demonstrieren, zu predigen, zu lehren und die Wahrheit Deines Wortes in Kraft voranzutreiben. Gib mir eine Vision und setze Dein Feuer frei. Lege eine Last auf mein Herz für die Verlorenen, für die Gefangenen, die Unterdrückten. Hier bin ich, Herr. Sende mich. Setze Deine Königsherrschaft in unserer Mitte frei – lass sie

kommen. Salbe mich, um die Gute Nachricht zu verkündigen. Gib mir Deine Schlüssel und Strategien, um Nationen zu gewinnen. Mache mich zu einer wandelnden Flamme der Leidenschaft für die Verlorenen. Danke, Vater! Im kostbaren Namen Jesu.

Kapitel 5

Zeichen des Reiches Gottes in deiner Mitte

Dieses Kapitel dient als eine schnelle Verstärkungshilfe für das, was du bisher über das Reich Gottes gelernt hast. Es ist für dich eine praktische Wiederholung, ein tolles Werkzeug, auf das du zurückblicken kannst, wenn das Reich Gottes dir in deinem Geist unsichtbar erscheint. Das Reich Gottes ist nie weit weg – es ist in dir, es ist in mir, es ist in Jesus. Jesus ist in deinem Herzen auf dem Thron; der König der Könige und Herr der Herren regiert und herrscht dort.

Das Reich Gottes ist Jesus Christus

Die meisten Pharisäer begriffen nie, dass das Reich Gottes in ihrer Mitte war, verkörpert in Jesus Christus von Nazareth. Er drang in ihre Welt ein, und sie wussten es nicht einmal. Unwissenderweise fragten sie Jesus, wann denn das Reich Gottes kommen werde. Er machte Sich mit Seiner Antwort nicht über sie lustig, sondern sagte: »Das Reich Gottes kommt nicht so, dass man es beobachten könnte; auch wird man nicht sagen: Siehe hier! Oder: Siehe dort! Denn siehe, das Reich Gottes ist mitten unter euch« (Lk. 17,20b-21). Er sagte ihnen, dass das Reich Gottes nicht etwas ist, was man angaffen oder auf das man zeigen könne, sondern es war mitten unter ihnen.

Der Geist Gottes salbte Jesus, bevor Er die Werke vollbrachte, die der Vater Ihm zu tun aufgetragen hatte. Hunderte von Jahren vor der Geburt Jesu prophezeite der Prophet Jesaja im Hinblick auf den Herrn Jesus, dass Er vom Geist des Herrn gesalbt werden würde. Schließlich, zur bestimmten Zeit, las Jesus diese Prophetie aus Jesaja 61,1-2 Seinen jüdischen Brüdern in der Synagoge vor. Kannst du dir die Szene vorstellen? Jesus steht auf, ergreift die Schriftrolle und liest die Schriftstelle, die Ihn als jemanden identifizierte, der mehr war als bloß der Sohn von Josef und Maria. Er sagt, Er sei der Gesalbte! Der folgende Bericht wurde durch den Apostel Lukas überliefert:

»Und er kam nach Nazareth, wo er erzogen worden war; und er ging nach seiner Gewohnheit am Sabbattag in die Synagoge und stand auf, um vorzulesen. Und es wurde ihm das Buch des Propheten Jesaja gereicht; und als er das Buch aufgerollt hatte, fand er die Stelle, wo geschrieben war: Der Geist des Herrn ist auf mir, weil er mich gesalbt hat, Armen gute Botschaft zu verkündigen; er hat mich gesandt, Gefangenen Freiheit auszurufen und Blinden, dass sie wieder sehen, Zerschlagene in Freiheit hinzusenden, auszurufen ein angenehmes Jahr des Herrn« (Lk. 4,15-19).

In diesem Abschnitt wird von vielen Arten der Salbung gesprochen, doch bevor wir sie untersuchen, möchte ich auf zwei von ihnen hinweisen, die für das Zunehmen jeder Salbung wesentlich und grundlegend sind. »Jesus von Nazareth, wie Gott ihn mit Heiligem Geist und mit Kraft gesalbt hat, der umherging und wohltat und alle heilte, die von dem Teufel überwältigt waren, denn Gott war mit ihm« (Apg. 10, 38). Hier sehen wir Jesus mit der Salbung des Heiligen Geistes und der Salbung der Kraft. Es wird ein deutlicher Unterschied gemacht, denn die Kraft Gottes ist nicht der Heilige Geist. Die Kraft Gottes ist das, was der Heilige Geist bringt.

Einige Positionen und Bereiche der Verantwortung, die aus der Salbung des Heiligen Geistes und der Salbung der Kraft herausfließen müssen, liste ich hier mit den entsprechenden Schriftstellen auf:

- Salbung zu Pastoren (vgl. Eph. 4,11-16).
- Salbung zu Lehrern (vgl. Eph. 4,11-16).
- Salbung zu Anbetung und Gesang (vgl. 1. Chr. 15,16; 25,1-7).
- Salbung zur Fürbitte (vgl. Spr. 31,9; 1. Mose 18,23-33).
- Apostolische Salbung (vgl. Titus 1,1).
- Prophetische Salbung (vgl. Röm. 12,6).
- Salbung für apostolische Arbeit (vgl. 1. Mose 41,37-41).
- Salbung für Administration (vgl. 1. Kön. 3,10-14).
- Salbung zum Geben (vgl. Spr. 11,25; Mk. 12,42-44).
- Salbung für handwerkliches Geschick (vgl. 2. Mose 36,1.2; Sach. 1,20).

Die Salbung des Heiligen Geistes und die Salbung der Kraft kommen auf unser Leben, wenn wir drei Bedingungen erfüllen:
1. Wenn wir in Heiligung wandeln.
2. Wenn wir in einer Haltung wandeln, in der wir ggf. zur Buße und Reinigung bereit sind.
3. Wenn wir ins Haus Gottes gepflanzt sind.

Bevor die Kraft Gottes kommt, müssen wir zuerst das Blut Christi zum Schutz über unser Leben und über unsere Familie anwenden. Wenn das Blut angewandt ist, wird Gott Seine Kraft (auf uns) bringen. Wenn wir mit der Gegenwart Gottes gesalbt sind, wird Er uns mit Kraft salben.

Das Reich Gottes demonstriert Seine Kraft

Ich habe das meiste davon bereits in Kapitel 3 »Die Demonstrationen des Reiches Gottes« besprochen, und ich werde es das ganze Buch hindurch betonen; jedoch möchte ich es hier noch einmal ansprechen, weil es gar nicht genug beleuchtet werden kann. So viele Gemeinden, vor allem in der westlichen Welt, beenden ihre Gottesdienste ohne eine Demonstration der Kraft Gottes, besonders in Bezug auf Heilung und Befreiung. Das ist so schade. Predigen ist gut, aber selten sehen wir, dass eine Demonstration folgt, wenn das Evangelium gepredigt wird. Der Apostel Paulus sagte, dass seine Rede und seine Verkündigung nicht »durch überredende Worte menschlicher Weisheit geschah, sondern in Erweisung (d.h. in Demonstration) des Geistes und der Kraft, damit euer Glaube nicht auf Menschenweisheit beruhe, sondern auf Gottes Kraft« (1. Kor. 2,4-5).

Oft lehren Prediger das Reich Gottes und bringen Leute an einen Punkt, wo sie Glauben haben zu empfangen, aber die Prediger gehen nicht weiter, um die Kraft Gottes auch zu demonstrieren. Stattdessen sagen sie Dinge wie: »Wir wollen warten, bis der Evangelist hier ist. Todd Bentley hat die Gabe der Heilung, also soll er für die Kranken beten. Ich bin lediglich ein Pastor (oder ein Lehrer oder ein Prophet). Ich habe mit Zeichen und Wundern nichts zu tun«.

Sie vollbringen keine Zeichen und Wunder, und doch predigen und lehren sie? Sieht dies dem ähnlich, was Jesus tat? Er war ein

Lehrer *und* ein Heiler. Er lehrte *und* heilte – diese beiden Dinge gingen Hand in Hand. Gottes Wort und die Kraft waren Partner. Das Evangelium umfasst Predigen, Lehren *und Heilen.* Jesus präsentierte das Evangelium nie ohne Zeichen und Wunder. *Jede Person, die predigt oder lehrt oder Zeugnis gibt, sollte sich an die Demonstration des Wortes wagen und jede Krankheit und jedes Gebrechen heilen, wie dies Jesus tat.* Jesus sagte, dass, wer immer an Ihn glaube, nicht nur dieselben Werke tun würde, die Er tat, sondern noch größere Werke (vgl. Joh. 14,12).

Das Reich Gottes treibt Dämonen aus

Wir wissen, dass das Reich Gottes in unserer Mitte ist, wenn wir böse Geister austreiben. Jesus sagte den Pharisäern, dass, wenn er die Dämonen mit dem Finger Gottes austreibe, dann gewiss das Reich Gottes zu uns gekommen sei (vgl. Lk. 11,20).

In Afrika stellten wir fest, dass ein übernatürliches Zusammentreffen im Bereich der guten und bösen Geister ein ganz allgemeines Phänomen ist. Afrikanische Menschen glauben an die unsichtbare Welt und sind sehr empfindlich für Geister, sowohl gute wie böse. Oft treffen wir Männer und Frauen, die von Dämonen gebunden sind, weil sie sich persönlich oder über die Generationen hinweg mit Hexerei und Zauberei eingelassen hatten. An einem speziellen Evangelisationsabend in Äthiopien brachten die Platzanweiser eine junge Frau von ungefähr 20 Jahren zusammen mit ihrer Mutter zur Bühne. Diese Frau war 15 Jahre lang unfähig gewesen, normal zu gehen, weil ihre Füße mit Fußfesseln gebunden gewesen waren.

Wie der Besessene in der Bibel verwandelte sie sich, wenn sie einmal losgebunden wurde, in eine rasende Wahnsinnige, die auf Leute einschlug und schon mehrere Male versucht hatte, sich das Leben zu nehmen. Um sie davon abzuhalten, andere oder sich selbst zu töten, hatten die Familienmitglieder keine andere Wahl, als ihre Füße mit Ketten zu binden.

Ich wurde vom Heilige Geist gedrängt und forderte alle Mitarbeiter unseres Fresh-Fire-Teams auf, zusammen mit allen Pastoren gemeinsam wiederholt zu erklären: »Heilig ist der Herr! Heilig ist der Herr!« Innerhalb von wenigen Minuten veränderte sich die geistliche Atmosphäre; sie war auf einmal von der Gegenwart Gottes aufgeladen, und so sagte ich der jungen Frau, sie müsse Jesus Christus in ihr Herz aufnehmen und Ihn als Herrn anerkennen, und das tat sie auch. Das FFM-Team und ich brachen die Macht generationenlanger Hexerei über ihr und ihrem Familienstammbaum und trieben dann mit dem Wort Gottes die Dämonen aus. Wir baten die Mutter der jungen Frau um die Schlüssel, um die Ketten zu lösen und sie zu befreien. Zögernd, wegen ihrer eigenen Angst, übergab sie den Schlüssel, in der Hoffnung, durch das Berühren der Ketten bei ihr nicht einen gewalttätigen Wutausbruch auszulösen. Als das Schloss jedoch offen war, pries die junge Frau den Herrn und erhob ihre Hände unter Jubel. Ihre Mutter fiel ihr zu Füßen und weinte, unfähig, ihre Freude zurückzuhalten.

Diese Tochter, die 15 Jahre lang mit Ketten gefesselt und von Dämonen gequält worden war, wurde durch die Macht Jesu Christi frei. Er ist derselbe gestern, heute und für immer (vgl. Hebr. 13,8). Ja, Jesus in uns ist so viel größer als der, der in der Welt ist (vgl. 1. Joh. 4,4)! Jesus ist gekommen, um die Gefangenen zu befreien. Das ist ein sicheres Kennzeichen des Reiches Gottes in unserer Mitte!

Das Reich Gottes ist von Wundern gekennzeichnet

Das Reich Gottes demonstriert die Heilung von Kranken und die Befreiung von Gefangenen. Wenn die Königsherrschaft Gottes hereinbricht, verwandelt sich Armut in Wohlstand und Krankheit in Gesundheit. Erlösung geschieht, sündige Bereiche in unserem Leben werden gereinigt und wir fangen an, in Heiligkeit zu wandeln. Wenn das Reich Gottes in unsere Welt eindringt, wird es hier auf Erden so, wie es im Himmel ist. Wunder geschehen.

Sichtbare Wunder sind Beweise, dass das Reich Gottes am Werk ist. Als Johannes der Täufer im Gefängnis war, schickte er seine Jünger, um Jesus zu fragen, ob Er der Kommende sei oder ob sie auf einen Anderen warten müssten (vgl. Mt. 11,3). Jesus antwortete den Jüngern von Johannes und sagte: »Geht und sagt Johannes, was ihr hier seht und hört: Blinde sehen, und Lahme gehen; die Aussätzigen werden gereinigt und die Tauben hören; Tote werden auferweckt und den Armen wird das Evangelium verkündigt« (Mt. 11,4-5).

Jesus sagte (damit), dass das Reich Gottes nahegekommen und in unserer Mitte sei, wenn wir die Beweise dafür sehen. Dass Lahme gehen, die Blinden sehen, die Toten auferweckt werden, den Armen das Evangelium verkündigt wird und die Tauben hören – das sind die Zeichen und Wunder der Manifestation des Reiches Gottes. Wie viel mehr Beweise für die Königsherrschaft Gottes brauchen wir denn noch?

Das Reich Gottes ist »Christus in euch, die Hoffnung der Herrlichkeit«

Wir wissen, dass das Reich Gottes in unserer Mitte ist, wenn Menschen die Botschaft des Evangeliums hören und sie die neue Geburt erfahren – wenn sie wiedergeboren werden. Jesus sagte: »Solange einer nicht von neuem (oder: von oben her) geboren worden ist, kann er die Königsherrschaft Gottes unmöglich sehen« (Joh. 3,3; *Haller*). Auch sagte er: »Wenn einer nicht aus Wasser und Geist geboren wird, kann er nicht in die Königsherrschaft Gottes hineingelangen« (Joh. 3,5; *Haller*).

Die Königsherrschaft Gottes ist in unserer Mitte, wenn die Ernte eingebracht wird, weil wir mit der Leidenschaft Jesu Christi erfüllt werden und dann in die Welt hinausziehen, um das Evangelium zu verkündigen: »Christus in euch, die Hoffnung der Herrlichkeit« (Kol. 1,27b). Wir wollen radikale Gläubige sein, die Jesus mit ihrem guten Charakter widerspiegeln, während wir die Kraft Gottes in der Welt freisetzen. Wir wissen, dass Jesus nicht den Gesetzen der Wissenschaft oder der Medizin unterworfen war, der Armut und den Einschränkungen und Begrenzungen durch das Weltsystem. Obwohl Er auf Erden lebte, gehörte Sein Reich nicht dem irdischen Bereich an (vgl. Joh. 18,36). Genauso leben auch wir, die wir vom Geist des lebendigen Gottes wiedergeboren worden sind und die wir Jesus Christus in uns haben, in einem höheren Bereich (vgl. Joh. 3,6).

Wie Jesus erkennen auch wir, dass unser Reich nicht von dieser Welt und dass unser »Bürgertum im Himmel« ist (Phil. 3,20). Doch während wir hier auf Erden sind, möchte der Herr, dass wir, der Leib Christi, den Verlorenen gegenüber Seine Macht demonstrieren, damit sie alle gerettet werden. Das Reich Gottes schreitet auf der Erde voran, wenn wir in dem Bewusstsein leben, dass wir der verlorenen Menschheit gegenüber der Ausdruck von Jesus Christus sind. Seine Hände sind unsere Hände, Seine Botschaft ist unsere Botschaft und Seine brennende Liebe für die Unerretteten wird zu unserer Leidenschaft. Seine Königsherrschaft durchdringt unsere Welt, weil Er der Meisterstratege ist. Und das alles wegen Jesus Christus, und Er ist in uns.

Teil 2

Königtum

Kapitel 6

Die absolute Herrschaft des Königreichs

Gott hat uns den Dienst der Königsherrschaft anvertraut. Das heißt, dass wir die Königsherrschaft vorantreiben, indem wir unsere Autorität in Christus ausüben als verwaltende, hegende und pflegende Miterben und Miteigentümer dieses Bereichs, der Erde. Alles, was existiert, stammt von Gott, und wir teilen es aus Seiner Hand aus. David zählte Gottes Vorrangstellung, Seine Regentschaft und Seine Autorität zu herrschen in seiner wunderbaren Danksagung an Gott in 1. Chronik auf, als das Volk Opfer für Gott in den Tempel brachte, weil Gott Der ist, Der die Himmel und die Erde gemacht hat, Der, Der vor allen Dingen ist.

»*Denn was bin ich, und was ist mein Volk, dass wir Kraft haben sollten, in solcher Weise freiwillig zu geben? Denn von dir kommt alles, und aus deiner eigenen Hand haben wir dir gegeben*« (1. Chr. 29,14).

Delegierte Treuhänderschaft als Söhne, Miterben und Miteigentümer

Gottes Autorität zu herrschen besteht in Seiner Präexistenz und Seiner Heiligkeit. Er war schon vor der Schöpfung. »Der Himmel ist der Himmel des Herrn; aber die Erde hat er den Menschenkindern gegeben« (Ps. 115,16). Gottes Wille entscheidet und bestimmt. Gottes Wort erschafft und Seine Werke sind eine Demonstration der Kraft des Heiligen Geistes. Der Heilige Geist, unser Partner, zeigt den Willen Gottes auf, *aber wir sind es, die ihn ausführen*. Unsere Autorität zu herrschen beruht auf Gottes Autorität. *Er hat sie an uns delegiert und hat uns eingeladen, Seine Partner zu sein beim Verwalten von allem, was Er in Seiner Hand hat. Er hat uns mit Herrlichkeit und Ehre gekrönt und hat uns fähig gemacht, über die Werke Seiner Hände zu herrschen, indem Er uns alle Dinge zu Füßen gelegt hat.* Uns obliegt die Pflicht, Gott jedoch obliegen die Resultate. Verstehst du deine Königreichsverpflichtungen? Verstehst du deine Verantwortung und deren Konsequenzen? Verstehst du, wer du bist, was du hast und die Bedeutung von all dem? Es gibt so vieles aufzunehmen, und selbst David fragte sich voller Erstaunen:

»Wenn ich deinen Himmel betrachte, das Werk deiner Finger, den Mond und die Sterne, die du bereitet hast: Was ist der Mensch, dass du an ihn gedenkst, und der Sohn des Menschen, dass du auf ihn achtest? Du hast ihn ein wenig niedriger gemacht als die Engel; aber mit Herrlichkeit und Ehre hast du ihn gekrönt. Du hast ihn zum Herrscher über die Werke deiner Hände gemacht; alles hast du unter seine Füße gelegt: Schafe und Rinder allesamt, dazu auch die Tiere des Feldes; die Vögel des Himmels und die Fische im Meer, alles, was die Pfade der Meere durchzieht. Herr, unser Herrscher, wie herrlich ist dein Namen auf der ganzen Erde!« (Ps. 8,4-10).

Gott hat *uns* die Verwaltung der Erde anvertraut. Die Himmel sind die Himmel des Herrn, doch hat Er die Erde den Menschenkindern gegeben. Wir sind für alles verantwortlich – einschließlich der Sünde und somit Krankheit, Gebrechen, Armut und Tod. Wir schreien nach Hilfe und Er antwortet, wie Er Mose antwortete, als Er um Hilfe schrie. Im Wesentlichen war Seine Antwort stets: »Warum schreist du zu Mir? Strecke deinen Stab aus! Die Autorität, Mose, liegt in deiner Hand. Ich habe dich zum Verwalter gemacht, der die Herrschaft über alle Werke meiner Hände ausübt. Du und jede andere Person sind für den Schlamassel in der Welt verantwortlich und du bist heute dafür verantwortlich, die Erde mit der Erkenntnis der Herrlichkeit des Herrn zu erfüllen, indem du die Herrschaft über Sünde, Krankheit, Gebrechen, Armut und Tod ausübst. Ich habe dir die Erde anvertraut; Ich gebe dir die Verpflichtung und Ich gebe dir die Macht dazu. Wir sind Partner. Die Pflichten sind die deinen, die Resultate jedoch obliegen Mir«.

Das ist deine Erde. Das ist unsere Erde. Wir sind für das geistliche Klima und die Atmosphäre verantwortlich, wo auch immer wir leben, wohin auch immer wir reisen, wohin auch immer wir gehen. Die Königreiche dieser Welt gehören der Königsherrschaft unseres Herrn und Christus – sie wissen es bloß noch nicht. Das ist der Grund, weshalb Gott dich in die entlegensten Gegenden der Welt schickt, um das Evangelium vom Reich Gottes zu verkündigen, welches unbesiegbar und das einzig wahre Reich ist.

DIE ABSOLUTE HERRSCHAFT DES KÖNIGREICHS

Es ist eine erhabene Verantwortung, nicht wahr? Und doch nehmen sie viele Gläubige nicht ernst. Wir müssen uns lediglich das aneignen, was und wer wir als Söhne und Töchter Gottes sind und die Offenbarung der Autorität und der Herrschaft des Königreiches annehmen, um Krankheit, Gebrechen, Armut und Tod den Krieg zu erklären und aggressiv dagegen vorzugehen.

Am Anfang hatten wir die Herrschaft – eine natürliche Herrschaft über Fische, Vögel, und jedes Tier, das auf der Erde kriecht – aber es war keine geistliche Herrschaft. Gott gab uns eine Grenzlinie und eine Einschränkung für unsere Herrschaft, nämlich den Garten. Die Sünde zerstörte die Partnerschaft, die wir mit Gott bei Seiner Schöpfung hatten, doch jetzt, in der Erlösung, sind wir Partner von Gottes Weisheit, Macht und Königsherrschaft bei der Wiedereinsetzung von Gottes Regierung über alle Umstände und Situationen. Denke an Seine Weisheit, Seine Macht, Sein Wort! Wir werden jetzt wiederum Partner mit Gott bei der Wiedererrichtung Seiner Königsherrschaft in Hinblick auf *jeden* Umstand und *jede* Situation. Er hat die Erde dir und mir gegeben. Er möchte, dass wir unseren Platz einnehmen und verstehen, dass wir die Verpflichtung haben, aber Er die Resultate bewirkt.

Ja, wir gaben einst unsere Herrschaft im Garten auf, doch Gott stellte sie für uns unmittelbar nach der Sintflut wieder her (vgl. 1. Mose 9). Unsere geistliche Herrschaft erhielten wir in Christus, und jetzt haben wir die Herrschaft über dämonische Mächte und Fürstentümer, über geistliche Heere von Bosheit, Sünde, Krankheit, Tod und Armut.

Hier bin ich, Herr, sende mich!

Weißt du, wer du bist und was du hast? Du kannst keine Autorität und Herrschaft ausüben, um das Reich Gottes voranzubringen, solange du das nicht weißt. »Die Schöpfung wartet ja mit äußerster Anspannung ungeduldig *auf das Offenbarwerden der Söhne Gottes*. (Es ist wohl kein Geheimnis:) Die Schöpfung wurde, ohne dies zu wollen, nichtigen und vergänglichen (kosmischen) Mächten unterworfen« (Röm. 8,19-20a; *Haller*). Tod, Zerfall und Verderben kam über die Erde, weil die Menschen gesündigt hatten.

Selbst die Schöpfung steht unter dem Fluch. Nicht nur der Mensch ist unter dem Fluch, sondern auch die Erde – wegen unserer Sünde. Wir müssen die Verantwortung übernehmen. Und wie tun wir das? Je mehr wir in der herrlichen Freiheit des Geistes Gottes leben, welche die Herrlichkeit Gottes ist, desto mehr wird die Schöpfung frei von ihrem eigenen Tod, von Verderben und Zerfall. Denn auch die Schöpfung selbst wird befreit werden, »und zwar zu einer Freiheit, wie sie nur durch die Herrlichkeit der Kinder Gottes (angemessen zum Ausdruck gebracht werden kann)« (Röm. 8,21; *Haller*). Die Freiheit wird erst vollständig erreicht sein, wenn wir auch in unserem Körper erlöst sind, beim zweiten Kommen Jesu. Aber je mehr wir aufstehen und scheinen, (»denn dein Licht kommt«; Jes. 60,1) und wir die Freiheit des Geistes Gottes erleben, beseitigen wir konkret den Fluch von Tod, Zerfall und Verderben.

Nicht nur die Gemeinde, sondern auch die Erde selbst wartet auf den Tag, an dem die Söhne Gottes ihren Platz und die Herrschaft einnehmen und den Fluch beseitigen. Wir blicken auf Gott, wenn wir einen geistlich Gefangenen in Knechtschaft sehen, oder eine Nation in Finsternis. Aber weißt du auch, dass Gott *auf uns* blickt und sagt: »Steht auf, scheint; denn euer Licht ist gekommen! Und die Herrlichkeit des Herrn ist über euch aufgegangen« (Jes. 60,1-3)?

Die Bibel verheißt einen Tag, an dem die Erkenntnis der Herrlichkeit des Herrn so vollständig und umfassend die Erde bedecken wird wie die Wasser den Meeresgrund bedecken (vgl. Hab. 2,14). Wird Gott dies in Seiner Souveränität allein tun oder sind *wir* Seine Partner im Herbeiführen der Erkenntnis der Herrlichkeit des Herrn? Wie wird diese Herrlichkeit kommen?

Wir haben diese Herrlichkeit als Schatz in irdenen Gefäßen (vgl. 2. Kor. 3,7). *Wir* erfüllen die Erde mit der Erkenntnis der Herrlichkeit des Herrn, wenn wir Grund für Christus einnehmen. Indem wir Grund einnehmen, fördern wir die Königsherrschaft, treiben wir das Reich Gottes voran und nehmen Land ein mit dem Evangelium. Wenn das Evangelium einmal alle Nationen der Erde erreicht haben wird, wird das Ende kommen.

Nimm deinen Platz ein!

Also zurück zu der Frage: Wird Gott auf souveräne Weise allein die Erde mit Seiner Herrlichkeit bedecken oder wartet Er, dass wir sagen: »Hier bin ich, Herr, sende mich!«? Wartet Er auch darauf, dass wir sagen: »Sende mich, ich *gehe*«? Viele von uns warten darauf, dass der souveräne Gott alles an einem souveränen Tag und zu einer souveränen Zeit tun wird. Wir verlassen uns auf Ihn, dass Er alles gutmacht und wir warten auf diesen Tag und auf die Entrückung. *Ganz im Gegenteil jedoch wartet Gott auf uns, dass wir unseren Platz einnehmen, indem wir wissen, wer wir sind, und was wir haben, um für Ihn voranzuschreiten. Denn Er hat uns als Verwalter, ja mehr noch, als Miterben und Miteigentümer der Erde, wo wir die Herrschaft innehaben, eingesetzt. Unsere Haltung sollte sein: »Die Erde gehört uns, lasst uns mit dem Schlamassel hier aufräumen!«*

Das ist meine Einstellung im Dienst. Echte Kraft, Zeichen, Wunder und Kraftwirkungen fingen in meinem Dienst an zu geschehen, zu fließen und zu funktionieren, als ich damit aufhörte, Gott zu bitten, Er möge die Dinge tun, und ich damit anfing, Ihn zu fragen, was *ich* hinsichtlich der Dinge mit der Autorität, die Er *mir* gegeben hatte, tun kann. Ich reiste nach Afrika und traf dort auf Unterdrückung durch Medizinmänner und dämonische Fürstentümer der Hexerei, und ich betete: »O Gott, was wirst Du diesbezüglich tun?« Er sagte einfach: »Todd, was beabsichtigst *du* angesichts all dieser Dinge zu tun?«

Erinnerst du dich daran, als die Jünger im Boot saßen und vom Sturm hin- und hergeschüttelt wurden (vgl. Mk. 14,35-41)? Der Sturmwind und die Wellen schlugen gegen das Boot, und die Jünger fürchteten um ihr Leben, aber ich glaube, Jesus wartete bewusst ab, weil Er sehen wollte, was sie jetzt unternehmen würden – ob sie Autorität über den Sturm beanspruchten, was dann schließlich *Er* tat.

Erinnerst du dich, im 3. Kapitel der Apostelgeschichte von jenem Mann gelesen zu haben, der von Geburt an verkrüppelt gewesen war? Petrus und Johannes begegneten ihm, als sie zur Stunde des

Gebets, also zur neunten Stunde, zum Tempel unterwegs waren. Petrus sagte zu dem Mann: »Schau uns an!«, und der Mann tat es und schenkte ihnen seine Aufmerksamkeit, indem er hoffte, etwas *von ihnen* zu empfangen. Petrus sagte: »Silber und Gold habe ich keines, was ich aber habe, gebe ich dir: Im Namen Jesu Christi von Nazareth, stehe auf und gehe« (Apg. 3,6).

Wer war für dieses Wunder verantwortlich? War es Gott oder Petrus, der Autorität übernahm? Sei nicht so schnell mit einer Antwort zur Stelle. Ja, letztlich war Gott natürlich dafür verantwortlich, doch Petrus übte die Autorität aus, die ihm in Anbetracht der physischen Abwesenheit von Jesus gegeben worden war. Petrus sagte im Grunde: »Silber und Gold habe ich keines, aber ich kann dir sagen, dass *ich weiß, was ich besitze*, und für das, was ich habe, bin *ich* verantwortlich, weil es *mir* gegeben wurde, da Er weggegangen ist«.

Es war zu unserem Vorteil, dass Er weggegangen ist, damit der Heilige Geist kommen konnte. Christus sagt: »Wer an mich glaubt, wird die Werke auch tun, die ich tue...« (Joh. 14,12). Das Modell unseres Dienstes ist heute das Modell der Beziehung, die Jesus und der Vater miteinander hatten, mit dem Unterschied, dass *du und der Vater es jetzt sind*, welche die Werke tun, die Christus vollbrachte.

Wenn Jesus einen Mann ohne Arme sah, was tat oder sagte Er da? Sagte Er: »Hilfe, Gott, Ich bitte um einen neuen Arm für diesen Mann«, oder sagte Er nicht vielmehr: »Strecke deinen Arm aus und sei geheilt!«? Letzteres war Sein Vorgehen und so sollte es auch bei uns sein. *Gott hat uns die Kraft, die Autorität und die verpflichtende Verantwortung dafür übertragen.*

Es ist unsere Verantwortung

Ist es möglich, dass du oder ich die Heilungssalbung freisetzen können? Können wir einfach in eine Stadt gehen, einen Heilungsgottesdienst abhalten und Heilungen erwarten, oder müssen wir zuerst eine Woche lang warten, beten und fasten? Verstehe diese Wahrheit! Jesus gab Seinen Jüngern Macht und Autorität, und sagte: »Geht hin und predigt und sagt: Das Reich der Himmel ist nahegekommen. Heilt Kranke, weckt Tote auf, reinigt Aussätzige,

DIE ABSOLUTE HERRSCHAFT DES KÖNIGREICHS

treibt Dämonen aus!« (Mt. 10,7). Du musst Gott nicht zuerst fragen: »Ist es Dein Wille, die Kranken hier zu heilen? Ist es dein Wille, mich im Heilungsdienst zu gebrauchen? Möchtest du an diesem Ort Wunder tun? Möchtest du, Herr, Wunder in diesem Land vollbringen?«

Gott gab ihnen die Macht und Autorität *einmal*, und dann sagte er: »Geht hin« (vgl. Mk. 16,15). Diese Worte bedeuteten: »Handelt als ob ihr wirklich wisst, wer ihr seid! Glaubt, dass ihr diejenigen seid, von denen Ich zu euch gesprochen habe, und dass ihr wirklich tun könnt, was Ich gesagt habe, dass ihr tun könnt! In welche Stadt oder Ortschaft ihr auch eintretet, heilt dort die Kranken! Ich habe dies jetzt *zu eurer Verantwortung* gemacht«.

Der Heilungsdienst ist jetzt *unsere* Verantwortung. Wenn du in diesem Augenblick ausziehen und die Krankenheilen würdest, würden Menschen geheilt, weil du kein Silber und Gold hast, aber was du hast… (vgl. Apg. 3,6). Weißt du denn, was du hast? Weißt du, wer du bist, sodass du gebrauchen kannst, was du hast? Petrus wusste es: »Was ich habe, das gebe ich dir: Im Namen Jesu Christi von Nazareth, steh auf und gehe« (Apg. 3,6b).

Weißt du, dass die Leute gesegnet sind, wenn du in ihrer Mitte bist? Du bist ein Sohn oder eine Tochter Gottes – einer der Söhne oder Töchter Gottes. Laban sagte: »Ich bin gesegnet, weil Jakob hier ist« (vgl. 1. Mose 30,27). Laban wusste, wer Jakob war, und was er hatte. Der Pharao war gesegnet, weil Josef dort war. Afrika wurde gesegnet, weil ich dort war. Das ist weder Arroganz noch Stolz; *es geht einfach nur darum, dass du weißt, wer du bist.* Deine Gemeinde ist gesegnet, weil du dort bist. *Wie kann irgendetwas so bleiben, wie es war, wenn du oder ich oder ein anderer Sohn oder eine andere Tochter Gottes da ist? Wie kann deine Arbeit dieselbe sein? Wie kann deine Regierung dieselbe bleiben?* Wir tragen die Herrlichkeit mit uns; die Herrlichkeit verwandelt alles!

Wohin auch immer du gehst, du gehst als ein Botschafter des Reiches Gottes – also ein Botschafter für Christus. Die Dinge werden sich verändern, nicht einfach, weil Gott sie auf souveräne Weise tun wird, *sondern weil du deinen Platz mit dem einnimmst, was Gott dir bereits gegeben hat.*

Wenn wir ein fremdes Land betreten und Leute sehen, die in Finsternis sind, müssen wir einsehen, dass wir (als Menschheit) für die Sünde in diesem Land verantwortlich sind, selbst, wenn es sich nicht um unser eigenes Land handelt. Die Kriege, die Toten und die Hungersnöte sind nicht Gottes Fehler; es sind unsere Fehler wegen der Sünde im Garten. Gott hat uns jedoch Herrschaft verliehen, um etwas bezüglich dieses Schlamassels zu unternehmen. Wir tragen die Macht und Autorität, ja, Gottes ureigene Gegenwart an diese dunklen Orte. Wir müssen glauben, dass wir empfangen haben, und dann entsprechend handeln. Ja, du kannst in den dunkelsten Ländern die Kranken heilen. Jesus sagte uns, dass, in welche Stadt oder Ortschaft wir auch immer eintreten werden, wir die dortigen Kranken heilen sollten (vgl. Mt. 10,7-8). Das stellt uns also vor die Wahl – es entweder zu tun, oder aber es nicht zu tun. Allerdings hat Gott uns aufgetragen, es zu tun, und zwar als unseren Teil in unserer Partnerschaft mit Ihm. *Wenn du einen Heilungsdienst haben willst, dann habe ihn. Es ist nicht nötig, Gott zu bitten, Er möge mit Wundern aufwarten. Es ist nicht nötig, Gott zu fragen, ob Er durch dich heilen könnte. Lege Kranken die Hände auf und sie werden gesund werden.* Jesus sagte, Ihm sei alle Macht im Himmel und auf Erden gegeben worden, und deshalb sollten wir »hingehen...« (vgl. Mt. 28,18-19). Also geh!

Was wirst du tun?

Lasst uns zu jener stürmischen Bootsszene in Matthäus 8,23-27 zurückkehren. Jesus gab Seinen Jüngern Navigationsanweisungen, um auf die andere Seeseite in die Gegend von Gadara, das östlich des Jordans liegt, zu fahren. Der Wind toste, sodass die Jünger glaubten, sie würden sterben, und sie konnten einfach nicht verstehen, dass Jesus dabei schlafen konnte. »Hilf uns!« schrieen sie. »Meister, Lehrer, siehst Du denn nicht, dass wir zugrundegehen?« Geht es uns nicht genauso? Wenn wir keine unmittelbare Reaktion von Gott bekommen, befürchten wir schon das Schlimmste – dass Er sich nicht um uns kümmern würde oder dass wir gesündigt hätten und Gott deshalb zornig auf uns wäre. Es ist leicht, die Dinge so zu interpretieren, wenn unser Leben durcheinander gerät.

DIE ABSOLUTE HERRSCHAFT DES KÖNIGREICHS

Jesus wachte auf und gebot dem Wind mit den Worten: »Ruhe, sei still!«, und sofort beruhigte sich das Wasser. Jesus tadelte ihren Unglauben. Jesus sagte damit Folgendes: »Es ist nicht so, dass ich nicht wollte, dass ihr in euren Stürmen einen Durchbruch erlebt… was ich wirklich erreichen wollte, war, dass ihr eine Offenbarung darüber bekommt, wer Ich bin und wer ihr in Mir seid, und Ich hoffte, ihr würdet selbst etwas gegen den Sturm unternehmen. Doch ihr unternahmt nichts. Also musste Ich es tun«.

Jesus konnte durch das alles hindurch ruhig schlafen aufgrund Seiner Sicherheit und Seinem Verständnis hinsichtlich Seiner Autorität; Er wusste, wer Er war. Er hatte gehofft, die Jünger besäßen ein Verständnis all dessen, aber das hatten sie nicht. Als sie sagten: »Hilfe!… Kümmerst Du Dich nicht?« war das wie ein Eingeständnis, dass sie nicht wussten, wer sie waren und Wer da mit ihnen im Boot war. Ich kenne Leute, die schon seit 25 Jahren Christen sind, und dennoch verstehen sie diese Dinge nicht. Gott war treu, Er hat sie geheilt, Er hat sie gesegnet, und dennoch rufen sie noch immer aus und fragen Gott, was Er denn zu tun gedenke. Wie viele Rettungsaktionen sind nötig, bis wir wirklich erkennen, wer wir sind und welche Autorität wir besitzen, um *selber* dem Wind zu gebieten? Durchlebst du gerade jetzt einen Sturm in deinem Leben, eine schwierige Situation, die dich das Schlimmste befürchten lässt (vielleicht, dass Gott dich nicht liebt), oder die dich veranlasst, nach Antworten zu suchen, warum Er dich noch nicht daraus gerettet hat? Könnte es sein, dass Er möchte, dass du eine Offenbarung darüber bekommst, wer du bist, damit du in deinem Sturm etwas unternimmst? Gott wartet darauf, dass du Herrschaft nimmst. Er wird dich von deinen Stürmen befreien, aber es wird eine Zeit oder ein Sturm kommen, wo Er sagen wird: »Was unternimmst *du* diesbezüglich?«

Wie ich in Afrika Herrschaft nahm

Ich war in Afrika, unmittelbar bevor ich in meiner ersten Großevangelisation in Uganda zu predigen hatte. Ich wollte, dass diese Evangelisation erfolgreich verlief, doch ein besonderer Medizinmann oder Zauberdoktor in der Menge tat alles, was er konnte, um uns zum Aufgeben zu bewegen. Er rief mit seiner Zauberei und seinen Beschwörungen große, dunkle, zornige Wolken und Regen herbei und jeder fragte sich, was man tun konnte gegen diesen sich plötzlich ergießenden Wolkenbruch, der alles um unsere behelfsmäßige Einrichtung im Freien in Matsch und Dreck verwandelte. Doch etwas in meinem Geist sagte mir, ich sollte Autorität nehmen über den Sturm und den Zauberdoktor, statt zu rufen und Gott um Hilfe zu bitten. O, glaube mir, ich wollte zu Gott schreien und Ihn fragen, warum Er so etwas zu diesem Zeitpunkt zugelassen habe und so weiter, aber ich tat es nicht! Ich wusste in meinem Herzen, dass, wenn ich jetzt den Sturm nicht schlug, der Teufel mich jedes Mal fertigmachen würde, wenn ich in Zukunft in Afrika eine Großevangelisation durchführen wollte.

Ich forderte den Kerl öffentlich heraus und sagte: »Du wirst mit deiner Zauberkraft nicht durchkommen!« Er antwortete etwas in einer wirren, dämonisch klingenden Sprache. Dann band und schalt ich den Zauberdoktor, den Regen und die Wolken. Ich sagte: »Regen, ich binde dich. Wolken, ich schelte euch. Himmel, ich befehle dir: Klar' auf im mächtigen Namen Jesu!« Die Wolken teilten sich, der Regen hörte auf, der Himmel wurde blau und 10.000 Leute, die davongelaufen waren, kehrten zurück, um das Evangelium zu hören. O, und noch etwas – der Zauberdoktor gab sein Herz dem Herrn. Hätte ich keine Herrschaft genommen und meine Autorität in Jesus Christus benutzt, wäre dieser Durchbruch nicht geschehen.

Als ich das nächste Mal nach Uganda kam, wollte der Teufel wirklich meine Autorität herausfordern und so versammelte er seine Günstlinge. Der erste Abend dieser Evangelisation war der schlimmste, den ich je erlebt habe – es regnete und stürmte diesmal sogar heftiger, und es war nicht nur einer, sondern 1.800 Zauberer in dieser einen Versammlung. Obwohl es den ganzen Tag vollkommen sonnig war, kam doch eine dunkle, zornige Wolke über das Evangelisationsgelände, gerade bevor wir anfangen wollten. Ich wusste, dass etwas unterwegs war, denn schon seit einigen Tagen konnte man morgens den Klang eines Zauberers hören, der in einem dämonischen Singsang vor sich hinleierte und Flüche über unser Team aussprach. Und dieser üble Singsang drang von der anderen Seite des Flusses, der sich in der Nähe unseres Hotels befand, zu uns herüber.

Die Dinge wurden jeden Augenblick zäher und bedrohlicher, und einige vom Team fragten mich, wann ich diesbezüglich etwas zu unternehmen gedachte, wie ich es in jener vorherigen Evangelisation getan hatte. »Lässt du das so weitergehen, Todd? Willst du es einfach zulassen, dass der Teufel unsere Evangelisation mit Regengüssen hinwegschwemmt?« Doch der Herr sagte: »Jetzt noch nicht – warte!«. An jenem Abend kamen nur 76 zum Glauben. Das mag nach viel aussehen, aber wir waren an die 5.000 Seelen an einem Abend gewohnt!

Am folgenden Tag betete ich den ganzen Tag und schrie zu Gott um Hilfe. Erst jetzt kann ich mir vorstellen, wie Er wohl Seine Augen gerollt und zurückgefragt haben musste: »Warum schreist du so zu Mir? Du weißt, was zu tun ist« – doch ich hatte noch gar nicht daran gedacht. An jenem Abend rollte eine weitere dunkle, zornige Wolke herein zur genau gleichen Zeit, um 16 Uhr 45. An jenem Abend sahen wir 100 von ungefähr 12.000 Leuten zum Glauben kommen. Doch bis zu diesem Zeitpunkt hätten wir bereits Tausende von Menschen zum Glauben kommen sehen müssen, mindestens. Mein Ziel waren 70.000 für die ganze Dauer der Großevangelisation; wir mussten also noch ganz schön zulegen bei bisher erst 176 Bekehrungen.

Der dritte Tag brach an und nachdem ich wieder den ganzen Tag gebetet hatte, wies mich der Herr an, zu fasten. »Heute«, sagte Er, »werde Ich dir den Geist von Elia geben«. Also fastete ich und weißt du was? Ich traf um 16.30 Uhr auf dem Evangelisationsgelände ein und da gab es nicht das geringste Anzeichen von einer Wolke. Ich dachte: »Halleluja! Ich habe den Durchbruch geschafft!« Mit Gott als meinem Zeugen betrat ich um 16.45 Uhr die Plattform, doch in dem Augenblick, als ich das Mikrofon ergriff, trieb sehr schnell eine dunkle, zornige Wolke zu uns und schüttete geradezu Kübel von Regen über uns aus. Die Menge zerstreute sich und ich erhielt einen elektrischen Schlag vom Mikrofon; ich stellte mir vor, wie alle Zauberdoktoren da draußen wahrscheinlich lachten.

Kannst du dir vorstellen, wie ein dreitägiges Teufelstreiben dabei war, alles hinwegzufegen? Schließlich sagte Gott: »Wie lange willst du dies noch hinnehmen?« Fest entschlossen antwortete ich: »Ich habe es satt. Jetzt übe ich Autorität aus!«.

Ich machte Ernst: »Im Namen Jesu ergreife ich die Autorität über die Mächte der Zauberei... Wenn du unter der Macht der Zauberei stehst, wenn du ein Zauberdoktor bist, wenn du ein Zauberer bist, dann fall jetzt hier auf die Knie!« Wir zählten 1.800 Leute, die zum Altar rannten. In dem Augenblick, als ich die Macht der Zauberei brach und sie davon löste, fielen sie zu Boden und manifestierten Dämonen wie Schlangen in einer riesigen Schlangengrube. Genau zur gleichen Zeit klarte der Himmel auf und ein doppelter Regenbogen erschien. In den folgenden drei Tagen wurden 34.000 Menschen gerettet. Wow! Von 176 Bekehrten zu 34.000, nur weil ich Herrschaft genommen hatte.

Der Teufel weiß, dass er mich nicht mehr mit einem Sturm in Afrika schlagen kann, weil ich den Test bestanden habe, und er weiß, dass ich weiß, wer ich bin und was ich tun kann mit dem, was ich habe, weil ich weiß, Wen ich kenne.

Wunder und Verantwortung

Einmal betete ich für die Tauben, und ich sagte: »O Gott. Die Tauben. O, hilf mir!« Ich betete – und sie hörten! Als ich das nächste Mal für eine Gruppe von tauben Menschen betete und Gott um Hilfe anrief, sagte Er: »Das reicht! Ich habe das letzte Mal etwas für dich getan. Nun halte Ich dich dafür verantwortlich, dass du diesmal das tust, was du Mich tun gesehen hast«.

Wunder bringen Verantwortung mit sich. Jedes Mal, wenn du eines erlebst, erwartet Gott das nächste Mal mehr von dir. Hast du den ersten Test bestanden? Ich habe ihn bestanden und Hunderte von tauben Ohren wurden geöffnet. Je mehr Gott treu ist, um vor dir Seine Wunder zu vollbringen, desto mehr hält Er dich dafür verantwortlich, dass du das nächste Mal selbst Herrschaft nimmst.

Wenn du gerade jetzt einen Sturm durchlebst, dann wartet vielleicht Gott einfach auf dich, wegen all dem, von dem Er dich bereits befreit hat. Ergreife die Herrschaft über deinen Sturm. Gib deine Autorität nicht an den Teufel ab, und lass nicht zu, dass er dein Leben bestimmt. Wenn du die Autorität ergreifst und nichts geschieht, verhindert vielleicht etwas in deinem Leben die Dinge.

Hindernisse für die Autorität
Hier sind sechs Hindernisse, vor denen man sich in Acht nehmen sollte:

1. Mangel an Vertrautheit mit Gott
Wie gut kennst du den Vater? Wie viel Zeit verbringst du in Seiner Gegenwart, an jenem stillen Ort Seiner Gegenwart, wo du danach trachtest, Ihn und Seine Wege kennenzulernen? Wie viel Zeit verbringst du im Wort? Du kannst auf keinem anderen Wege die Gewissheit darüber finden, wer du in Ihm bist und wer Er ist, wenn du Ihn nicht kennst. Wenn du Ihn nicht kennst, kannst du Ihn auch nicht hören, und du weißt dann nicht, was du tun sollst. Wie kannst du sehen, was der Vater tut, wie Jesus dies tat, wenn du keine Zeit mit Ihm an einem stillen Ort verbringst? Jesus zog sich oft an stille Orte zurück, um mit dem Vater allein zu sein, bevor sich die großen Wunder ereigneten. Warum war das so? Wenn du Zeit mit Ihm verbringst, lernst du, Seine Stimme zu erkennen, was für die Ausübung der Herrschaft des Reiches Gottes entscheidend ist.

2. Ungehorsam: Den Willen Gottes nicht tun
»Dein Reich komme. Dein Wille geschehe, wie im Himmel, so auch auf Erden« (Mt. 6,10). Mit anderen Worten, sorge dafür, dass die Königsherrschaft Gottes und die Regierung Gottes so kommt, dass Sein Wille auf Erden geschieht. Echte Reich-Gottes-Autorität ergibt sich aus dem Tun des Willens Gottes. Gott will uns die Königsherrschaft und deren Manifestation bis zu einem solchen Grad anvertrauen, dass wir Seinem Gesetz und Wort gegenüber gehorsam und treu sind. Der Schlüssel zum Tun des Willens Gottes lautet: »Ich tue nur das, was ich den Vater tun sehe« (Joh. 5,19). Wenn wir willig und gehorsam sind, werden wir das Gute des Landes essen. Gott wird Seine Königsherrschaft und die Manife-

station Seines Reiches bis zu dem Maß offenbaren, wie du Seinem Wort gegenüber treu bist.

»Dein Wille geschehe...« bedeutet Hingabe. Den Willen Gottes tun zu können bedeutet, dass du es nötig hast zu sehen und zu hören, was der Vater tut und sagt. Wir verleihen dem Teufel Autorität, wenn wir gegenüber dem ungehorsam sind, was wir sehen und hören. Wir sind nicht nur gegenüber dem Rhema-Wort ungehorsam, sondern – vielleicht sogar noch mehr – auch gegenüber Seinem geschriebenen Wort und trotzdem erwarten wir Autorität und Sieg.

Du musst dem Wort Gottes glauben und darauf hin handeln. Die Königsherrschaft Gottes zeigte sich in meinem Dienst mit Macht, wenn ich Seinem Wort glaubte und damit aufhörte, Gott zu bitten, das zu tun, was Er mir bereits gesagt hatte, dass Er tun würde. Es geschah, als ich glaubte, was Gott sagte, wer Er sei, und was Er sagte, wer ich sei, und wenn ich als jemand handelte, der ohne Zweifel wusste, dass es so war, und ich dann meinen rechtmäßigen Platz einnahm.

3. Nicht-Vergeben

»Und vergib uns unsere Schulden, wie auch wir vergeben unseren Schuldnern« (Mt. 6,12). Mitten im Kontext des Herbeirufens des Reiches Gottes spricht Gott von der Bedeutung des Vergebens und des Empfangens von Vergebung. Verletztsein und Nichtvergeben verhindern die Manifestation der Kraft der Königsherrschaft. Es gibt kein Nichtvergeben im Himmel. Kannst du dir selbst vergeben? Hast du anderen vergeben? Gibt es jemanden, dem du noch immer Dinge nachträgst? Wenn du nicht vergeben kannst, kannst du die Herrschaft und Autorität verlieren, und du fragst dich dann, warum die Dinge nicht so geschehen, wie sie es sollten.

4. Dem Teufel Raum geben

Hast du dem Teufel Raum gegeben? Gibt es irgendwelche offenen Türen, Angriffe, Zugänge oder Gelegenheiten? Paulus sagt: »Gebt dem Teufel keinen Raum« (Eph. 4,27). Gibt es irgendeine verborgene, nicht vor Gott bekennend ausgesprochene Sünde? Irgendeine kleine Sünde, von der du glaubst, damit durchzukommen? Hat der Teufel irgendein Anrecht bei dir? »So steht nun fest in der Freiheit, zu der uns Christus befreit hat, und lasst euch nicht wieder in ein Joch der Knechtschaft spannen!« (Gal. 5,1).

5. Mangel an Sanftmut bzw. Hingabe
Was oder wer beherrscht dein Leben oder Herz? Deine Arbeit? Der Computer? Die Welt? Oder herrscht und regiert Jesus darin? Wenn du Ihm, sowie dem Königtum Jesu, nicht alles unterstellst, kannst du keine große Manifestation der Königsherrschaft in deinem Reich-Gottes-Radius oder deiner Reich-Gottes-Sphäre erwarten. Echte Hingabe bedeutet zu sagen: »Dein Wille geschehe. Ich übergebe alles Dir, Jesus – ich lege alles vor das Kreuz, ganz gleich, was es kostet, denn ich bin zuversichtlich, dass Du alles richtig machst«.

6. Ein Reich, das mit sich selbst entzweit ist
Das könnte irgendwie mit dem übereinstimmen, was wir in Punkt 4 erwähnten, doch hier kommt noch Stolz zu dem ganzen Mix hinzu, der Uneinigkeit, Trennung, Unloyalität, Desinteresse und eine ganze Skala anderer Manifestationen verursacht. Jesus sagt uns, dass ein Reich, das in sich selbst entzweit ist, der Verwüstung anheimfällt und dass jede Stadt oder jedes Haus, das mit sich selbst entzweit ist, nicht bestehen kann (vgl. Mt. 12,25). Jesus beseitigt jede Illusion bezüglich irgendeiner Neutralität in Bezug auf Seinen Dienst – wenn wir nicht für Ihn sind, sind wir gegen Ihn, wie Er sagt: »Wer nicht mit mir ist, der ist gegen mich, und wer nicht mit mir sammelt, der zerstreut!« (Mt. 12,30).

Wir können nicht Gott dienen und zugleich irgendetwas Anderem – wie zum Beispiel dem Geld. Wir können nicht im Geist und zugleich im Fleisch wandeln. Weißt du, was geschah, als Satan fiel? Was warf ihn aus dem Königreich hinaus? Stolz – ein Reich, das in sich selbst gespalten ist. Überprüfe deinen Stolz – trennt er dich? Überprüfe auch dein Herz, denn was immer darin vorhanden ist, das dem Wort und dem Geist Gottes entgegensteht, spaltet das Reich Gottes und verursacht seinen Fall in deinem Innern. Was sagt dein Herz; was zeigt dein Leben? Wie viele »Ich liebe Gott, aber...« gibt es da? Du liebst Gott, aber du liebst auch das Geld. Du liebst Gott, aber du liebst auch das Fleisch. Du liebst Gott, aber du kannst nicht vergeben. Du liebst Gott, aber du nährst Neid. Du liebst Gott, aber du liebst auch den Tratsch. Das sind Zeichen eines gespaltenen Herzens, und sie zerstören deine eigene Autorität. Dein Herz ist auf eine gewisse Weise der Herrschaft Jesu gegenüber loyal und untergeordnet, doch in einer anderen Hinsicht verfolgst du deine eigenen Interessen. Ein Reich, das in sich selbst entzweit ist, kann nicht bestehen. Du benötigst ein loyales Herz und ich fordere dich heraus, zu fragen: »Was geht in den Räumen und Kammern meines Herzens vor sich?«

Weißt du, womit Satan kam, um es Jesus anzubieten? Er kam mit den Reichen dieser Welt! Warum tat der Teufel das? Weil er es konnte. Sie gehörten ihm. Doch höre dies: Gott hat die Erde dir übergeben. Wenn du dich um eines von Satans Reichen bemühst, dann wird dein Leben, wie Jesus sagte, ein Leben höchster Unzufriedenheit sein.

Höre, das alles sind Dinge, die entscheidend sind, wenn wir in dieser Welt Herrschaft ausüben wollen. Bete und bitte den Heiligen Geist, dir jene Dinge zu offenbaren, welche die Manifestation der Königsherrschaft Gottes um dich herum verhindern, denn diese Liste (oben) ist keinesfalls erschöpfend. Jesus vollbrachte jedes Wunder als ein gesalbter Mensch, nicht als Gott, und Er musste die Welt überwinden, wie du und ich dies tun müssen. Das tun wir zunächst, indem wir Zeit mit Gott verbringen, und allein Seine Herrlichkeit wird die Finsternis in unserem Leben erleuchten.

Jesus hatte als Mensch den Geist ohne Maß, und jedes Wunder vollbrachte Er als Mensch, als der Sohn Gottes. Dieselben Versuchungen kreuzen auch unseren Weg, doch Christus blieb ohne Sünde. Die Bibel sagt, Er sei gehorsam *geworden*. Christus musste daran arbeiten, wie wir dies tun müssen. *Wie kommt der Geist ohne Maß zu uns? Jesus war für uns das Vorbild für eine unbegrenzte Salbung, die durch Gehorsam zustandekam. Gehorsam gegenüber dem Willen des Vaters ist der Schlüssel für die unbegrenzte Salbung.* Was sagt Gott, dass du tun sollst, was sagt Er, wohin weist Er dich? Tu es. Das Fortschreiten des Reiches Gottes hängt davon ab, wie auch das Erbe der Reichtümer des Reiches Gottes.

Das Königreich erben oder nur in es eingehen

Der Sanftmütige wird die Erde erben. Die Bibel sagt dies sowohl im Alten wie im Neuen Testament (vgl. Ps. 37,11). Am besten vertraut sind wir mit der Aussage in den Seligpreisungen, die als »die Bergpredigt« gehalten wurden (vgl. Mt. 5,5). Dieser Abschnitt lautet: »Selig sind die Sanftmütigen, denn sie werden die Erde erben«. Im Griechischen bedeutet »sanftmütig« das Erweisen der Bereitschaft, sich unterzuordnen und unter angemessener Autorität zu arbeiten, und auch die Bereitschaft, auf die eigenen »Rechte« und Privilegien nicht zu achten.[28] Die sanftmütige Person im Alten Testament war nicht jemand, der sich herumschubsen ließ. Das Wort bezog sich auf eine Person, die ihre Stärke *unter Kontrolle* hatte, wie ein starker Hengst, der dazu gebracht wurde, die Arbeit zu verrichten anstatt wild herumzurennen.[29]

Gläubige müssen bereit sein, sich zuerst unter Gottes Autorität zu beugen und darunter zu dienen, und zwar mit einer hingegebenen Bereitschaft, ihre eigenen Rechte und Privilegien im Tun von Gottes Willen preiszugeben. Wir sind imstande, dies zu tun, weil wir Gott zutrauen, dass Er unsere Interessen und Angelegenheiten zu schützen imstande ist. Gott verhieß den Sanftmütigen, dass Er nicht zulassen werde, dass sie zu kurz kommen; weit davon entfernt! In der Tat hat Er gesagt, die Sanftmütigen werden das Land *erben*. Das ist ein großes Entgelt, nicht wahr?

Es ist eines, in das Reich Gottes *einzugehen*, doch es ist etwas anderes, es jetzt zu *erben*. Ja, wir werden in die Königsherrschaft eingehen und dort leben, weil wir »Ja« zu Christus gesagt haben, aus dem Geist geboren sind und in den Himmel eingehen werden, doch was wird dein Erbe im Reich Gottes *heute* sein? Wenn du

---

28 David Guzik, »Commentary on Matthew 5«, *David Guzik's Commentaries on the Bible* (Enduring Word Media 1997-2003). http://studylight.org/com/guz/view.cgi?book=mt&chapter=005.
29 Ebd.

nicht bereit bist, dich unterzuordnen, wie viel von der Königsherrschaft kann Gott dir dann wohl anvertrauen?

Paulus sagt:

»*Oder wisst ihr (etwa) nicht, dass (es) die Heiligen (sind, die) über den Kosmos zu Gericht sitzen werden? Wenn also der Kosmos von euch sein Urteil gesprochen bekommen soll, (wie kommt es dann), dass ihr nicht (einmal) imstande seid, Bagatellsachen (gütlich zu regeln)? Ist euch denn nicht klar, dass wir sogar Engeln das Urteil sprechen werden? Wie viel mehr sollte dies dann im Blick auf Dinge, die das praktische Leben betreffen, (der Fall sein)*« (1. Kor. 6,2-3; Haller).

Und als Petrus Jesus fragt, was er und die Jünger erhalten würden, weil sie alles verlassen hatten und ihm nachgefolgt sind, antwortet Jesus:

»*Wahrlich, ich sage euch: Ihr, die ihr mir nachgefolgt seid, werdet in der Wiedergeburt, wenn der Sohn des Menschen auf dem Thron seiner Herrlichkeit sitzen wird, auch auf zwölf Thronen sitzen und die zwölf Stämme Israels richten. Und jeder der Häuser oder Brüder oder Schwestern oder Vater oder Mutter oder Frau oder Kinder oder Äcker verlassen hat um meines Namens willen, der wird es hundertfältig empfangen und das ewige Leben erben. Aber viele von den Ersten werden Letzte, und Letzte werden Erste sein*« (Mt. 19,28-30).

Wir werden die Welt richten, wir werden auch Engel richten und denen wird Ehre zuteil, die um Jesu willen Opfer bringen. Was auch immer du für Ihn aufgegeben hast, wird dir hundertfach zurückerstattet *zusätzlich zu dem, dass du das ewige Leben erbst.*

»*Offenbar sind aber die Werke des Fleisches, welche sind: Ehebruch, Unzucht, Unreinheit, Zügellosigkeit, Götzendienst, Zauberei, Feindschaft, Streit, Eifersucht, Zorn, Selbstsucht, Zwietracht, Parteiungen, Neid, Mord, Trunkenheit, Gelage und dergleichen, wovon ich euch voraussage, wie ich schon zuvor gesagt habe, dass die, welche solche Dinge tun, das Reich Gottes nicht erben werden*« (Gal. 5,19-21).

Wir können daher daraus schließen, wenn wir diese Abschnitte miteinander verbinden, dass es solche geben wird, die zwar in die Königsherrschaft Gottes hineingehen und sie sehen werden, aber nicht notwendigerweise die Dinge auch erben – d.h. nicht im Auftrag Gottes Urteile fällen, nicht herrschen und regieren werden. Gott möchte, dass wir Seine Partner sind bei der Verwaltung Seines Reiches, ob dies nun hier auf Erden ist, im Tausendjährigen Reich oder aber im Reich Gottes auf ewig. Es wird solche geben, die Teil des göttlichen, himmlischen Hofsystems sein werden: diejenigen, die nicht nur sehen und hineingehen werden, sondern das Reich Gottes auch erben werden.

Einige Gläubige werden das Reich betreten, aber es wegen ihrer Fleischlichkeit nicht erben. Ja, sie werden es in den Himmel schaffen, doch nie so nahe zum Thron mit Ihm, weil sie zu sehr durch die Werke des Fleisches gelebt haben und dadurch sich keine Schätze im Himmel angehäuft haben.[30] Ich glaube, dass es Regionen im Himmel gibt, wo die Leute, deren Leben die Herrlichkeit Gottes auf Erden widerspiegelte, eng mit der Herrlichkeit Gottes verbunden und ganz nahe am Thron wohnen werden, aber das ist ein Thema für ein anderes Buch.

Als Gläubige werden wir bis zu einem gewissen Maß das Reich des Himmels jetzt auf Erden sehen und als unsere endgültige Bestimmung darin eingehen. Aber weißt du, was ich über das hinaus noch möchte? Ich möchte es erben! Ich möchte mit Christus teilhaben am Herrschen und Regieren in Seinem Reich. Er hat dich und mich zu diesem Platz der Autorität hier und jetzt eingeladen, wenn wir das Reich Gottes sehen. Warum sich mit so viel weniger begnügen, wenn Gott so viel mehr bereitet hat? Warum auf der Seite stehen und anderen zuschauen, wie sie den Durchbruch schaffen? Ich fordere dich heraus, ein Durchbrecher zu sein. Schaffe deinen eigenen Durchbruch! Hör auf damit, Teilnehmer am Segen

---

30 Es geht hier nicht um Druck, Leistungs- oder Werksgerechtigkeit, sondern schlichtweg um Hingabe, Gehorsam und um ein Leben in innerer Freiheit gemäß unserer göttlichen Berufung und Bestimmung. Die Lehre vom ewigen Lohn und ewigen Schaden/bzw. Verlust ist beileibe nicht nur eine »katholische« Lehre. Vgl. u.a. Mt 6,19-21; 7,21f; 10,41f; Lk 19,11-27; Röm. 14,10; 1. Kor 3,10-15; 2. Kor 5,10 (Anm. d. Übers.).

des Durchbruchs anderer zu sein und koste die Segnungen aus erster Hand. Die Überreste von jemand anderem sind nicht mal halb so gut wie wenn du deine eigenen Segnungen empfängst.

Sei ein Durchbrecher!
Bist du bereit, deinen Platz einzunehmen? Bist du bereit, etwas bezüglich deines Sturmes zu unternehmen? Kannst du ehrlich sagen: »Gott, ich übergebe Dir alles, ich möchte nichts anderes sein als ein Durchbrecher, indem ich Dir mit meinem ganzen Herzen diene, und zwar so sanftmütig und demütig wie ich nur kann?« Bitte Ihn um eine frische Offenbarung darüber, wer du bist und wer Er ist, und trachte danach, Ihn zu erkennen. Warte nicht, bis Gott deinen Unglauben tadelt, unternimm etwas diesbezüglich. Warte auch nicht, bis jemand anders es für dich tut. Wie oft laufen und bitten wir jemand anderen, für uns zu beten, bevor wir für uns selbst beten. Wie oft verlassen wir uns einfach auf die geistliche Lehre anderer, statt dass wir zu Füßen des Meisters sitzen und die Prinzipien des Reiches Gottes aus erster Hand lernen? Wie steht es mit deinem Reich-Gottes-Charakter? Ist er – gemessen am Lot des Edikts des Königs – stimmig, stimmt er überein mit der machtvollen Ankündigung des Reiches Gottes? Hast du den Charakter eines Bürgers des Reiches Gottes?

Die Autorität liegt in deiner Hand, und wenn du gemäß der Ordnungen des Reiches Gottes lebst, dann besitzst du die Herrschaft und die Autorität, als Miterbe mit Christus Jesus zu herrschen und zu regieren. Die Verpflichtung liegt bei dir; die Resultate sind Gottes Angelegenheit. Was gedenkst du zu tun in Bezug auf deinen Berg? Sprich, dass er zur Ebene werden soll! Sprich zur Armut und sage: »Genug ist genug! Geh mir aus dem Weg!« Du brauchst nicht zu warten, bis der Prediger seine Predigt beendet hat, damit er seine Hände auf dich legen kann wegen deiner Krankheit. Entschließe dich, Herrschaft zu übernehmen und erhebe dich über diese Krankheit. Zwinge diese Krankheit mit deinem glaubensvoll entschlossenen Blick nieder und betrachte sie im Geistbereich als das, was sie ist. Blicke voller Unerschrockenheit den Krebs, den Zustand des Herzens an, und sage: »Das reicht! Verschwinde im mächtigen Namen von Jesus Christus von Nazareth!«

Bete über einem andern und sage: »Silber und Gold habe ich nicht, was ich aber habe, gebe ich dir gerade jetzt. Ich habe Autorität über diese Krankheit und darum sage ich: ‚Verschwinde! Du bleibst nicht länger an dieser Person kleben!'« Steh auf und verweise jeden Geist der Krankheit und jeden Geist der Unterdrückung und jeden Geist der Zauberei, der in deinem Autoritätsbereich wirksam ist. Du bist da, die Herrlichkeit ist in dir, die Königsherrschaft ist in dir und der ganze Himmel stärkt dir den Rücken. Gewinne die Salbung zum Durchbruch. Das Reich des Himmels leidet Gewalt und die Gewalttätigen reißen es an sich. Brich dir geradezu gewalttätig Bahn bis zum Durchbruch, weissage deiner Seele, wie David dies so oft getan hat: »Was betrübst du dich, meine Seele, und bist so unruhig in mir? Harre auf Gott, denn ich werde ihm noch danken für die Rettung, die von seinem Angesicht kommt« (Ps. 42,6; siehe auch Ps. 42,11; 43,5). Sprich es aus: »Ich will mich erheben und auf Gott hoffen! Ich weise den Sturm zurecht. Ich übernehme die Autorität über ihn und gebiete ihm, nachzulassen, aufzuhören, die Sache zu beenden«.

An jeder Stelle, auf die du deinen Fuß setzt, kannst du die Königsherrschaft vorantreiben. Jedes Mal, wenn du einen Schritt machst, verlegst du die Front weiter nach vorne. Stoße den Widerstand zurück. Sag dem Teufel: »Weißt du, wer ich bin? Ich denke, dass es Zeit ist, dass du es weißt. Ich weiß auch, dass es Zeit ist, dass du weißt, dass ich weiß, wer du bist. Genug ist genug! Ich erlasse dir gegenüber ein neues Dekret, nämlich, dass ich mich von diesem Tag an in der Offensive befinde. Ich laufe nicht davon! Der Stab der Autorität ist in meiner Hand und ich strecke ihn gerade jetzt aus. Gott ist mein Partner und du hast verloren!«

Was Gottes Königsherrschaft verstärkt

- Ungehorsam, falsche Herzenshaltungen, das Fleisch, Unvergebenheit und Zwietracht können das Maß von Boden beschränken, den du für den Herrn einnehmen könntest. Bitte Ihn, diese Dinge zu offenbaren. Bete um Vergebung.

- Schließ deine Augen und denke darüber nach, was du an Gewaltigem in dir trägst. Dekretiere über deine Umstände und nimm Herrschaft über sie mit der Kraft und Autorität, die Gott dir bereits gegeben hat.
- Weissage zu deiner Seele (Sag ihr, wo's lang geht!)
- Denke nach über Wege, wie du dich mehr mit Gott füllen kannst, plane deine Zeit und setze das auch konkret um.
- Wir sind, was wir anschauen. Was schaust du an? Verbringe Zeit an deinem verborgenen und stillen Ort mit Gott und teile Ihm deine Träume mit. Vielleicht gibt er dir neue Träume und zeigt dir die Sterne am Himmel, wie Er dies bei Abraham tat.

Persönliches Gebet

Himmlischer Vater, ich möchte Dein Reich voranbringen, ich möchte Dein Partner sein und mit einem echten Mantel von Reich-Gottes-Autorität Herrschaft ausüben. Ich bitte Dich, mir zu vergeben, dass ich mit dem Evangelium nicht mehr Land einnehme, wie ich es eigentlich sollte – dass ich bis jetzt nicht mehr Grund eingenommen habe. Ich bin jetzt bereit dazu. Schenke mir eine frische und neue Offenbarung darüber, wer ich in Dir bin. Lass die Worte und Lehren, die ich gelernt habe, tief in meinem Herzen Wurzeln schlagen. Öffne mir bitte die Augen, um zu verstehen und gib mir Weisheit und Offenbarung. Hilf mir, Deine Stimme zu hören mitten im Donner des Schlachtlärms. Ich bete jetzt für diese Autorität und Herrschaft, Herr. Bitte, gib mir die Gewänder der Autorität – schule und stärke meine Hände für jede Feindbegegnung. Steh auf und zerstreue meine Feinde! »*Wer bist du, großer Berg? Zur Ebene sollst du werden!*« *Ich ergreife die Autorität über meine Umstände, über den Sturm. Ich ergreife die Autorität in meiner Stadt – in meinem Land. Bringe mich gerade jetzt an die Front, o Gott! Lehre mich, als Dein Sohn ein guter Verwalter, Miterbe und Miteigentümer Deiner Königsherrschaft zu sein. Hilf mir, ein Sternbeschauer zu sein, Herr, der auf Dich ausgerichtet ist, damit ich Deine Visionen und deine Bestimmung für mich in Deinem Reich erkennen kann. Hilf mir, ein Ausdruck Deiner Fülle zu werden, und danke, dass Du mich Dein Partner sein lässt. Gott, hier bin ich. Gebrauche mich, um die Erkenntnis Deiner Herrlichkeit auf Erden voranzubringen – so umfassend, wie das Wasser den Meeresgrund bedeckt. Amen.*

Kapitel 7

Der König und der Priester

Wer bist du, wenn niemand zuschaut? Hier sind zwei biblische Gestalten, welche die ganze Zeit diejenigen waren, die sie eben immer waren: Samuel (der Priester) und David (der König). Sie hatten etwas sehr Wichtiges gemeinsam. Beide suchten das Herz Gottes und wenn Gott auf das ihre schaute, stellte Er fest, dass es sich um zwei Herzen von Hirten handelte, die den Wunsch hatten, Ihn auf intime Weise zu kennen. Und sie kannten Ihn auch wirklich so! Gott erfüllte ihre Sehnsucht, weil sie sich vor Ihm positionierten und sich ausgiebig in Seiner Gegenwart aufhielten, sodass sie tun konnten, was sie den Vater tun sahen, und Sein Herz kannten.

Es ist Zeit, dass wir kindische Dinge ablegen, heranreifen und als Könige und Priester auftreten, indem wir die uns von Gott verliehene Autorität ausüben, genauso wie Er es beabsichtigt hat (vgl. 1. Kor. 13,11). Ich höre in den himmlischen Regionen ein lautes Brüllen vom Löwen aus dem Stamme Juda, Jesus Christus. Er brüllt gegen Seine Feinde und stößt sie zurück, sodass Christen eine größere Freiheit haben, in ihre Bestimmung als Könige und Priester im Reich Gottes aufzusteigen, »auf Erden, wie im Himmel«.

Himmlischer Vater, wir danken Dir für das, was Du uns durch Deinen Geist eröffnest. Bitte gib uns den Geist der Weisheit und Offenbarung und vollständige Freiheit im Geist, sodass wir als Könige und Priester, die in dieser Welt herrschen, in eine tiefere Offenbarung eintreten bezüglich Deiner Pläne und Absichten für den Leib Christi. Bitte hilf uns, stets Schwämme zu sein, die alles aufsaugen, was Du möchtest, dass wir es kennen und behalten. Im Namen Jesu, danke!

Der Löwe aus dem Stamme Juda brüllt

In den mitternächtlichen Stunden eines bestimmten Tages betete ich: »Gott, ich gehe jetzt schlafen, aber ich möchte am Morgen mit einem Heilig-Geist-Download für meine Konferenz am Abend erwachen. Ich möchte Offenbarung bezüglich des Themas und seines prophetischen Sinnes empfangen, so wie Du es willst«.

Genau zu dem Zeitpunkt, als meine Augen sich für die Nacht schlossen, hatte ich eine Vision von Jesus Christus, der ein scharlachrot-blaues königliches Gewand trug, das Seine Autorität, Sein Königtum und Seine Gerechtigkeit repräsentierte. Ich wusste in meinem Geist, dass Jesus mit großer Autorität bekleidet war. Auch sah ich eine Krone in Seiner Hand. Als ich Ihn genauer betrachtete, stellte ich fest, dass Er das Gesicht eines Löwen hatte, und augenblicklich trafen mich drei Offenbarungen, als der Löwe brüllte: Dieser Mann war der Löwe aus dem israelitischen Stamm Juda, eine Vision von Ihm bedeutete eine Zunahme an Autorität und es war die königliche Salbung. Halleluja!

Ich glaube, dass es in dieser Vision prophetische Verheißungen gab: Dass, wenn der Löwe aus dem Stamme Juda brüllt, sich eine Salbung einstellen wird, sodass heute ein Brüllen des Löwen in unserem Geist heute freigesetzt wird.

1. Das Brüllen setzt Gefangene frei

Sein Brüllen setzt Gefangene frei! Diejenigen, die im Finstern sitzen, werden zur Freiheit in Christus gelangen. Hosea prophezeite, dass Ephraim (ein Symbol für einen verlorenen Sohn oder eine verlorene Tochter) dem Herrn nachfolgen und in Seinen Wegen wandeln wird, nachdem der Löwe gebrüllt hat:

»Wie könnte ich dich dahingeben, Ephraim, wie könnte ich dich preisgeben, Israel? Wie könnte ich dich behandeln wie Adama, dich machen wie Zeboim? Mein Herz sträubt sich dagegen, mein ganzes Mitleid ist erregt! Ich will nicht handeln nach der Glut meines Zorns, will Ephraim nicht wiederum verderben; denn ich bin Gott und nicht ein Mensch, als der Heilige bin ich in deiner Mitte und will nicht in grimmigem Zorn kommen. Sie werden dem Herrn nachfolgen, der brüllen wird wie ein Löwe; wenn er brüllt, so werden die Söhne zitternd vom Meer herbeieilen; wie Vögel werden sie aus Ägypten zitternd herbeieilen, und wie Tauben aus dem Land Assyrien; und ich werde sie in ihren eigenen Häusern wohnen lassen, spricht der Herr« (Hos. 11,8-11).

Wenn das Gebrüll in Zion erschallen wird, werden nicht nur die gefangenen Söhne und Töchter frei, sondern es wird auch konkret eine Bestimmung freigesetzt, indem diese im Haus des Herrn wohnen und sich in Ihm verwurzeln werden. Was die verlorenen Söhne und Töchter betrifft, höre ich den Löwen heute brüllen. Wie wäre es für dich, wenn der Löwe über deiner Familie brüllen und jegliche Finsternis von ihr verjagen würde? Du kannst das heute als eine prophetische Verheißung empfangen.

2. Das Brüllen fällt das strafende Gerichtsurteil über unsere Feinde

Joel weissagte bezüglich eines Rufes an die Nationen, sich im Tal Josaphat zu versammeln, wo Gott über alle umliegenden Nationen zu Gericht sitzen würde. Dann sprach der Prophet davon, dass der Herr von Zion aus gegen die Feinde Israels *brüllen* würde, aber er sagte auch, dass der Herr ein Schutz und eine Stärke für Sein Volk sein würde, für die Kinder Israel (vgl. Joel 4,11-12).

Wenn der Löwe brüllt, wird das Gericht über unsere Feinde kommen. Vertrauen wir darauf, dass wir als das Volk Gottes Zuflucht finden werden. Das wird aber nur dann der Fall sein, wenn wir in Demut und in vollkommener Hingabe an den Herrn wandeln. Denke darüber nach, während du dieses vierte Kapitel des Buches Joel studierst.

3. Das Brüllen erweckt unsere Herzen für die geistliche Konfrontation

Jesaja prophezeite, dass der Herr herabkommen und für Zion und seinen Hügel kämpfen werde:

»*Denn so hat der Herr zu mir gesprochen: Wie der Löwe und der junge Löwe über seiner Beute knurrt, wenn man gegen ihn die ganze Menge der Hirten zusammenruft, und vor ihrem Geschrei nicht erschrickt, noch vor ihrer Menge sich duckt, so wird auch der Herr der Heerscharen herabkommen, um auf dem Berg Zion und dessen Höhe zu kämpfen*« (vgl. Jes. 31,4).

Dieser Schriftabschnitt spricht von Aggression und erweckt in uns eine Reaktion auf den Ruf nach mächtigen Kriegern, damit diese sich erheben. Wenn ein Löwe brüllt, gefriert der Beute vor Angst das Blut in den Adern, sodass die Löwin herbeilaufen und die Beute packen kann. Das Brüllen des Löwen von Juda wird den Feind lähmen und bei ihm Furcht und Schrecken verursachen, sodass wir, die Löwin (die Gemeinde und die Braut Christi), die Beute ergreifen können. Das Brüllen wird in unserem Geist eine Zunahme an Autorität freisetzen, sodass wir uns in einer geistlichen Auseinandersetzung behaupten können, wodurch die Pläne des Feindes gelähmt werden.

Erfahrungsmäßige und positionelle Wahrheiten

Jesaja prophezeite von der nie endenden Königsherrschaft: »Die Mehrung der Herrschaft und der Friede werden kein Ende haben … « (Jes. 9,6a). Auch sagte er, die Herrschaft Gottes ruhe auf Seiner Schulter (vgl. Jes. 9,5). Gott schultert die Last dieser immensen Verantwortung der Herrschaft, aber Er lädt uns ein, mit Ihm bei der Administration Seiner Herrschaft auf Erden mitzuwirken, und Er gibt uns eine königliche und eine priesterliche Salbung, um dies auszuführen.

Die Herrschaft Gottes kommt und sie geschieht bereits, gleichzeitig. Das bedeutet, dass die *positionelle Wahrheit* (sie kommt) sich mit der *erfahrungsmäßigen Wahrheit* (sie geschieht bereits) verbindet.[31] Positionelle Wahrheit bedeutet, dass wir die Wahrheit der Bibel durch Glauben empfangen – das, was Gottes Wort über uns sagt und darüber, was uns übernatürlich durch das Erlösungswerk Christi zur Verfügung steht, das »Ich vermag alles durch Christus, der mich stärkt« (vgl. Phil. 4,13). Die positionelle Wahrheit auszuleben bedeutet, auf diese Dinge hin zu handeln und darin zu wachsen. Allerdings wirken die positionelle und die erfahrungsmäßige Wahrheit gleichzeitig. So gilt also folgendes Prinzip: Unsere Bestimmung ist bereits im Himmel festgesetzt (positionell), doch keiner von uns kommt umhin, darum zu ringen und mit Gott zu kooperieren, um es in tagtäglichen Leben zu manifestieren und zu verwirklichen (erfahrungsmäßig).

---

31 Andere Bibellehrer sprachen statt von positioneller und erfahrungsmäßiger Wahrheit von den rechtlichen und den lebendigen Aspekten der Erlösung. Beides meint dasselbe (Anm. d. Übers.).

DER KÖNIG UND DER PRIESTER

Jesaja verband die nie endende Zunahme der Herrschaft Gottes mit dem Thron Davids:

»...auf dem Thron Davids und über seinem Königreich, dass es gründe und festige mit Recht und Gerechtigkeit von nun an bis in Ewigkeit. Der Eifer des Herrn der Heerscharen wird dies tun« (Jes. 9,6b).

Lasst uns deshalb das Leben des Königs David untersuchen, insbesondere deshalb, weil er viele Umstände erlebte, die ein großes Beispiel für positionelle und erfahrungsmäßige Wahrheiten sind. Bist du bereit für ein kleines Härtetraining in der Wüste?

Wahrheit Nr. 1: Wahre Könige erlangen eine Vorbereitung unter herausfordernden Umständen

Gott wählte David zum König von Israel, als er noch ein kleiner Junge war (vgl. 1. Sam. 16,1-13). Samuel identifizierte ihn als solchen, als Gott ihn beauftragte, ins

Haus Jesses zu gehen, weil Er einen der Söhne dieses Mannes auserwählt habe, um als König über Israel zu herrschen. Der Prophet ging hin, wie Gott ihn angewiesen hatte. Doch als er sich dort einen Überblick über die sieben Söhne dort verschafft hatte, wobei jeder von ihnen ein Anwärter für diese Rolle hätte sein können, kam dennoch keiner von ihnen wirklich in Frage und so wies Gott jeden einzelnen von ihnen ab. Da wunderte sich Samuel und schließlich fragte er den Vater, ob er nicht noch mehr Kinder habe. Stellt euch vor, wie erleichtert Samuel war, als er hörte, dass es noch den Jüngsten gab, der jedoch draußen beim Schafe-Hüten war. Sobald Samuel sein Auge auf David richtete, sagte der Herr: »Steh auf, salbe ihn; denn dieser ist es« (1. Sam. 16,12). Hier sehen wir die positionelle Wahrheit im Vollzug, als Samuel das Öl über David goss und ihn zum König von Israel salbte – doch beachte: dies geschah lange, bevor er die volle Manifestation seines Königtums erleben konnte.

Siehst du, was wir hier haben? Anders als bei seinen vielen Brüdern, anders als bei vielen Leuten, ruhte auf David tatsächlich die Gunst des Herrn und so berief ihn Gott zu dieser großen Aufgabe und Position des Königs über Israel. Der Dienst Gottes kam zu ihm und folglich wurde er König: »Der Geist des Herrn kam auf David von diesem Tage an« (1. Sam. 16,13).

Doch obwohl Gott ihn durch Samuel zum König gesalbt hatte und er erst viel später erleben konnte, dass dies Wirklichkeit wurde, erfuhr David, dass er in mehrere Situationen von Leben und Tod geworfen wurde (vgl. 1. Sam. 17-19). Eine Zeit lang fand er die Gunst von König Saul, doch diese verwandelte sich in eine tödliche Missgunst, die David dazu brachte, ein »Gesetzloser« zu werden. Zuweilen musste er wie ein Hund in die Wüste rennen und sich in Höhlen verstecken, um der Verfolgung durch Saul zu entgehen.

Aber obwohl David die Gunst des Königs verloren hatte, widerfuhr ihm etwas Erstaunliches, während er sich verbarg. Er fand dafür die Gunst von 400 frustrierten, unzufriedenen Ausgestoßenen, die sich um ihn versammelten und ihm zur Seite standen. Diese Männer waren Schuldner und hatten unzählige Probleme, aber sie sahen etwas in David, das sie zu ihm hinzog – einen großen Charakter und eine herausragende Führungsqualität. Sie sahen einen kühnen Kämpfer, der schon als Knabe eigenhändig den Riesen Goliath erschlagen hatte, und sie sahen einen jungen Mann, der sich nicht rächte, nachdem Saul versucht hatte, ihn zu töten. Wenn sie einen sahen, erkannten sie einen guten Führer sofort.

Wie viele von uns haben, vielleicht wie David, große Dinge über ihre Bestimmung gehört, aber nicht gesehen, dass es sich in ihrem Leben manifestiert hätte? Es wurden uns große Dinge gesagt, wir hatten große Träume, wir sahen große Visionen von unserem großen Gott, doch nun warten wir schon Jahre, vielleicht sogar Jahrzehnte, auf deren Erfüllung. Einige von uns befinden sich selbst gerade an diesem Wüstenort und fühlen sich wie Ausgestoßene, während sie auf die Manifestation ihrer Berufung warten.

Es kann sein, dass du dich in der Vorbereitungsphase befindest, wie auch David zugerüstet und geschult wurde. Widrige Umstände verrichteten ihr Werk, doch David rebellierte nicht gegen diese Widrigkeiten. Stattdessen erwies er sich als echter König, als einer, der in der Wüste erfahrungsmäßiger Wahrheit geschult war. Es kann sein, dass du dich äußerst widrigen Umständen gegenübersiehst, aber sie verrichten ein Werk in dir, denn vielleicht erweckt

Gott gerade einen Führer, und deine Handlungen werden entscheiden, ob du die Qualitäten hast, die nötig sind, um ein solcher zu sein.

Wahrheit Nr. 2: Die Wüste bringt Kampf mit sich

Davids Wüstenerfahrung war hart. Es wäre für ihn normal gewesen, zu denken: »Ich denke nicht wie ein König... Ich empfinde nicht wie ein König... was für eine Art von Königtum ist das ohnehin?« Stattdessen nimmt er Ausgestoßene und Taugenichtse und schult ihre Hände zum Kampf. Unterdessen überlegte er sich wohl, wie er denn je von Punkt A zu Punkt B kommen sollte, während er viele Jahre lang vor Saul und seiner Armee auf der Flucht war.

Suche Gott früh am Morgen

Stell dir vor, du würdest dich selbst in dieser Situation befinden. Es wurde dir von dem Propheten des Herrn gesagt, du würdest König werden, und doch sind der bestehende König und seine Schergen hinter dir her. Du bist gezwungen, dich in der Wüste in Höhlen zu verstecken, in feuchten, dunklen Erdlöchern, weit weg von den Annehmlichkeiten deiner Familie und fernab von Zuhause. Es wäre wohl schwer, an deinem Traum festzuhalten, nicht wahr? Stattdessen aber schulte David die Hände seiner Nachfolger zum Kampf, auch wenn er nicht sehen konnte, wie das alles noch für ihn ausgehen sollte. In Psalm 63 sehen wir, wie intensiv dieser Wüstenkampf für David war. Er rief aus: »O Gott, du bist mein Gott; frühe suche ich dich! Meine Seele dürstet nach dir; mein Fleisch schmachtet nach dir in einem dürren, lechzenden Land ohne Wasser« (Ps. 63,2-3). David tat genau das Richtige. Er suchte Gottes Angesicht früh am Morgen[32], er dürstete nach Gottes

---

[32] Mt. 14,25; Mk. 6,48; Joh. 21,4 legen die Empfehlung nahe, dass die Zeit zwischen 3 und 6 Uhr morgens, die sog. vierte Nachtwache – eine hervorragende Gebetszeit ist (was auch Todd Bentley oft ausprobiert hat). In dieser Zeit wirkte Jesus bestimmte Wunder und stand auch von den Toten auf (Mk 16,2; Joh 20,1). Ansonsten empfiehlt sich: Gleich nach dem Aufstehen, weil dort der Kopf noch frei ist und man die Inspiration durch Gott mit in den ganzen Tag nehmen kann (vgl. Ps. 5,4; 59,17; 46,6; 90,2f; 88,14; 90,14; 143,8; 30,6; Klgl. 3,23; Jes. 49,4f; Jer. 2,3; 35,15; Mk. 1,35). Interessanterweise war es auch wichtig, das Manna rechtzeitig eingesammelt werden, da es bei heißer werdender Sonne schmolz (vgl. 2. Mose 16,21; Anm. d. Übers.).

Gegenwart und er gab nicht auf, auch wenn alle äußeren Anzeichen auf eine Niederlage hindeuteten.

Als ich zum ersten Mal erkannte, dass Heilung Teil des wahren christlichen Glaubens war, bat ich Gott um Heilung für meine taube Mutter. Wieder und wieder betete ich für ihre Heilung, ohne dass ich einen Durchbruch bei ihr wahrnehmen konnte. Das aber heizte nur um so mehr das Feuer an, damit Gottes Heilungsgabe viel stärker durch mich wirken konnte. Das Feuer in mir wütete mit einem heiligen Eifer und einer totalen Entschlossenheit, zu erleben, wie alle Tauben hören würden! Zu diesem Zweck rief ich in jeder Heilungsversammlung, die ich leitete, die Tauben nach vorne, damit diese geheilt würden. Es war hart! In der ersten Zeit konnte dann nicht einer von ihnen hören, bestenfalls erlebte dieser oder jener eine teilweise Besserung. Dennoch konnte ich nicht anders, als zu glauben, dass alle geheilt werden würden. Ich konnte nicht aufgeben oder eine Niederlage akzeptieren! Es war Gottes Wille, dass alle geheilt werden sollten, und ich war absolut entschlossen zu erleben, dass es geschieht. Markus 9,25 spricht von einem Dämonen, der den Namen »tauber und stummer Geist« hatte und dem der Herr befahl, aus einem Knaben herauszukommen. Ich glaube, dass Gott, weil ich beharrlich war, mir eine Offenbarung und einen Durchbruch in dieser Sache gab. Plötzlich erlebte ich, wie in meinen Versammlungen viel mehr Menschen geheilt wurden, wenn ich diesen Geist austrieb, besonders in Afrika, wo ich sagen würde, dass etwa eines von zehn Kindern, die in unsere Versammlungen kommen, taub, stumm oder taubstumm ist. Als Jesus den Dämon austrieb, der den Mann mit Stummheit plagte, sprach der Stumme (vgl. Mt. 9,32-33).

Einige Leute meinen, dass ich da bin, wo ich in meinem Dienst heute stehe, weil Gott mich einfach dorthin geworfen hat. Auch wenn dies bestimmt Gottes Ruf für mein Leben ist, galt es, für den Durchbruch tätig zu werden. Als neuer Christ betete ich schon in den ersten paar Monaten stundenlang und ging dann hinaus auf die Straßen, um schlicht und ergreifend die Werke Jesu zu wirken, und das immer wieder. Ich ging in die Straßen der Innenstadt von Vancouver, entlang der berüchtigten »Hastings and Main«-Strecke von Obdachlosen und Drogendealern, Zuhältern und Prostituierten, oder in die Skateboard-Parks oder Einkaufszentren, um das Evangelium zu predigen und es in der Kraft des Heiligen Geistes zu demonstrieren. *Zuerst ging es nur schleppend voran, doch dann entwickelten sich die Dinge rasch, so dass ich 20 bis 30 Personen an einem einzigen Nachmittag zu Jesus führen konnte. Es gab andere Zeiten, da ich fast jeden Tag im Park zubrachte, um zu evangelisieren und im Freien zu predigen.* Vom Keller meiner kleinen Gemeinde aus führte ich einen Kaffeehaus-Dienst für Leute von der Straße durch, und wenn sie nicht kamen, gingen wir hinaus und holten sie.

Manchmal warten wir Christen wohl, bis die Dinge von selbst geschehen. Ich höre das die ganze Zeit. »Gott hat mich berufen, zu predigen, Wunder, Zeichen und Kraftwirkungen zu vollbringen, aber ich warte noch auf die Kraft«. *Dazu sage ich: »Worauf wartest du? Warum bis du nicht in den Krankenhäusern, Altersheimen und Hospizen bei den Kranken, Alten und Sterbenden? Warum glaubst du nicht wirklich und warum tust du nicht einfach, was Jesus uns geboten hat? Warum bist du nicht voll verzehrender Entschlossenheit dabei, im Glauben zu ringen und das zur Geburt zu bringen, zur Reife zu führen, zu manifestieren und zu nähren, was Gott dir gegeben hat? Du hast die Autorität; sobald du beginnst, diese auszuüben, wird Gott dich bestätigen. Er segnet uns stets, wenn wir darin treu sind, zu investieren, zu vermehren, zu erringen, zu beten, einzudringen, durchzupressen und durchzubrechen, wenn die Dinge trocken zu sein scheinen.«*

Vielleicht siehst du nicht einmal eine Spur von Erweckung in deiner Stadt, deiner Gemeinde oder in deiner Familie. Vielleicht ist jemand, für den du schon lange betest, noch immer krank. Vielleicht wartest du auf einen Durchbruch in einer persönlichen Angelegenheit, und doch sieht es nicht danach aus, als würde Gott auch nur daran denken, dir zu helfen. *Trotzdem, auch wenn du dich ausgetrocknet fühlst, auch wenn die Dinge kraftlos, trocken und kahl scheinen, ohne jedes Anzeichen von Gott, suche Ihn früh am Morgen auf, suche Ihn oft, und nicht nur mit deinem Herzen, sondern mit deinem ganzen Wesen! Jede Faser deines Körpers, all dein*

Verlangen sollte sich nach Gott ausstrecken und Ihn meinen. David rief nicht aus: »O Gott, o Gott, du hast gesagt, ich würde König werden – also mach mich zum König!« Nein, *er rief nach Gott Selbst – nach der Person Gottes, nach dem, wer Gott zutiefst war, nach dem eigentlichen Wesen Gottes – damit Er seinen Durst löschen würde.* In diesem Psalm macht David klar, dass es ohne Gottes Gegenwart so war, als würde er sterben. Er ist durstig; er braucht das Wasser des Lebens. Dieses Wasser ist der Heilige Geist, die Gegenwart Gottes. Die Gegenwart Gottes allein würde seine Feinde vertreiben, also ruft er nach Gott. Hier ist das, was dieses lebendige Wasser tut: »Ich lasse Ströme hervorbrechen auf kahlen Höhen und Quellen inmitten der Täler; ich mache die Wüste zum Wasserteich und dürres Erdreich zu Wasserquellen« (Jes. 41,18).

Der Teufel hasst Wasser, und er lässt uns los, wenn wir vom Heiligen Geist nass sind. Die Dämonen lieben die dürren Orte, doch Wasser, die durch entlegene Höhen fließen, die inmitten von Tälern strömen, in der Wüste Teiche bilden und in dürrem Erdreich hochquellen, treiben sie fort.

Erinnerst du dich an den Besessenen im Land der Gadarener, bei dem Jesus die Dämonen austreiben wollte? Der Hauptdämon, »Legion«, bat Jesus darum, sie nicht fortzuschicken, sondern vielmehr in eine Herde von 2000 Schweinen fahren zu dürfen. Jesus gewährte es, sie fuhren in die Schweine und die ganze Herde stürzte heftig vom Felsen in einen See, wo sie ertrank (vgl. Mk. 5,1-13). Erlaubte es ihnen Jesus, weil er wusste, wie sehr sie Wasser hassten? Ich denke ja! Eines Tages werden die Dämonen im Feuer*see* sein.

Wahrheit Nr. 3: Gnade in der Wüste

Jesus war nicht nur ein Experte, wenn es um den Umgang mit Dämonen ging; Er sorgt für uns in der Wüste, wenn es trocken ist und es kein Wasser gibt: »Ich will einen Weg in der Wüste bereiten und Ströme in der Einöde« (Jes. 43,19). Ströme fließen nicht nur mit Wasser, sondern auch mit Gnade. Wenn wir Seine Gnade empfangen wollen, gießt Er sie in uns wie einen Strom des Segens: »Ein Volk, das dem Schwert entflohen ist, hat Gnade gefunden in der Wüste. Ich will gehen, um Israel zur Ruhe zu bringen!« (Jer. 31,2).

Wenn wir in der Wüste sind, kann uns das dazu verleiten zu rebellieren, so dass wir ganz einfach das sprichwörtliche Handtuch werfen. Gott mag zu uns kommen und uns Gnade anbieten, doch wir wollen einfach nur hier raus. »Vielen Dank, Gott!« – und schon sind wir weg. Doch schau dir David an! Seine Zwickmühlen beweisen, dass er das Angebot der Gnade annahm und eine große Dosis davon bekam. Er schrie richtig zu Gott: »*Ich bin so hungrig nach Dir, Gott! Ich bin hungrig nach Deiner Herrlichkeit. Ich bin hungrig nach Deiner Kraft. Ich fange an zu graben. Ich höre nicht damit auf, und ich schweige nicht. Ich habe diese 400 Männer, und wir ziehen in den Kampf; wir geben in dieser Wüste nicht auf. Ja, es ist trocken; Ja, ich bin durstig; ja, es gibt kein Wasser hier; ich sehe keinen Ausweg – aber ich gebe nicht auf. Ich nehme Deine Gnade an – ich ergreife Dich und lass Dich nicht mehr los!*«

David harrte in der Wüste aus und blieb beständig. Dies beweist seinen Charakter und spiegelt das wider, was Paulus, der Apostel lehrte, als er sagte: »Aber nicht nur das, sondern wir rühmen uns auch in den Bedrängnissen, weil wir wissen, dass die Bedrängnis standhaftes Ausharren bewirkt, das standhafte Ausharren aber Bewährung, die Bewährung aber Hoffnung« (Röm. 5,3-4).

Charakterbeschneidung

Als Gott sah, wie Davids Charakter mehr und mehr heranreifte und große Frucht hervorbrachte, entschloss Er sich dazu, ihn etwas zu beschneiden: »... und jeden, der Frucht trägt, reinigt er (durch Wegschneiden der Wildtriebe), sodass er (immer) mehr Frucht trägt« (Joh. 15,2b; *Haller*). Nach einer langen Zeit des Beschnittenwerdens – des Kämpfens, des Trainierens seiner Männer und der permanenten Flucht vor Saul – wird David vom Herrn nach Hebron geführt, wo er zum König über das Haus Juda gesalbt wird, und später wird er auch noch als König über Israel gesalbt (vgl. 2. Sam. 2,1.4; 5,3).

Es ist in Hebron, wo David mehr von den Manifestationen der königlichen Salbung zu erleben beginnt. Es ist, als wolle Gott sagen: »Ich vertraue dir in der nächsten Zeit mehr an. Nun wirst du die Wüste mit ausgebildeten Männern verlassen und nicht mit frustrierten Kerlen und Ausgestoßenen. Du hast ihre Hände zum Kampf geschult! Du bist treu gewesen. Ich werde eine Zunahme der Autorität über dein Leben bringen, und sie wird in Hebron intensiviert werden«.

Fahre fort, um den Durchbruch deiner Bestimmung zu erringen!
Hebron bedeutet »Sitz der Gemeinschaft, Freundschaft, Gesellschaft«.[33] Heute wird Hebron von den Moslems »el-Khulil« genannt – was sie Abraham nennen – womit sie »den Freund« meinen, nämlich den Freund Gottes.[34] Heute ist Hebron eine Stadt, in der viele geistliche Kämpfe ausgefochten werden. Geschichtlich gesehen kamen die zwölf Kundschafter, als sie Kanaan betraten, schließlich in die Region des Negev, nach Hebron, wo die Nachkommen von Anak lebten: Ahiman, Scheschai, und Talmai, dessen Vater Anakim war (vgl. 4. Mose 13,22). *Anak* bedeutet: »ersticken, strangulieren, mit dem Tod ringen«. *Ahiman* bedeutet: »blockieren oder behindern«. *Scheschai* bedeutet: »weißeln oder weißwaschen«. Diese Söhne waren Riesen im Land.

Nachdem die Kinder Israels 40 Jahre in der Wüste herumgewandert waren, als sie schließlich (unter Josuas Führung) in ihr Erbe gelangten, erbat sich Kaleb Hebron als sein Erbe. Kaleb sagte, er würde mit der Hilfe Gottes die Riesen, die Söhne Anaks, vertreiben. Genau das tat er (vgl. Jos. 15,14)! Kaleb war zu diesem Zeitpunkt 85 Jahre alte und immer noch so stark wie ein Ochse! Die ganze Schrift hindurch stoßen wir auf die Tatsache, dass die Kinder Israel es mit dämonischen Mächten ähnlich derer in den drei Söhnen Anaks zu tun hatten.

Genauso wie Kaleb seine Riesen hatte, wie David in Goliath und Saul seine Riesen hatte, so haben auch wir Riesen, die wir überwinden müssen. Wir müssen durchhalten. Wir müssen durchdringen. Gott wird jede Schwierigkeiten, die uns über den Weg läuft, als einen Weg benutzen, um in uns Widerstandskraft – unsere geist-

---

33 Roswell D. Hitchcock, *An Interpreting Dictionary of Scripture Proper Names* (New York, 1874), s.v. «Hebron». http://studylight.org/dic/hbn/view.cgi?number=T1054
34 Dr. William Smith, *Smith's Bible Dictionary* (1901), s.v. «He'bron». http://studylight.org/dic/sbd/view.cgi?number=T1913

lichen Muskeln – aufzubauen. Wenn der Feind versucht, uns zu erwürgen und uns daran hindern will voranzuschreiten – wenn er versucht, alles schönzureden und weißzuwaschen, sodass wir uns mit weniger zufriedengeben, müssen wir uns erheben und mit Gottes Strategie zurückschlagen. Wir müssen für den Durchbruch zu unserer Bestimmung ringen.

Der Feind wird versuchen, Dinge klein- und schönzureden und weißzuwaschen – d.h. unsere Vision zu verdunkeln – sodass wir die Dinge nicht so sehen, wie sie wirklich sind.[35] Er wäscht uns weiß, damit wir die Dinge so hinnehmen, wie wir sie im Natürlichen sehen, indem wir die Haltung einnehmen, dass das Leben eben so spielt oder dass es nun einmal unser Schicksal im Leben ist, gute Miene zum bösen Spiel zu machen. Das mag uns auch zur Selbstgefälligkeit führen, wobei wir uns hinlegen und uns weigern, uns aus irgendeinem Grund in etwas verwickeln zu lassen. Du weißt, wie das läuft. Es ist die Einstellung, die ungefähr so lautet: »O Gott, ich möchte, dass du diese hungrigen Kinder segnest«, doch dann wechseln wir den Fernsehkanal zu etwas, das uns bekömmlicher ist. Wir denken, das sei das Problem von jemand anderem, oder dass das nichts mit uns zu tun habe oder dass es uns nicht betreffen würde, und so zucken wir mit unseren Achseln und gehen zu etwas anderem über.

Hunger, Krieg, Armut, das Verlorene, das Sterbende, Krebs, Invalidität, Apathie – diese Dinge sollten dich dazu bringen, dass du dich gewalttätig erhebst! »Diejenigen, welche Gewalt anwenden, reißen es an sich« (Mt. 11,12). Warum nicht den Standard setzen? Warum nicht hineinpressen? Warum nicht zum Durchbruch gelangen? Wenn die Dinge hart und trocken sind, dann bete Gott umso mehr an und rufe zu Ihm! Wenn die Dinge in deinem Leben nicht zu geschehen scheinen, dann gib nicht auf. Wenn keine Manifestationen geschehen, kein Öl vorhanden ist und kein Empfinden der Gegenwart Gottes, kämpfe weiter!

Als ich noch ein ganz junger Christ war, erhielt ich ein prophetisches Wort, dass ich eines Tages vor Stadien voller Leute predigen

---

35 Vgl. Mt. 23,27 und denke einmal über die Pharisäer und die weißgetünchten Gräber nach.

würde, wie Billy Graham dies tat. O, wie begeisterte mich dies – ich dachte: »Wow, cool! Stadien für den Herrn!« Doch ich hatte meine Zeit abzuwarten. Ich predigte auf den Straßen in heruntergekommenen Vierteln, in schäbigen Kaffeebars, in Skateboard-Parks, in der Innenstadt – ich predigte vor Prostituierten, Trinkern, vor Heruntergekommenen und Ausgestoßenen. Das war weit entfernt von der polierten, glänzend bequemen Vision vom Predigen in Stadien! Es war erst für mich dran, schmutzig zu werden, in den Straßengraben zu steigen und weit außerhalb dessen zu wirken, von dem ich gedacht hatte, wie sich die Vision entfalten würde. Es galt, erst meine Zeit abzuwarten, Widerstandskraft gegenüber dem Feind aufzubauen und mich erst noch als Führer für die Ausgestoßenen auszuweisen.

Aber auch wenn ich mich mit all dem Gewöhnlichen beschäftigte, verlor ich die große Vision nicht aus meinen Augen. Gott hatte mich zum Evangelisten berufen und mir große Träume gegeben; also verbrachte ich meine Zeit – vier Stunden pro Tag auf den Straßen und mindestens drei Stunden pro Tag in Seiner Gegenwart. Er gab mir eine weitere Vision von *Fresh Fire* (mein gegenwärtiger Dienst), und wie dieser Dienst wachsen und die Welt erreichen würde. Dennoch befand ich mich noch immer dort, auf den Straßen einer einzigen Stadt, doch jetzt – Jahre später – hau ich mit meinem Team so richtig auf den Putz und mische die ganze Welt für Jesus auf!

Wahre Könige brauchen eine gewisse Wüstenzeit[36] zur Vorbereitung. In der Wüste wurde David für seine Position zugerüstet. Gott

---

[36] Hiermit ist keine »hausgemachte« oder selbst verschuldete Zeit einer »Seelenwüste« aufgrund von Faulheit, Dummheit, Verzagtheit, Feigheit, Unwissenheit, Unglaube, Religiosität, Charakterlosigkeit usw. gemeint, die sich in Depression, Entmutigung, Frust, Weltlichkeit etc. äußert, ebensowenig wie Davids Wüstenaufenthalt selbstverschuldet war. Auch Hiobs Prüfung fällt nicht unter diese Kategorie. Übrigens währte seine Leidenszeit nur einige Monate im Vergleich zu vielen Jahrzehnten unvorstellbaren Segens und Wohlstands. Hiobs Leiden war einzigartig und lässt sich nicht einfach so von vielen Christen heute für sich in Anspruch nehmen, schon gar nicht, wenn ihr Leiden schon Jahre oder gar Jahrzehnte andauert. Die Heilige Schrift fordert uns nicht dazu auf, die Wüstenerfahrung bewusst zu suchen oder an sich für erstrebenswert zu halten, sondern dazu, sich ihr mutig zu stellen, wenn sie unvermeidbar in unserem Leben auftaucht. Immerhin ist es schon interessant, wie viele weitere entscheidende biblische Gestalten in der Wüste auf ihre Bestimmung vorbereitet wurden: Mose (2. Mose 2,15-4,27); das Volk Israel (allerdings unnötigerweise selbstverschuldet verlängert; vgl. zu den Vorzügen dieser Periode aus Gottes Sicht auch Hos. 2,15-25); Johannes der Täufer (Lk. 3,2); Jesus (Mt. 4,1-11; Mk. 1,12f; Lk 4,1-13; 5,16); Apostel Paulus (Gal. 1,17-2,1); Apostel Johannes (Patmos; Offb. 1,9); [Anm. d. Übers.].

beschnitt ihn dort und in Hebron, sodass er als König von Israel für seine Königsherrschaft und für das Volk das Maximum an Frucht hervorbrachte. David bestand den Test in den Höhlen, und dann schickte Gott ihn nach Hebron. Dort stieg er sogar noch höher auf – als ein Führer, dem man Vertrauen entgegen brachte, und er rang um den Durchbruch seiner königlichen Salbung.

Gott beschneidet mich ständig. Es war ein fortlaufender Prozess der Buße und der persönlichen Heiligung, ich investierte Zeit in meinem »stillen Kämmerlein«, also am verborgenen Ort Seiner Gegenwart und in Anbetung. So oft stehen unsere eigenen Charaktersünden der Bitterkeit, der Missgunst, des Stolzes, der Eifersucht und des Nichtvergebenkönnens ganz praktisch unserer Nützlichkeit für Gott im Weg. Manchmal sind wir zu sehr von unseren eigenen Beschäftigungen eingenommen, sodass wir unsere gesetzten Prioritäten wieder vertauschen. In den kommenden Tagen wird Er, wenn wir dieses Beschnitten- und Geprüftwerden zulassen, wenn wir uns wirklich dem Herrn zuwenden, uns beleben und erheben, damit wir vor Seinem Angesicht leben (vgl. Hos. 6,1-2)

Oft wenn ich glaube, ich sei gerade stark im Glauben, tritt ein Hindernis in mein Leben, das dies zu testen scheint. Dies kann eine finanzielle Herausforderung sein und Gott kann eben dies benutzen, um mich herauszufordern. Wenn ich dann beginne, Gott anzuzweifeln oder mich damit zu beschäftigen, wie ich mich da wieder herausarbeiten könnte, wenn Er mir jetzt nicht aus der Patsche hilft, erinnert Er mich an die vielen Male, wo Er alles zum Guten hinausgeführt hat. Wenn ich an Seine häufige Versorgung in letzter Minute in der Vergangenheit denke, rufe ich aufs Neue aus: »Gott, hilf mir!« und Er macht es, gerade noch rechtzeitig! Natürlich tue ich Buße, dass ich Gott nicht glaubte, und bitte Ihn um Vergebung. Doch müssen wir verstehen, dass diese Glaubensprüfungen meistens dazu da sind, um unseren Glauben zu stärken. Er möchte, dass du dafür bereit wirst, Ihm zu glauben, damit Er durch dich die Toten auferwecken kann! Er möchte, dass wir groß denken, wie Er dies auch tut. So groß wie: »Wer bist du, großer Berg? Vor Serubabel sollst du zur Ebene werden!« (Sach. 4,7a). In einem solchen Glauben für das scheinbar Unmögliche zu wandeln bedeutet, die geistliche Substanz im himmlischen Bereich zu ergreifen und sie in unseren natürlichen Bereich herabzubringen. Hör zu, vor ein paar Jahren verbrachte ich eine ausgedehnte Zeit in der Wüste. Was der Herr seither in unserem Dienst getan hat, ist noch phänomenaler, als es schon vorher war. Ich glaube, dass schon das, was der Herr durch uns in den Anfangstagen getan hat, absolut ehrfurchtgebietend und radikal war. Doch heute ist *Fresh Fire Ministries* ein weltweiter Dienst, der Jahr für Jahr noch viele Tausende mehr zu Christus bringt als früher. Wir führen Großevangelisationen durch, dienen den Menschen zuhause und in Übersee, und strömen die Liebe Gottes rund um die Welt aus zum Ruhm Gottes und Seines Reiches. Gottes Prinzipien und Vorschriften für geistliches und persönliches Wachstum funktionierten bei David, sie funktionierten bei mir und sie werden auch bei dir funktionieren.

Beförderungen rufen geradezu nach schwierigen Herausforderungen
Gerade als David als ein hervorragender Führer hervortrat, beförderte Gott ihn und schickte ihn nach Hebron, wo er zum König von Juda gesalbt wurde. Dort jedoch erlebte er einen noch intensiveren geistlichen Kampf, weil die Abkömmlinge Anaks dort lebten. Sie schufen einen Nistplatz für die Finsternis. Mit der neuen Stufe kamen neue Dämonen.

Wie würde dir die Art von Beförderung gefallen, die allein schon durch ihre Art und Weise noch größere Schwierigkeiten einzuladen scheint? *Die meisten von uns würden nie für harte Zeiten unterschreiben, doch Gott weiß, dass Widerstände sowohl unseren Charakter, als auch unsere geistlichen Muskeln aufbauen.* Der Psalmist drückte dies so gut aus: »Herr, ich weiß, dass deine Bestimmungen gerecht sind, und dass du mich in Treue gedemütigt hast« (Ps. 119,75). Die Beförderung des Königs David arbeitete zu seinem Vorteil, weil er in Hebron große Kraft und Weisheit gewann und viele Feinde sowohl im natürlichen, als auch im geistlichen Bereich überwand (vgl. 2. Sam. 2,5).

Gott wollte nicht, dass David bloß für ein paar Tage in Hebron verweilte. Vielmehr war es der notwendige Ort, dort zu wohnen, sodass er für den nächsten Abschnitt seiner Reise an Reife zunehmen konnte. Gott bestimmte, dass Davids abenteuerlicher Werdegang viele Schwierigkeiten in sich barg, und dies mit Absicht. Er wusste, dass Schwierigkeiten ihn für die Herrschaft in der königlichen Salbung von Zion, der Stadt Jerusalem zubereiten würden (vgl. Ps. 84,5-7). *David wurde auf diesem rauen Weg nicht rebellisch.* Seine Herzenseinstellung war es stets, Gott zu gefallen, und diese Ausrichtung bewegte ihn.

Die priesterliche Salbung ist grundlegend

Schließlich verließ König David Hebron und wurde zum König über Israel gesalbt, wobei er von Jerusalem aus regierte (vgl. 2. Sam. 5,3-7). Er wandelte in der königlichen Salbung. Beachte, dass »David immer mächtiger wurde, und der Herr, der Gott der Heerscharen, mit ihm war« (2. Sam. 5,10). Bevor David überhaupt König wurde und obwohl er keinen Anteil hatte am levitischen Priestertum, wie Aaron (Moses Bruder) und Zadok (der Sohn Ahitubs), besaß er dennoch das Herz eines Priesters. Die Funktion eines Priesters ist der eines Pastors sehr ähnlich. Pastoren werden auch als Hirten bezeichnet, so überrascht es nicht, dass Davids Herz (als Priester) mit seiner Rolle als Hirte Hand in Hand ging.

Er war ein echter Beschützer der Schafherde seiner Familie – ein ausgezeichneter Hirte. Er schreckte nicht zusammen, wenn es darum ging sicherzustellen, dass jedes kleine Schaf in Sicherheit war. Wenn ein herumschleichender Löwe oder Bär sich seiner Herde näherte, setzte er sein Leben aufs Spiel und bekämpfte den Eindringling (vgl. 1. Sam. 17,36). *Er war ein Held, wenn niemand zusah.* Er wäre nicht im Gala-Magazin dargestellt worden, auch hätte er nicht den Nobelpreis bekommen. Doch Gott beobachtete ihn vom Himmel her als stolzer Vater, der über Seinem Kind wacht. Er wusste, dass David, weil er sein Leben für die Schafe riskierte, wenn niemand zusah, dies auch tun würde, wenn es Zuschauer gab.

David hatte ein leidenschaftliches Herz. Er war ein Liebhaber Gottes, einer, den es nach einer tiefen Intimität mit Ihm verlangte. Wenn niemand in der Nähe war, ergriff David sein Saiteninstrument und dichtete Psalmen und Hymnen für den Herrn. Er liebte es auch, wild auf den Weideflächen zu tanzen. Gott beobachtet, was wir im Verborgenen tun.

Ich kenne einige Leute im Dienst, die jenes Sonntags- oder Dienstgesicht aufsetzen mit dem Anflug von »Ich bin für die Gemeinde wichtig – schaut mich an!« Und doch kann es sein, dass sie zuhause oder in ihrem täglichen Leben die ganze Woche über nicht beten. Es gibt da draußen Prediger, die nur predigen, weil dies ihr Job ist – aus keinem anderen Grund. Sie verbringen keine Zeit damit, zuhause die Gegenwart Gottes zu begehren, indem sie Ihn und Seinen Willen für die Botschaft oder das Wort suchen, von dem der Vater möchte, dass sie es predigen. Stattdessen ziehen sie ihre vorbereiteten Predigten aus der Schublade, die sie gut ausschauen lassen – poliert und ihrer Berufung würdig. Doch da stimmt etwas nicht! Sie haben nicht das Herz eines Priesters oder eines Hirten, weil sie den wahren Hohenpriester und Hirten nicht kennen.

Wahre Priester schätzen Gottes Heiligkeit

Wenn wir das Herz eines treuen Priesters haben, dann haben wir das richtige Fundament, sodass Gott unsere Stufe der Autorität anheben und uns in eine königliche Salbung bringen kann. Doch gib dich keiner Illusion hin – mit der priesterlichen Salbung ist große Verantwortung verbunden.

Ein treues Herz

Der Herr sprach zu Eli (dem Priester) hinsichtlich seiner beiden Söhne, weil sie nicht das treue Herz hatten, das von einem Priester erwartet wurde. Tatsache war, dass sie so böse handelten und die Dinge Gottes zu einem solchen Grade verachteten, dass Gott Sein richtendes Urteil gegen sie aussprechen musste (vgl. 1. Sam. 2,12-17.22.31-32). Dennoch zeigte Gott Eli Seine Barmherzigkeit, als Er sagte, dass Er einen treuen Priester erwecken würde, und dass jeder, der in Elis Haus übrigbleiben würde, die Erlaubnis erhalten würde, sich ihm zu nahen:

»Ich aber werde mir einen Priester erwecken, der beständig ist; der wird tun, wie es meinem Herzen und meiner Seele gefällt! Und

ich werde ihm ein Haus bauen, das beständig ist, und er wird vor meinem Gesalbten alle Tage einhergehen. Und es soll geschehen, dass jeder, der von deinem Haus noch übrig bleibt, kommen wird, um sich vor ihm niederzuwerfen für eine kleine Silbermünze und ein Stück Brot, und wird sagen: Gib mir doch Anteil an einem deiner Priesterdienste, dass ich einen Bissen Brot zu essen habe!« (1. Sam. 2, 35-36).

Ein treuer Priester in Gottes Augen ist ein Knecht, der tut, was in Seinem Herzen und in Seinen Gedanken ist. Nun möchte ich eine Frage stellen. Wie können wir tun, was in Gottes Herz und Gedanken ist (indem wir nur das tun, was wir den Vater tun sehen), wenn wir uns nicht die Zeit nehmen, zu sehen, was der Vater tut (vgl. Joh. 5,19)? Wir müssen das Herz und die Gedanken Gottes suchen. Lass deine persönliche Tagesordnung fallen. Vergiss es, zu versuchen, das Teilstück zu sehen. Suche den Sinn Christi, Seine Agenda, und sei empfindsam dafür!

Eli übte die Funktion eines Priesters zu einer Zeit aus, als das Wort des Herrn selten war und Visionen nicht häufig vorkamen (vgl. 1. Sam. 3,1). Seine Augen waren so matt, dass er nicht mehr sehen konnte, was ein Spiegel seines geistlichen Zustands war. So diente der Knabe Samuel (der in Elis Obhut war) dem Herrn und das Wort des Herrn fing an, zu ihm zu kommen. »Samuel! Samuel! Samuel!« Gott rief den Namen des Knaben dreimal, bevor Elis prophetische Empfindsamkeit merkte, dass die Stimme, die Samuel rief, vielleicht Gott gehören könnte (vgl. 1. Sam. 3,4-8).

Was war mit Eli geschehen, nachdem er so viele Jahre damit verbracht hatte, in der Gegenwart Gottes zu wandeln? Ich glaube, er hatte es vernachlässigt, sich dort hinzulegen, wo Gottes Gegenwart war, und das führte dazu, dass in Elis Haus sich niemand um Gottes Heiligkeit scherte. Die wahre priesterliche Salbung reflektiert stets die Heiligkeit Gottes. Gottes Gegenwart nährt dies.

Das Gericht beginnt am Hause Gottes

Elis Söhne widerstanden der Versuchung nicht, und Eli versagte darin, sie zurechtzuweisen. Seine Söhne schliefen mit den Frauen, die an der Tür des Zeltes der Begegnung (der Stiftshütte) Dienst taten. Eli wusste es, aber er unternahm nichts dagegen (vgl. 1. Sam. 2,22; 3,13). Gott jedoch wusste es auch und Er nahm sich vor, etwas dagegen zu unternehmen, denn der Vater lässt sich nicht verspotten (vgl. Gal. 6,7). Er hat einen Standard der Gerechtigkeit und ein göttliches Senkblei, wonach wir uns zu richten haben (vgl. Amos 7,7-8; Sach. 4,10).

Gott prüft heute viele Leute im Dienst, weil es in Bezug auf das Haus Gottes eine Zeit des Gerichts ist. Wehe dem Pastor oder Prediger, der die heutigen kontroversen, heiklen oder dringenden Angelegenheiten in seiner Gemeinde oder seinem Dienst nicht zur Sprache bringt. Aus Gründen politischer Korrektheit, finanzieller Unterstützung oder aus Angst vor Ablehnung wollen viele möglichen Ärger vermeiden.

Doch hör dir das an – in diesen Tagen hält Gott nach solchen Ausschau, welche die Sünde das nennen, was sie ist, nach solchen, welche die Botschaft des Evangeliums predigen, das aufdeckt, überführt und zur Buße führt. Er sucht nach solchen, die die Verantwortung übernehmen, die Dinge aus Liebe mutig auszusprechen, nach solchen, die an Fassaden kratzen, bis der übertünchte Anstrich abblättert und die ganze Unreinheit bloßgelegt wird, einschließlich der Apathie und der Selbstgefälligkeit. Elis Haltung war: »O, ich mache mir gewiss nicht die Finger schmutzig, was meine Jungs betrifft – was sie tun, ist ihre Sache«. Dem war aber nicht so, nicht wahr? Gott rief eine große geistliche Hungersnot über Eli herbei in Form der selten gewordenen hörbaren Stimme Gottes.

Natürlich tun wir diese Dinge stets in Liebe und Weisheit (vgl. Eph. 4,15), doch wenn etwas in deinem Dienst oder deiner Gemeinde vorkommt (sofern du der Pastor, Leiter oder ein Ältester bist), dann hast du die Verantwortung, die Sache zur Sprache zu bringen. Wenn du über etwas Bescheid weißt, das in deiner Heimatgemeinde oder in einem Dienst, den du besuchst, vor sich geht, dann teile es dem Leiter mit. Dem Leiter obliegt die Verantwortung, die Sache anzusprechen, und erst dann kann der Leiter von seiner Verantwortung entbunden werden. Sei nicht wie Eli, der nichts bezüglich der Unmoral, der Gebetslosigkeit, der Verweltlichung, der Apathie, der Liebe ohne praktische Taten oder Mitgefühl, unternahm – diese Dinge müssen angesprochen werden.

Gott kam zu Eli, doch Er richtete sein Haus. Der Apostel Petrus sprach davon, dass Gottes Gericht beim Haus Gottes beginnen werde: »Denn die Zeit ist gekommen, da das Gericht anfange beim Haus Gottes; wenn aber zuerst bei uns, was wird das Ende derer sein, die dem Evangelium Gottes nicht glauben?« (1. Petr. 4,17).

Gott nahm den priesterlichen Mantel von Eli und seinem Hause weg. Im Grunde sagte Er zu Eli: »Du wirst nicht mehr in Meinem Hause sein, denn Ich bin dabei, einen treuen Priester zu erwecken, einen, der tun wird, was in Meinem Herzen und was in Meinem Sinne ist«.

Der junge Samuel war derjenige, den Gott auswählte und erweckte, weil Er das Herz des Knaben sah und wusste, dass Samuel Seinen Willen tun würde. Samuel wurde zu Gottes zuverlässigem Propheten, zu einem Mann, der wegen der Sünde bekümmert war, und einem, der die Autorität besaß, David zum König zu salben (vgl. 1. Sam. 16,1). Halleluja! Kannst du es sehen? Macht das alles für dich jetzt einen Sinn, diese königlich-priesterliche Salbung? Kannst du sehen, wie das alles zusammenhängt? Samuel sprach prophetische Weisheit aus, weil er Gottes Herz kannte. Das alles soll uns zu Folgendem bringen: Wir können uns nicht in der königlichen Salbung bewegen ohne die prophetisch Salbung und wir können uns nicht in die prophetische Salbung hineinbewegen ohne die priesterliche Salbung, die auch die Salbung zum Hirten einschließt.

Nun sagst du vielleicht: »Ja, David weihte sein Herz dem Herrn, doch auch er war nicht ohne Sünde. Tatsächlich war er in eine große Sünde verwickelt, als er in Jerusalem wohnte. Warum hat Gott seine Salbung nicht beseitigt, wie er dies mit derjenigen von Eli tat?«

Der Unterschied zwischen beiden war, dass Eli nicht Buße tat. David hingegen tat Buße. Wegen Davids Buße für seinen Ehebruch war Gott nicht gezwungen (wegen des Gesetzes), die königliche Salbung wegzunehmen, doch David erlitt von Gott angeordnete Konsequenzen für das, was er getan hatte: »Nun denn, so soll das

Schwert von deinem Haus auf ewig nicht weichen, dafür dass du mich verachtet und die Frau Urias, des Hetiters, genommen hast, damit sie deine Frau sei« (2. Sam. 12,10-11). Denk daran, du willst doch Gott nicht verspotten. Wir sind als Christen verantwortlich für unser Handeln und christliche Leiter umso mehr, weil sie Einfluss auf Leute haben und von ihnen erwartet wird, dass sie für das Volk einen Standard festlegen, dem es folgen kann.

Die königliche Salbung setzt eine gemeinschaftliche Salbung frei

Wir stellen unter Beweis, dass wir das Herz eines treuen Priesters haben, wenn wir die Heiligkeit Gottes wertschätzen und wenn wir uns nur darauf konzentrieren, Gottes Willen zu tun. Dann werden wir das haben, was es braucht, um die königliche Salbung auf sich zu tragen. Die königliche Salbung umfasst ein breites Spektrum an geistlicher Autorität, weil sie eine gemeinschaftliche Salbung freisetzt, die zu Massenbekehrungen, Heilungen oder Befreiungen von Dämonen führt. Zum Beispiel: Wenn Tausende von Dämonen besessene Leute dem Bekehrungsaufruf folgen und das Heil annehmen, und wenn wir dann für alle beten, dass sie *en masse* befreit werden, würde dies bedeuten, eine königliche Salbung auf sich zu tragen, die eine gemeinschaftliche Salbung freisetzt. Gewaltig, nicht wahr?

Die gemeinschaftliche Salbung kann aber in einer Versammlung auch über andere Gläubige freigesetzt werden, um sogar noch mehr Wunder zu bewirken und eine beträchtliche übernatürliche Kraft freizusetzen, um die Werke des Feindes zu zerstören. Wenn eine Gruppe von Gläubigen gemeinsam im Namen Jesu von Nazareth mit Heilung dient, indem sie ihre gegebene Autorität anwendet, kann das Ergebnis eine Masse von Wundern sein, die dem Herrn viel Ehre einbringen. Diese gemeinschaftliche Salbung kann das bei Weitem übertreffen, was ein einzelner Gläubiger tun kann.

Gott möchte im Leib Christi einen neuen Brennpunkt und eine neue Stufe der Autorität freisetzen, um Sein Reich voranzubringen. Ich sehe diese neue Stufe in unserem Dienst hier bei *Fresh Fire*, wo Er uns dazu führt, bei unseren Großevangelisationen für Tausende gleichzeitig zu beten, wobei wir bestimmten Krankheiten gebieten zu weichen.

Wir erleben Massenergebnisse und es ist ehrfurchtgebietend! Während vieler unserer Wunderfestivals rettet und heilt Gott nicht nur Tausende, sondern Er befreit auch Viele von dämonischen Bindungen. Wir haben gesehen, wie einige, die – wie der Besessene in den Evangelien – von bösen Geistern und von Geisteskrankheiten geplagt wurden, durch Gottes Kraft befreit wurden. Auch haben wir erlebt, wie Hundert oder mehr dämonisierte Leute auf ein Mal befreit wurden. Gelegentlich wurde ich auch schon dazu geführt, Autorität über den Geist der Hexerei oder über einen anderen beherrschenden Geist in der Umgebung, der Gottes Werk behinderte, auszuüben – und das Ergebnis war, dass Tausende zu Jesus kamen, frei wurden, und auf wunderbare Weise geheilt wurden.

Wie ich oft unterstreiche, geht es nicht einfach um eine bestimmte Person, die auf der Plattform ihren Dienst verrichtet. Vielmehr ist es ein ganzes Team, das in der Kraft und der Liebe Jesu wandelt. Ich erinnere mich an die letzte Nacht auf unserer Reise nach Ongole in Indien. Von den 120.000 Menschen, die auf die Straßen strömten (zu jener Zeit eine Rekordzahl für eine Fresh-Fire-Versammlung) erwiderten 85.000 den Aufruf zur Bekehrung und es wurde noch von Hunderten weiterer Wunder berichtet. Die Leute waren so hungrig, dass sie buchstäblich darum kämpften, durch die Menge zu kommen, um von einem Fresh-Fire-Teammitglied Gebet zu empfangen.

Hör zu, die Zeit ist kurz und wir haben nicht alle je vier Stunden Zeit, um einen Dämon auszutreiben. Die Gemeinde benötigt eine solche Stufe der Autorität und Kraft, um zu erleben, dass ganze Stadien voller Menschen geheilt werden, bevor sie das Gelände wieder verlassen. Was für eine Stufe der Salbung könnte dies sein! Doch gilt es, dabei Gottes Heiligkeit zu berücksichtigen. Es gilt, die Wüste zu überleben und Widerstandskraft, sowie Durchhaltekraft aufzubauen. Es ist erforderlich, früh am Morgen zu Gott zu rufen und sich Zeit zu nehmen, damit Er dich mit dem Strom Seiner Gegenwart füllen kann. Die priesterliche Salbung, die königliche Salbung und die gemeinschaftliche Salbung sind nur möglich, wenn wir uns völlig an Gott preisgeben, sodass wir zu einem aktiven Jünger des Reiches Gottes werden, der wegen Gottes manifester Gegenwart und Kraft in sich vorandrängt, um genau das zu tun.

Kannst du dir vorstellen, dass die königliche Salbung in jedem Gläubigen wirkt, um eine gemeinschaftliche Salbung für Städte, Regionen und ganze Nationen freizusetzen? Gerade in dieser Stunde ereignet sich eine Zunahme. Es mag wie ein Klischee aussehen, aber es ist die Stunde der Kraft Gottes.

Gott wird Gläubige auf verschiedene Weisen gebrauchen entsprechend der Autoritätsstufe, die ihnen gewährt wurde, gebrauchen. Einige werden ihre Nachbarschaft beeinflussen, andere eine Stadt, ein weiterer Hollywood, ein anderer die Regierung, und so weiter. Doch wir alle müssen unser Herzen zubereiten, eine ganze Menge mehr von Gott zu empfangen, und uns nie mit weniger zufrieden zu geben als mit dem, was Er für uns bereitet hat. Es ist der Unterschied zwischen Leben und Tod für die Menschenmassen, von denen viele nicht in die Königsherrschaft eingehen werden, wenn wir selbst nicht gewaltsam hineindringen.

Welches Zeugnis gibt Gott von dir?

Was also hast du bisher gelernt, da wir bedeutende Ausschnitte aus dem Leben von David und Samuel, dem König und dem Priester, untersucht haben? Jedes von diesen Leben enthält ausgezeichnete Beispiele für das, was es braucht, um Gott zu gefallen und als Priester und Könige in diesem Leben zu wandeln.

Es ist wichtig, dass dein Herz vollständig an Gott ausgeliefert ist, sodass Er dich stark unterstützen kann, wie Er diese beiden Männer unterstützt hat. »Denn des Herrn Augen durchlaufen die ganze Erde, um denen treu beizustehen, deren Herz ungeteilt auf ihn gerichtet ist« (2. Chr. 16,9).

Wie wird Gottes Zeugnis in Bezug auf dich lauten? Von David sagte Er, David sei ein Mann nach Seinem Herzen, der Seinen ganzen Willen tun werde (vgl. Apg. 13,22). Daniel suchte Gottes

Gegenwart und schwelgte (»soakte«) in ihr, und die Bibel berichtet, dass Gott mit ihm war und keines seiner Worte versagen ließ. Von Samuel wissen wir, dass Gott Eli wissen ließ, dass Er für Sich Selbst einen treuen Priester erwecken würde, der demgemäß handeln werde, was in Seinem Herzen und in Seiner Seele war (vgl. 1. Sam. 2,35). Er baute Samuel ein »beständiges Haus« (2. Sam. 7,14). Ganz Israel wusste, dass Samuel als Prophet des Herrn bestätigt worden war, »und der Herr erschien aufs neue… und der Herr *offenbarte sich* Samuel« (1. Sam. 3,21).

Herrlich! Das ist es, was ich möchte; dass der Herr wieder und wieder und wieder erscheint und Sich mir offenbart. Ich möchte ein beständiges Haus, und du weißt ganz genau, dass du das auch möchtest.

Sich um den Tempelleuchter kümmern

Wie gehst du mit dem Tempelleuchter um? Verbrennst du darauf jeden Morgen den süßen Weihrauch des Gebets, wenn du den Leuchter bedienst (vgl. 2. Mose 30,7-8)? Das Gebet macht den Boden deines Herzens fruchtbar, sodass du Offenbarung hören und empfangen kannst. Gott möchte dich auf eine neue Ebene der Intimität führen, wozu Samuels Liegen (»Soaken«) in der manifesten Gegenwart Gottes ein Modell sein kann, weil dies der einzige Weg ist, tiefer hineinzudringen. Gott ruft dich – braucht es drei Mal oder nur ein Mal, bis du Seine Stimme hörst? Stolz, Geschäftigkeit, Selbstzufriedenheit, Trägheit, Kompromisse – all diese Dinge machen deine Ohren der Stimme des Hohenpriesters gegenüber taub. Bist du bereit für das Brüllen des Löwen aus dem Stamme Juda? Bist du dir sicher, dass du nicht mit deinen Feinden im Gericht hineingefegt wirst? Hast du dich postiert für das Brüllen, das bewirkt, dass Knechtschaften zerbrochen werden und die Freiheit deine Söhne und Töchter erreicht?

Wenn du auch nur einen leichten Hang in deinem Herzen verspürst oder aber nur einen abgestumpften Kloß darin fühlst, verbrenne süßen Weihrauch, wirf dich vor deinen Herrn hin und diene Ihm und bitte Ihn, dass Er deine Leidenschaft für Ihn erneuern möge. Alles Verlangen kommt von Ihm.

Die priesterliche und die königliche Salbung sind dein Erbe. Lebe in der Fülle deines Erbes als König und Priester zur Ehre des Reiches Gottes. Bist du bereit, ein vorbereitendes Training in der Wüste durchzumachen und bist du bereit, es zu durchlaufen, indem du Gnade in der Wüste empfängst?

Persönliches Gebet

Lieber Vater, ich möchte auf eine neue Ebene der Intimität mit Dir hin wachsen. Ich möchte tief – tiefer – in Dich eindringen und darum bitte ich Dich, mein Herz zu untersuchen, weil ich ein Zeugnis für Deine Gerechtigkeit sein möchte, wie Samuel es war. Vergib mir, wenn es da irgendwelche Selbstzufriedenheit gegeben hat, irgendwelche Trägheit, irgendwelche Abgestumpftheit meines Herzens. Weiche es auf, Herr! Lass das Brüllen des Löwen aus dem Stamme Juda ertönen. Setze diese Autorität in meinem Geist frei, Herr. Hole mich nach Zion, Herr, jenseits der Höhlen, der Wüste und der Riesen im Land. Lass in den tiefen und geheimen Orten meines Herzens den Geist Deines Wortes auf mich fallen.

Fülle mich mit dem süßen, wohlriechenden Öl Deines Geistes und lass mich ein brennendes Licht der Erweckung sein im Land. Zieh mich in die Bestimmung des Verlangens hinein, das Du in mein Herz gelegt hast. Ich will in Dein Reich hineindrängen, denn ich weiß, dass, wenn der Löwe brüllt, die Riesen sich zerstreuen. Ich nehme meine Stellung ein, o Herr, mit Dir, in himmlischen Örtern, über meine Hindernisse. Ich bin hungrig nach dem, was ich sehe, o Gott. Was ist mein nächster Schritt? Herr, ich bin bereit, für meine Bestimmung zu ringen – um das Feuer der Leuchter am Brennen zu erhalten und näher an meinen konkreten Thronsaal heranzukommen. Gieße Dein Salböl aus, wie es aus dem Horn Samuels über König David floss.

Herr, es hat eine geistliche Hungersnot nach Deinem Wort in meinem Leben gegeben. Vater, vergib mir, wo ich es zugelassen habe, dass meine Beziehung zu Dir schal geworden ist. Vergib mir meine Gebetslosigkeit und dass ich kein Herz gehabt habe, das auf Dich wartet. Herr, setze diese Samuel-Salbung über meinem Leben heute frei. Ich möchte ein Priester sein, in der Herrlichkeit ruhen und Dei-

ne Stimme kennen. Ich möchte sehen, was Du im Himmel tust, so bitte ich um den Geist der Weisheit und der Offenbarung. Lass mein Herz offen sein, damit ich das Wort des Herrn empfangen kann, das prophetische Wort, das ausgehende Wort, das heilende Wort und das Wort der Erkenntnis. Ich möchte einen »Download« des Geistes der Prophetie. Bitte gib mir Augen, die sehen, und Ohren, die hören, sodass ich die Dinge verstehen kann, die du in der Ewigkeit geplant hast.

Vater, ich empfange den Geist der Weisheit, der Offenbarung, des Rates und der Kraft. Lass mich einer in Deinem prophetischen Volk sein. Herr, gib mir das Wort der Erkenntnis für meinen Arbeitsplatz, für meine Schule. Hilf mir, als Dein Priester mit Deiner Salbung, Deiner Autorität und Deinem Mantel in die Geschäftswelt zu gehen. Lass mich das Wort des Herrn hören, wo immer ich bin. Ich danke Dir, dass Du heute, wie in den Tagen Samuels, aus einem treuen Priestertum heraus einen König einsetzen willst. Ich glaube, dass, wenn Du mir Kraft gibst, in dieser priesterlichen und prophetischen Salbung zu wandeln, Du mich zu einer königlichen Autorität erheben wirst. Amen.

Reich-Gottes-Anwendungen

- Kämpfe für deine Bestimmung anhand des Beispiels des Königs Davids mit einem an Gott hingegebenen Herzen.
- Erkenne die Riesen, die kommen, um deine Salbung zu stehlen.
- Studiere aufs Neue, weshalb Gott die Wahl traf, David als König und Samuel als Priester zu salben und lerne, diese Prinzipien auf dein Leben anzuwenden.
- Erinnere dich an die Träume und Visionen und suche sie aufs Neue auf, auch die Nähe, die du zu Gott hattest, als du ihn zuerst kennenlerntest, und sehne dich aufs Neue nach diesen Dingen. Erinnere dich daran, wo du warst, welche Position du eingenommen hast, und nimm diese Position aufs Neue ein. Begib dich in eine gebärende Position, um all das zu empfangen, was Gott für dich hat.

- Wachse in der Gunst bei Gott. Entwickle ein priesterliches Herz. Diene dem Herrn, wie dies Samuel tat. »Soake« in der Salbung. Halte das Licht des Leuchters am Brennen; wachse in der Intimität mit Ihm. Verbrenne »Weihrauch«, lerne, was es heißt, am Morgen zu beten, bevor du deinen Tag beginnst. Schätze das Herz eines Priesters.
- Begreife den Wert dessen, ein Herz zu haben, das ganz an Gott hingegeben ist – das Herz eines Priesters.

Gemeinschaftliches Gebet

Himmlischer Vater, wir kommen heute zu Dir im Bewusstsein, dass wir unser Leben vollständig Dir ausliefern müssen. Wir möchten, dass Du uns mit auf die Reise nimmst, die Du für uns maßgeschneidert bestimmt hast, sodass wir uns in unserer königlichen Salbung erheben können. Bitte hilf uns, dass wir nicht davonlaufen oder uns weigern, Dir zu erlauben, dass Du Deinen Weg mit uns gehen kannst. Wir wollen ja sagen, wenn Du uns in die Wüste und an schwierige Orte führst, sodass Widerstände ihr vollkommenes Werk in unserem Leben ausführen können. Gott, bitte hilf uns, für unsere von Dir zugewiesene Bestimmung zu kämpfen, indem wir den Feind überwinden. Vater, bitte hilf uns, in Hinblick auf unser Gebetsleben treue Priester zu sein, und dass wir uns Zeit nehmen, mit Dir zusammen zu sein.

Wir möchten in Demut wandeln, mit einem hingegebenen Herzen, und wir wissen, dass, wenn wir eine vertiefte Beziehung zu Dir erfahren, unsere Herzen nicht stumpf oder kalt sein werden. Wir wollen hinsichtlich Deiner Königsherrschaft fleißig und treu sein, auch wenn uns niemand beobachtet. Wir möchten die Art von Herz haben, die dir gefällt, ein Herz, das sich nur mit dem beschäftigt, was in Deinem Herzen und in Deinem Sinne ist, Gott.

Bitte salbe uns mit vermehrter Autorität in unserem Leben und mit der Begeisterung des königlichen Öls und der königlichen Herrschaft, mit der Zunahme Deiner Regierung, Deiner Herrschaft und Deinem Walten. Wir benötigen eine ganz neue Ebene von Autorität, welche Einfluss auf die Massen hat. Vater, bitte, setze

Dein Herz und Deine Strategie frei, sodass Städte, Regionen und Länder die gute Nachricht von unserem Herrn und Heiland Jesus Christus hören. Danke, Gott. Amen.

Kapitel 8

Die konfrontierende Salbung

»Denn bei dem Nahkampf, in dem wir mitten drin stehen, haben wir es keineswegs mit (physischen Wesen aus) Fleisch und Blut zu tun, (wie es von uns aus gesehen den Anschein haben mag); nein. (Wir stoßen da auf dämonische) Oberbefehlshaber, auf Inhaber von Autorität (in der unsichtbaren Wirklichkeit), auf kosmische Herrschergestalten in der Finsternis (dieses Zeitalters), auf die Geistwesen des (personifizierten) Bösen in den (unteren) himmlischen Bereichen« (Eph. 6,12; Haller).

Da die Welt in gewissem Sinne ständig in sich zerstritten ist und politische Führer sich mit Strategien beschäftigen, um physische Kriege zu kämpfen, sollte es für das Volk Gottes keine Überraschung sein, dass wir uns in einer großen geistlichen Auseinandersetzung befinden. Von den ersten Kapiteln des Alten Testamentes im Garten Eden bis zum allerletzten Kapitel des Neuen Testamentes ist es offensichtlich, dass Satan der Feind Gottes ist und dass er aktiv versucht, sich Gott, Seinen Plänen und Seinem Volk zu widersetzen. Satan verwüstet die Welt schon viele Jahrhunderte lang und seine Gier nach Macht wächst ständig, da er versucht, indirekte Methoden einzusetzen, um das Volk Gottes zu attackieren und zu zerstören. Es ist alarmierend, dass zahllose Gläubige heutzutage für ihn eine leichte Beute sind. Viele sind einfach nur passiv. Andere verstehen Satans Schliche, seine Waffen oder Taktiken nicht, noch kennen sie die Waffen, Pläne und Strategien Gottes, die Er zu ihrer Verteidigung bereitgestellt hat.

Trotzdem, die Wirklichkeit ist, dass wir uns in einem geistlichen Konflikt befinden. Wir werden angegriffen. Einige von uns verlieren im Kampf gegen Sünde und Krankheit, Gebrechen und Tod. Einige von uns verlieren den Kampf um unsere Kinder, wenn es darum geht, dass sie Jesus kennenlernen. Andere ringen um ihre Ehe. Wieder andere kämpfen gegen die Armut und gegen die Dinge, die der Erfüllung prophetischer Worte in unserem Leben entgegenstehen. Eine massive Auseinandersetzung tobt um die Erfüllung unserer eigentlichen Bestimmung.

Sobald wir bluterkaufte Gläubige an den Herrn Jesus Christus sind, werden wir hinter feindliche Frontlinien geworfen, auch wenn uns zugesichert wird, dass Gott uns beschützt. Aber wir werden auch darauf hingewiesen, dass wir in einer Umgebung von geistlichem Terrorismus operieren: »(Dies eine) wissen wir: Wir stammen aus Gott, der ganze Kosmos (jedoch) befindet sich (unter dem Einfluss des) Bösen (d.h. Satans)« (1. Joh. 5,19; *Haller*). Daher müssen wir dies erkennen und uns ausbilden lassen, um für Feindbegegnung und in diesen Tagen umso mehr für unkonventionelle geistliche Auseinandersetzungen bereit zu sein. Ob du nun ein Elitesoldat bist, der in Afghanistan oder in den Straßen von Bagdad kämpft, oder ein Elternteil, der in einer verschlafenen Vorstadt wohnt oder gar der Präsident der Vereinigten Staaten, nimm deine Position als ein mächtiger, siegreicher geistlicher Krieger ein, ähnlich derjenigen eines Soldaten im Altertum, der das Kaiserreich verteidigte (vgl. Eph. 6,10-18).

Je näher wir Gott stehen, desto mehr will der Feind (Satan) uns isolieren und schwächen. Dieser Konflikt tobt schon seit Jahrhunderten. Der Prophet Daniel sah den Kampf, dem wir uns heute gegenübersehen: »Ich schaute, wie dieses Horn Krieg führte mit den Heiligen und sie überwand« (Dan. 7,21). Dieser Krieg richtet sich gegen den Antichristen und gegen den Geist, der gegen die Salbung kämpft. Wir werden in Daniel 10 an den Fürsten von Persien erinnert, der Michael, dem Erzengel, 21 Tage widerstand. Wie der Feind ihm widerstand, so versuchen die Anti-Salbungs-Geister und der antichristliche Geist, sich unserer eigentlichen Bestimmung und unserem Erbe in Gott zu widersetzen.

Eine Vision von Gottes Armee

Der Herr gab mir eine Vision von Seiner Armee – der Armee des Herrn, deren Krieger, in Seiner Strahlkraft erglühen sollten. Ich glaube, dass diese Armee den Leib Christi von heute repräsentierte, insbesondere in Nordamerika. Es ist eine Armee, ja, eine Armee, die Gott berufen hat. Doch glaube ich nicht, dass die Armee des Herrn, die Er mir zeigte, so war, wie Er sie zu sein berufen hatte.

Ich wusste, dass dieses Schlachtfeld von einer geistlichen Konfrontation, die wir mit dämonischen Mächten und Fürstentümern haben, kündete. Ich sah, wie einige wie in einem Nebel umherwanderten und nicht wussten, wo sie sich befanden. Sie tappten in der Finsternis herum, als seien sie sich ihrer Umgebung nicht bewusst. Der Heilige Geist offenbarte, dass viele nicht einmal bemerkten, dass sie eine Gefechtszone betreten hatten. Einige glaubten, es gäbe gar keine Schlacht und andere glaubten nicht, dass sie »nicht gegen Fleisch und Blut kämpften, sondern gegen dämonische Mächte und Fürstentümer«.

Sie waren blind gegenüber dieser Auseinandersetzung und gegenüber ihrem Widersacher, dem Teufel – sie waren sich dessen nicht bewusst, dass der Feind ihr Leben in Beschlag genommen hatte. Sie wussten nicht, dass sie in Gottes Armee eingezogen worden waren. Dennoch, ob es ihnen gefiel oder nicht, es fand ein Gefecht statt, und sie waren darin verwickelt.

Eine zweite Vision

In einer zweiten Vision sah ich wieder Krieger in der Armee des Herrn. Sie waren Kinder des Lichts, angetan mit Seiner Waffenrüstung. Sie glänzten im Licht der Herrlichkeit Gottes und fühlten sich rundherum wohl. Einige aßen gelegentlich ein Sandwich, während sie sich an Baumstämmen ausruhten, und andere faulenzten einfach im Gras und blickten zum Himmel hinauf. Andere pflegten Gemeinschaft untereinander, und doch wütete um sie herum ein intensiver Kampf. Waffen lagen überall in Reichweite; ich sah selbst Waffen am Boden, ganz nahe bei den Füßen der Krieger, doch sie ignorierten sie. Der Heilige Geist offenbarte, dass dies die Gleichgültigkeit der Armee des Herrn war.

Dann aber flogen Vögel vom Himmel herab, griffen die sich lässig zurücklehnenden und gleichgültigen Krieger pausenlos an und pickten an ihnen herum. Die Bibel sagt, dass die Vögel aus der Luft kommen und das Wort Gottes wegpicken würden (vgl. Lk. 5,5-15). Die Vögel der Luft sind die Dämonen, die das Wort Gottes aus den

Herzen der Menschen wegschnappen, doch bloß deshalb, weil ein Mensch es da draußen ungeschützt liegen lässt. Der Teufel kann das Wort Gottes nicht von unseren Herzen wegnehmen, wenn wir es nahe bei uns halten und es beschützen. Nur wenn wir uns überhaupt nicht darum kümmern, dann kann es der Feind in der Tat aus unseren Herzen wegschnappen.

Es scheint jedoch, dass diese Soldaten die Vögel eher als eine Belästigung denn als eine Bedrohung empfanden. Sie beklagten sich und murrten, doch kaum einer auf dem Schlachtfeld griff nach dem Schwert des Geistes, um zu kämpfen und sich zu schützen. Der Herr sprach von der Apathie der Armee des Herrn (in Anbetracht der Waffen unseres Kampfes, in Anbetracht der Realität der Waffenrüstung Gottes und in Anbetracht des Sieges durch das vergossene Blut Jesu). Diese Apathie hielt sie davon ab, die Waffen zu benutzen, die der Heilige Geist bereitstellte.

Wir müssen bewusst werden, dass wir uns an der Front befinden, weil eine Schlacht im Gange ist. Ob wir an eine Hölle glauben oder nicht, es gibt eine. Ob wir an Dämonen glauben oder nicht, Tatsache ist, dass der Feind eine Wirklichkeit ist, genauso wie geistliche Auseinandersetzungen. Es ist erforderlich, gegen die dämonischen Mächte und Fürstentümer anzugehen und Autorität zu ergreifen, um sie tatsächlich unter unsere Füße zu bringen. Es ist jetzt nicht die Zeit für Selbstzufriedenheit. Wir müssen uns dazu motivieren, die uns zur Verfügung stehenden Waffen zu gebrauchen und einzusetzen, und die Gleichgültigkeit oder Apathie ablegen. *Wir müssen unsere Augen für die Ernsthaftigkeit der Bedrohung durch den Feind öffnen. In Wahrheit glauben viele automatisch, sie hätten gewonnen, obwohl sie sich in Wirklichkeit in ihren aktuellen Umständen unnötigerweise haben besiegen lassen.*

Wach auf!

Gott sagt:

»Ruft dies aus unter den Heidenvölkern, rüstet euch zum heiligen Krieg! Weckt die Helden auf! Alle Krieger sollen einrücken und hinaufziehen! Schmiedet eure Pflugscharen zu Schwertern um

und eure Rebmesser zu Spießen! Der Schwache spreche: Ich bin stark! Eilt und kommt herbei, all ihr Heidenvölker ringsum, und versammelt euch! Dorthin führe, o Herr, deine Helden hinab!« (Joel 4,9-11).

Steh auf, nimm deine Pflugscharen und schwinge sie als Schwerter! Es ist Zeit, den Schild für den geistlichen Kampf zu salben, der eine alltägliche Realität ist, denn jeder Tag ist in gewissem Sinne eine umkämpfte Zone. Unser Kampf richtet sich gegen wirkliche dämonische Mächte und Fürstentümer, und es gibt einen wirklichen Teufel, der immer noch unerbittlich versucht, zu verschlingen, zu töten, zu stehlen und zu vernichten.[37] Das Wort des Herrn sagt, wir sollen »nüchtern und auf der Hut sein«.

Diese Soldaten in meiner Vision waren Helden, und doch dachten sie nicht an den Krieg, der rund um sie herum tobte. Doch selbst jene Krieger in der Vision, die den Kampf nicht sehen konnten, waren eigentlich Helden und mächtige Männer.

Römer 13,11 sagt, es sei Zeit, aufzuwachen, es sei höchste Zeit, vom Schlaf aufzustehen. Die Bibel sagt, es sei »Zeit, sie aufzuwecken, denn sie waren eingeschlafen«.

Die Mauer stürmen

Gott möchte dich für diese Auseinandersetzung aufwecken. Bist du bereit, den Schlachtreihen der Armee Gottes beizutreten? Wach auf – erhebe dich! Gott hält Ausschau nach mächtigen, siegreichen Kriegern, wie sie in Joel 2 beschrieben sind:

»Wie Helden laufen sie, wie Krieger ersteigen sie die Mauer; jeder geht auf seinem Weg, und keiner kreuzt den Pfad des anderen. Keiner drängt den anderen, jeder geht seine eigene Bahn; zwischen den Wurfgeschossen stürzen sie hindurch und lassen sich nicht aufhal-

---

37 Rechtlich (de jure) ist Satan seit Golgatha eindeutig ein besiegter Feind, faktisch (de facto) jedoch gilt es, diese rechtliche Wahrheit durchzusetzen, ähnlich wie die Exekutive (Polizei und Militär) die Einhaltung rechtlich geschaffener Tatsachen der Legislative heute – wenn nötig mit Waffengewalt – durchsetzen muss. Um ein Beispiel der Geschichte zu nehmen: Im Grunde war der Zweite Weltkrieg mit der Invasion der Aliierten (D-Day) entschieden. Dennoch kam es erst viele Monate später beim V-Day (Victory-Day) zum tatsächlich erklärten Kriegsende, Sieg und Frieden (Anm. d. Übers.).

ten. Sie dringen in die Stadt ein, rennen auf die Mauer, erklimmen die Häuser, steigen wie Diebe zum Fenster hinein« (Joel 2,7-9).

Willst du dich registrieren lassen, laufen und die Mauer erklimmen? Die Mauer heißt Fürbitte und Gott spricht zu den Wächtern der Mauer: »Ergreift meine prophetischen Pfeile«. Die ganze Armee Gottes, bestehend aus allen Seine Heiligen, wird laufen und die Mauer erklimmen. Ich glaube, dass Gott uns zu inbrünstigem Gebet und zu ernstlicher Fürbitte freisetzt.

Greife zu deinen Waffen

Bist du in bestimmten Bereichen siegreich, in anderen jedoch nicht? Schreckst du vor Waffen zurück oder wechselst du von einer zur anderen? Es gibt Gründe, weshalb du in gewissen Kämpfen nicht überwindest, wir sollten jedoch Siege erleben wegen Jesus. Wir sollten mächtige Männer und Frauen sein, die von einer Waffe zur anderen greifen. Wir sollten uns am Gefecht beteiligen und uns an der Front des feindlichen Lagers positionieren, auch wenn wir wissen, dass es uns etwas kosten und der Kampf heftig sein wird. Eine bestimmte Denkweise (»Nichtangriffspakt«) im Leib Christi argumentiert heute so: »Wenn ich den Teufel oder einen Dämon nicht berühre, jage oder ihm entgegentrete, brauche ich mir keine Sorgen zu machen, weil er mich dann wohl in Ruhe lassen wird«. Die Heiligen fürchten sich davor, in geistliche Auseinandersetzungen verwickelt zu werden oder sich an einen Dämon oder an den Teufel heranzuwagen.

Wir müssen das Schwert des Herrn in die Hand nehmen und den guten Kampf des Glaubens kämpfen, indem wir die zur Verfügung stehenden Waffen unseres Kampfes einsetzen. Wir können nicht von einer Waffe zur anderen wechseln, wenn wir sie nicht vorher aufgreifen. Wir können den Kampf nicht gewinnen, wenn die Waffen einfach liegen bleiben. Wann war es das letzte Mal, dass du die Waffe des Blutes Jesu benutzt oder die Kraft des Namens Jesu eingesetzt hast, dass du Fasten und Gebet angewendet oder deinen Schild des Glaubens bewusst hochgehalten hast? Glaubst du wirklich an diese Waffen, an ihre Kraft, den Feind *aktuell* zu bezwingen?³⁸ Wenn du dich keiner Waffe bedienst, weil du sie nicht einzusetzen verstehst oder weißt, wozu sie da ist, dann ist es wichtig, dass du das lernst. Trachte nach Offenbarung über die Kraft, die im Namen Jesu liegt – in der Kraft des Blutes, in der Kraft des Betens und Fastens, in der Kraft des Schildes des Glaubens, und dann setze diese Dinge ein. Oft *vergessen* wir, was für uns bereitliegt, doch wenn wir diese geistlichen Waffen zu einem Teil unseres Lebens machen, wird das nicht geschehen. Faste und bete, setze den mächtigen Namen Jesu ein und hebe den Schild des Glaubens in allen Umständen hoch.

Der Schild des Glaubens

Der Schild des Glaubens ist unsere Wahrheit und unser Schutzschild. Er ist die Wahrheit des Wortes Gottes und er ist jedem Gläubigen gegeben worden, um die feurigen Pfeile des Bösewichtes auszulöschen (vgl. Eph. 6,16). Aber es ist wichtig, ihn *anzuwenden*. Wir sollen *Täter* des Wortes Gottes sein. Wenn wir dem Wort gemäß handeln, bewegt sich der Schild mit uns, selbst wenn wir nicht einmal spüren, dass er vorhanden ist. Bewegt sich dein Schild oder bleibt er immer am gleichen Ort? Nimm Gottes Wort, aufgrund dessen du handelst, sonst fällt dir der Feind in den Rücken. Nimm das Wort Gottes auf und ernähre dich regelmäßig davon.

Weitere Waffen

Von einigen geistlichen Waffen haben wir sogar vergessen, dass es sie überhaupt gibt. Wir haben ein vollständiges Arsenal an Waffen. Da ist der Helm des Heils, der Brustpanzer der Gerechtigkeit, der Gürtel der Wahrheit, die Stiefel des Evangeliums des Friedens, das

---

38 Es geht hier nicht darum, den vor 2000 Jahren auf Golgatha ein für alle Mal über den Teufel errungenen Sieg zu schmälern oder in Frage zu stellen. Im Geist ist das eine völlig unstrittige Realität. *Von diesem geistlichen Sieg her* jedoch gilt es, heute, hier und jetzt, aktuell diesen Sieg in Zeit und Raum praktisch und konkret umzusetzen und zu manifestieren. Denn der Feind gebärdet sich heute, als ob er alles andere als besiegt wäre, und Christen, die heute vorgeben, nicht mehr kämpfen zu brauchen, um nurmehr im vollendeten Sieg Jesu zu ruhen, überlassen ihm kampflos das Feld, ungehindert »zu stehlen, zu schlachten und umzubringen« (Joh. 10,10a). Deshalb bedarf es auch heute noch geistlicher Konfrontationen in kühner Anwendung unserer gottgegebenen Autorität (vgl. auch 2. Kor 10,3-6; 1. Tim. 6,12; 2. Tim. 2,3-4; Anm. d. Übers.).

Schwert des Geistes und das Gebet (vgl. Eph. 6,10-20). Einige unter uns legen sie zwar an, aber setzen sie nicht ein. *Wir haben solange kein Schwert des Geistes, bis wir nicht das predigen, was das Wort Gottes sagt. Wir haben keinen Schild des Glaubens, solange wir nicht in diesem Glauben wandeln. Es ist Zeit, die Waffenrüstung Gottes anzuziehen. Letztlich sind wir doch mächtige Krieger! Unsere Aufgabe ist es, zwischen den Waffen hin- und herzuwechseln.* Wir sollen nicht nur die Mauer erklimmen und Fürbitte tun, sondern sollen auch an ihr entlang laufen und in unserem Fürbittekampf eifrig werden. Wenn wir Gottes Wort aussprechen statt unsere Gefühle, Umstände und Symptome, führen wir das Schwert des Geistes. Mach dies zum Jahr, zur Zeit, zum Augenblick, in dem du die Waffenrüstung Gottes ergreifst, das Schwert des Geistes führst und kämpfst, um den Sieg zu behalten.

O Herr, schule unsere Hände für den Krieg! Gib uns die Salbung des Löwen aus dem Stamme Juda. Lass den Löwen brüllen, in den himmlischen Regionen und in unserem Geist. Danke, Herr, für die konfrontierende Salbung. Danke, dass Du uns in Deine Armee eingezogen hast. Danke für die frische Offenbarung bezüglich der Waffen unseres Kampfes. Danke Herr, o Geist Gottes, dass Du unsere Hände nicht bloß zum Krieg ausrüstest und schulst, sondern auch für den Sieg, den wir in Jesus bereits haben. Dank sei Gott, der uns allezeit veranlasst, im Namen Jesu zu triumphieren.

Gott lässt zum Angriff blasen und ruft die Armee Gottes auf, den Gefechtsstand einzunehmen. Jetzt ist für den Leib Christi eine kritische Stunde, sich zu erheben und sein Erbe anzutreten. Während auf der Erde ein echter Krieg tobt, tobt auch eine echte Auseinandersetzung im Himmel. Bete für einen geistlichen Sieg in deinem Zuhause. Mach dich für den Sieg bereit in deinen Finanzen, in deiner Gesundheit, in deinem Dienst. Bitte um eine Seelenernte und um Errettung, Heilung und Befreiung. Blicke auf Ihn hinsichtlich des Sieges in deiner Gemeinde und in deiner Stadt. Danke Ihm, dass Er dich dazu bringt zu triumphieren. Danke Ihm dafür, dass Er Kühnheit und Sieg in deinem Geist freisetzt, damit du und deine Lieben für immer durch diese Konfrontation, diesen Sieg und durch prophetische Fürbitte verwandelt werden. Es ist an dir, den Kampf in der Manifestation zu gewinnen. Die Ausbreitung des Reiches Gottes hängt davon ab.

Persönliches Gebet

Himmlischer Vater, ich bedauere es, wo ich gleichgültig und selbstzufrieden war, dass ich die Waffen des Kampfes – durch die ich eigentlich die Königsherrschaft mit Gewalt an mich reißen sollte – ungenutzt am Boden liegen gelassen habe. Vater, ich weiß, dass im Himmel eine echte Auseinandersetzung tobt, weil sich Mächte noch Deinem Willen auf Erden widersetzen, aber ich möchte auf dich blicken für den Sieg in meinem Leben, für meine Söhne und Töchter, für meine Gemeinde und meine Nachbarschaft. In deinem Namen setze ich Kühnheit und Sieg aus meinem Geist frei. Ich möchte Deine Königsherrschaft ausbreiten und ich kann das nicht, ohne Deine Waffen einzusetzen, die Du mir reichlich zur Verfügung gestellt hast. Hilf mir, dessen gewiss zu sein, wer ich in Dir bin, als Dein Kind, mit der konfrontierenden Salbung und der Autorität, diese Waffen zu ergreifen und einzusetzen. Vergib mir, dass ich geschlafen habe. Wecke alle meine Sinne auf, wenn ich nun ganz nahe zu Dir komme und mich für Konfrontationen bereit mache, sofern diese gemäß Deinem Willen unvermeidlich sind. Wecke den siegreichen Krieger in mir auf. Gürte mich mit Deiner Wahrheit. Durch Deinen Rat und durch Deine Macht bin ich bereit, gezielt die Granaten deines dynamitreichen Wortes zu werfen. Ich liebe Dich, Vater. Ich bete im Namen Jesu. Amen.

Kapitel 9

Die Krone des Wohlgefallens

Wir leben im aufregendsten Zeitalter aller Zeiten. Wir sind jetzt näher als je zuvor daran, die größte geistliche Ernte seit Pfingsten zu erleben! Dies ist die Stunde von Gottes Wohlgefallen. Es ist die Zeit einer heiligen Beauftragung, die Zeit der Bestimmung, der Bevollmächtigung und der Sendung – der Tag einer mächtigen Bewegung des Heiligen Geistes ohne Maß.

Der Tau des Herrn kommt herab, und wenn er wieder aufsteigt, wird Manna vorhanden sein, und zwar eine ganze Menge davon. Gott setzt Regengüsse von Segnungen über Seinen auserwählten Heiligen frei. Wir sprechen von *Dynamis*-Kraft, der Realität von Markus 11,23 und 16,1, von Apostelgeschichte 2,17-20 und von Offenbarung 11,6. Wir werden erleben, wie gewöhnliche Männer, Frauen und Kinder sich in Zeichen und Wundern bewegen. Wir werden erleben, wie Gläubige die großen und größeren Werke vollbringen, die Jesus in Johannes 14,12 versprochen hat. Ich glaube, dass der Tag kommt, an dem Gott durch uns Zeichen und Wunder im Himmel und auf der Erde wirken wird, wenn wir dieselbe Kraft über den natürlichen Elementen freisetzen werden wie einst der Herr Jesus, als der Wind und das Meer Ihm gehorchten. Ich glaube, dass wir uns in einen Dienst der Wunder hineinbewegen werden und Joel 2,30-31 sich auf diese Weise erfüllen wird. Wir werden zu verstümmelten Gliedmaßen sprechen, wie Jesus dies in Lukas 6,10 tat, und erleben, wie sie wieder ganz werden. Wir werden in derselben Autorität wandeln wie Josua, der sprach, und die Sonne stand still (vgl. Jos. 10,12-13). Wir werden sehen, wie die Wolke der Herrlichkeit buchstäblich auf die Gemeinde herabkommen wird, sodass selbst Kinder mit Feuer und Kühnheit predigen werden. Ja, ich habe in Visionen große Heilungsbewegungen voller Wunder und Machttaten gesehen, die durch die Hände von Kindern und einer prophetischen Samuel-Generation gewirkt werden.

Der Früh- und Spätregen haben sich für die große Ernte zusammengetan. Der Tau des Himmels ruht auf den Samen – Samen, die auf deinem Herzen gewesen waren, die Samen der Bestimmung, die auf trockenen Boden gefallen waren. Doch der Tau kommt, der Spät- und der Frühlingsregen. Die Samen werden sprossen und bald werden sie viel Frucht bringen.

Der Tag der Manifestation

Viele sind treu im Geist gewandelt, aber nicht zum Tag der Vermehrung, der Gunst und der Autorität gelangt. Doch dieser Tag wird kommen, wie er auch für Jesus und für viele große biblische Heilige gekommen ist. Die Schrift sagt, Jesus »nahm zu – und immer mehr zu« – an Weisheit und an Größe und an Gunst bei Gott und Menschen (vgl. Lk. 2,52).

Johannes der Täufer, der Sohn von Zacharias und Elisabeth, wuchs an Weisheit, Erkenntnis und Stärke, und war in der Wüste »bis zum Tag seines Auftretens (dem Tag, an dem er seinen Dienst begann und seine Mission als Vorläufer des Messias erklärte) vor Israel« (Lk. 1,80).

Gottes Wohlgefallen nahm über David zu. Der Geist Gottes kam auf ihn, als er zum König über Juda eingesetzt wurde (vgl. 1. Sam. 16,13). Doch dauerte es noch Jahre, bis sich sein Königtum manifestierte – bis er tatsächlich herrschte und über ganz Israel regierte. David empfing ein noch größeres Maß an Gunst und Autorität, als er als König regierte, und noch mehr, als er als König wuchs. *Jede Phase seines treuen, innigen Wandels mit dem Herrn manifestierte mehr Gunst.*

Die Fülle des Geistes Gottes kommt auf uns, wenn wir Jesus in unser Herz aufnehmen, und Er gibt uns zu Anfang jenes Maß an Gaben und Kraft des Heiligen Geistes. Die Manifestation dieses Maßes an Gaben und Segnungen jedoch nimmt zu, wenn wir danach trachten, in unserer praktischen Hingabe in der Gunst bei Gott zu wachsen.

Der Geist des Herrn sagt, dass Gott die Krone der Manifestation auf die Häupter Seiner treuen, fleißigen, auserwählten Heiligen lege – eine Krone großer Gunst und Autorität bei Gott und bei den

Menschen, einen neuen und größeren Umfang an Früchten und Segnungen des Geistes. Ein weiteres Maß und ein weiteres und ein weiteres. Gott belohnt alle, die Ihn eifrig suchen (vgl. Hebr. 11,5). Denen, die Er Seine Freunde nennt, gibt Er ein größeres Maß an Autorität und Gunst.

Eine Zeit der Geburt

Gunst ist Gottes »Vergnügen«. Wenn Gott an Seinen Kindern Wohlgefallen hat und über sie entzückt ist, zeichnet Er sie aus, erweist ihnen Seinen geistlichen Segen, Sein Wohlgefallen und Seine Gnade. Er möchte uns überschütten mit Seinen unerforschlichen Reichtümern, sowie mit Seinen Reichtümern der Gnade und Herrlichkeit, ohne dass sich ein Kummer beimischen darf.

Wir sind in eine Zeit zunehmender Gunst eingetreten, in der Gott Gläubige mit Kraft zur Ernte ausstatten und sie beauftragen wird – mit größerer Autorität, Gnade, geistlichem Segen, Glauben und übernatürlicher Versorgung. Es ist eine Zeit der Geburt – eine Zeit, in der Seine Heiligen in die Fülle Seiner Gnade eingehen und große Frucht hervorbringen, eine Zeit, in der Gott Dienste und Berufungen hervorruft, gebiert und freisetzt.

Gottes Gunst qualifiziert uns

Die Frucht, die wir bringen, verherrlicht Gott und Er sagt, Er werde Seine Söhne mit einer noch größeren Manifestation von geistlichen Reichtümern salben. Er wird die Treuen mit Seinen Reichtümern beehren. »Der Segen des Herrn macht reich, und eigene Mühe fügt ihm nichts hinzu« (Spr. 10,22). Er wird buchstäblich Seine Segnungen über die Hände des Fleißigen *ausschütten* (vgl. Spr. 10,4). Sie werden eine neue Einlage empfangen, eine Salbung von unglaublicher Tiefe geistlicher Reichtümer. Seine Gunst wird ihnen Erfolg bringen. Sie werden das Haupt und nicht der Schwanz sein, und zwar aufgrund des Wohlwollens, das Er über sie ausgießen wird. Erfahrung wird nicht notwendig sein, weil sie Seine Gunst besitzen werden, die sie ermächtigt und daher qualifiziert, große Leistungen zu vollbringen.

Gott beauftragt Seine Söhne und Töchter, auf denen Seine Gunst und Sein Wohlwollen ruhen, mit Gnade, um das Unmögliche zu tun. Gottes Herrlichkeit wird auf diejenigen fallen, an denen Gott Wohlgefallen hat.

Die Zeit des Wählens

Mose legte den Stab Aarons vor die Bundeslade und auf wunderbare Weise blühte sie auf und trug Mandeln, ein Symbol dafür, dass Gott Aaron als Hohenpriester erwählt hatte. In der Kultur der Israeliten symbolisierte der Stab Autorität. Es war ein Werkzeug, das der Hirte benutzte, um seine Herde zu korrigieren und zu lenken (vgl. Ps. 23,4). Beide, Aarons und Moses Stäbe, waren Symbole der Autorität und sie waren mit wunderhafter Kraft ausgestattet. Mit dem Stab Moses teilte Gott das Rote Meer und brachte Wasser aus dem Felsen hervor. Gott benutzte Aarons Stab in Seinem Umgang mit dem Pharao.

Dies ist die Zeit des Wählens. Gott legt den Stab des Königtums, der Gunst und der Autorität in die Hand Seiner Auserwählten, und dieser ist gerade dabei aufzublühen, Mann! Er wird blühen; er wird Frucht tragen!

Gott möchte dir Seine Gunst erweisen. Schau dir Esther an. Er gab ihr alles, was sie brauchte, um die Gunst zu empfangen, die Er Sich für sie wünschte. Gott schenkte ihr Gunst bei dem Haremswärter Hegai, der sie mit all dem versorgte, was sie brauchte, und der sie an den besten Platz im königlichen Harem brachte (vgl. Esther, Kapitel 2). Dies war eine übernatürliche Versorgung mit Gnade.

Vor Jahren sprach der Heilige Geist in einer übernatürlichen Begegnung zu mir und sagte mir, dass ich einer von vielen »Söhnen und Töchtern« der Erstlingsfrucht sei, die eines Tages einen Dienst hervorbringen werden. Es geschah sehr, sehr schnell. Gottes Gunst ruhte mächtig auf mir, weil ich Ihn mit meinem ganzen Herzen suchte. Ich folgte Ihm nach und bereitete mich darauf vor, auserwählt zu werden. Genauso trifft auch der Herr Seine Wahl; und auf Seine Auserwählten legt Er Autorität, Macht und Gunst. Türen werden sich in machtvoller Weise öffnen, wenn Gott uns auf übernatürliche Weise an diesem Tag der Manifestation anrührt.

Du musst die *Gnade* besitzen, Seine Gunst zu empfangen. Der Herr ließ mich wissen, dass es eine Saat- und eine Erntezeit gebe. Es gibt eine Zeit zu säen und eine Zeit zu ernten (vgl. Pred. 3,1-2). Es gibt eine Zeit, in der man in der Fürbitte in Geburtswehen liegt, wie Elia dies durchmachte, und dann folgt die Manifestation!

Was ist dein Begehren?
Es gibt Zeiten, in denen Gott eine *Saatzeit* anordnet, und es gibt Zeiten, wo Er die Ernte anordnet. Es gibt Zeiten, in denen du dein Brot auf das Wasser wirfst, und Zeiten, in denen es vielfach vermehrt zu dir zurückkehrt. Das ist die Zeit der Vermehrung, der Manifestation Gottes, der dir gibt, was du dir wünschst. Selbst wenn du schon hundert Mal um eine einzige Sache gebetet hast, so öffnet sich in der Zeit der Gunst der Himmel und Er gewährt dir, was du dir von Ihm erbeten hast. Esther machte sich bereit und positionierte sich so, dass sie vor dem König wohlgefällig war. Und er war so erfreut, dass er ihr ein goldenes Zepter entgegenstreckte, um dadurch seine Gunst und eine Einladung in seinen Palast zum Ausdruck zu bringen. Der König fragte sie: »Was ist dein Begehren?« (vgl. Esth. 5,2-3). Dies ist der Tag, an dem Gott diejenigen, die ihm gefallen, erwählt und fragt: »Was ist dein Begehren?«

Zeit im Zelt der Begegnung
Gunst hängt von der gelebten Freundschaft ab. Aufgrund von Intimität nennt Gott uns »seine Freunde« (vgl. Joh. 15,15). In der Freundschaft mit Ihm sind wir nicht mehr länger Knechte. Wenn wir in Ihm *bleiben*, können wir bitten, was immer wir uns wünschen, und es wird uns gewährt werden (vgl. Joh. 15,7). Gunst hängt davon ab, dass wir uns zubereiten und so positionieren, damit wir vor dem König wohlgefällig sind. Es ist Zeit, dass wir uns im Zelt der Begegnung mit Gott treffen, Ihn anbeten, und eine intime Zeit mit Ihm verbringen. Es rührt Gott, wenn wir uns vorbereiten, und es erfreut Ihn, auf unsere Wünsche einzugehen. Heerscharen von Engeln warten im Himmel auf den Befehl des Herrn, um Seine Segnungen freizusetzen und zu manifestieren.

Das Zelt des Zeugnisses

In einer Vision zeigte mir der Herr den sprossenden Stab. Ein Engel legte ihn in meine Hand und Gott sprach: »Ich will (Mich) denen zeigen, die ich auserwählt habe«. Gott will den Ruf über dein Leben bezeugen. Diejenigen im Zelt der Begegnung werden ins Zelt des Zeugnisses eingehen.

Im Zelt des Zeugnisses setzt Gott Autorität, Einfluss und Gunst frei. Als Moses die zwölf Stäbe der Vaterhäuser in das Zelt des Zeugnisses legte, sprosste Aarons Stab, brachte Knospen hervor, blühte und trug reife Mandeln, während die Knospen der anderen Fürsten trocken und somit ohne jegliche Frucht blieben. Gott legte eine ganze Menge Ehre auf Aaron, indem Er ihn zum Hohenpriester salbte und ihn mit einer Überfülle von Autorität und Segnungen versorgte, und das alles aufgrund von Gunst.

Wegen Seiner Gunst wirst du einen heiligen Auftrag empfangen, hinter dem Gott steht, und in der Fülle deiner Berufung wird sich der Durchbruch manifestieren.

Wer sagt Gott, dass du bist?

Du wirst ein Mann oder eine Frau werden, der bzw. die von Gott mit Seinem Siegel, Seinem Nachweis und Seinem Zeugnis auf sich selbst beglaubigt worden ist. Die Gaben und die Kraft, die sich durch dich manifestieren werden, werden das Zeugnis Gottes auf sich tragen.

Männer von Israel, hört diese Worte: »Jesus, den Nazoräer, einen Mann, der von Gott euch gegenüber erwiesen worden ist durch Machttaten, Wunder und Zeichen, die Gott durch ihn in eurer Mitte tat, wie ihr selbst wisst« (Apg. 2,22).

Jesus selbst führte Seine Fähigkeit, große Dinge zu tun, oft auf Seine Beauftragung durch Seinen Vater zurück und Er tat es auf eine Weise, um zu zeigen, dass Er eng mit Ihm verbunden war (vgl. Joh. 5,19.30). Petrus sagt, Gott habe diese Werke durch Jesus Christus getan, um zu zeigen, dass Jesus wirklich von Ihm gesandt worden war und dass Er deshalb das Siegel und die Zeichen von Gottes Wohlgefallen hatte. Jesus selbst sagte: »Die Werke, die der

Vater mir gegeben hat, dass ich sie vollende, die Werke selbst, die ich tue, zeugen von mir, dass der Vater mich gesandt hat« (vgl. Joh. 5,36). Der Beweis für Sein Wohlgefallen wird auf allem sein, was du berührst. Der Stab wird Frucht tragen. Er wird sprossen.

»Und mit großer Kraft legten die Apostel das Zeugnis von der Auferstehung des Herrn Jesus ab, und große Gnade war auf ihnen allen. Denn es war auch keiner bedürftig unter ihnen« (Apg. 4,33.34a).

Der Ort, um Zeugnis zu geben

Viele Christen haben die Gunst Gottes verpasst. Die Gunst macht dem Mangel den Garaus. Diejenigen mit dem Stab werden keinen Mangel haben. Große Kraft brachte große Gunst, und Gunst brachte Versorgung wegen der großen Gnade auf den Aposteln. Sie hatten große Gnade, weil ein großes Zeugnis bestand. Mit großer Kraft legten sie Zeugnis ab für die Auferstehung des Herrn Jesus. Wegen der Gunst mussten die Apostel nicht über die Auferstehung predigen oder sie proklamieren, denn sie legten Zeugnis für sie ab, einen Beweis, eine Demonstration ihrer göttlichen Autorität, Kranke zu heilen und Dämonen auszutreiben.

Darauf geht die Gemeinde nun zu, auf diesen Ort des Zeugnisgebens – einer Demonstration, einer Manifestation, eines Beweises, eines Nachweises und Zeugnisses der persönlichen Erfahrung und des Sieges. Gott wird deine Berufung beweisen und sich hinter sie stellen. Er wird den Stab in deine Hand legen und du hast das Recht und die Autorität, ihn zu benutzen. Zuvor hast du die Kraft gehabt, aber nicht die »Berechtigung« dazu. Jetzt wirst du Einfluss haben, eine Plattform, und Türen werden sich dir öffnen, von denen du nie zu träumen wagtest. Du bist berufen wie es die Jünger waren, doch Jesus erwählte Zwölf, um sie mit Autorität über Krankheit und Dämonen auszusenden (vgl. Mt. 10,1). Wird Gott dich für diese Aufgabe erwählen? Hat Gott zu dir gesagt: »Geh darum hin!«?

Triff die Wahl, dein Leben vorzubereiten, um die Zunahme von Gottes Gunst zu empfangen. Mach dich bereit, vor den König zu treten. Erwarte die Gunst Gottes auf deiner Berufung, auf deinen

Träumen und auf deinen Visionen. Erwarte voller Glauben, dass das goldene Zepter auf dich zeigen wird und du eingeladen wirst, vorzutreten und vorwärts zu gehen!

Ein machtvoller Zeuge

Mose wartete jahrelang in der Wüste auf den Tag der Manifestation. Er hatte die Verheißung. Er hatte Freundschaft. Er hatte Gunst. Obwohl seine Berufung schon vor Grundlegung der Welt existierte, wie dies auch bei der unseren der Fall ist, war es noch nicht an der Zeit, ihn zu beauftragen, bis Gott ihm den Stab überreichte, das Recht und das Privileg gab, vorwärtszugehen. Der Stab repräsentierte Einfluss, Autorität und die Tatsache, dass Gott hinter ihm stand – ein Zeugnis von Gott, dass Er auch dich gesandt hat, ein Zeugnis, das kein Mensch leugnen kann.

Ich dekretiere für dich

Viele sind berufen, aber wenige sind auserwählt (vgl. Mt. 22,14). Es besteht eine Berufung. Gott erwählt. Er wird eine geistliche Einlage von Autorität und Gunst verleihen. Du wirst das Recht haben, *Dynamis*-Kraft anzuwenden. Die Dinge werden sich beschleunigen. Türen werden sich öffnen. Die Segnungen des Herrn werden sich vervielfachen. Deine Bestimmung, deine Visionen und Träume werden geboren werden. Der Früh- und der Spätregen werden zur Ernte zusammenströmen. Ich rufe den Samen und die Verheißung hervor, die bereits da sind. Lass den Tau des Himmels auf dich fallen! Die Gunst kommt. Mit der göttlichen Erteilung von Autorität werden Ketten und Fesseln abfallen. Du wirst dich vom Strick befreien. Die Salbung wird das Joch zerbrechen. Du wirst göttliche Regierungsautorität wahrnehmen und Dekrete erlassen, welche die Gefangenen freisetzen. Du wirst denjenigen Freiheit verkündigen, die im Moment noch unterdrückt werden. Gott wird dir geben, was du dir wünschst. Du wirst die Ägypter ausplündern (vgl. 2. Mose 3,21-22; 12,35-36) und einen geistlichen Durchbruch erleben. Du wirst den Geist eines Überwinders haben, einen siegreichen, triumphierenden Geist. Die Gezeiten werden sich ändern, von der Ebbe hin zur Flut, und den Geist des Überwinders freisetzen. Gott wird die Löcher des Mangels ausfüllen, denn die Segnungen des Herrn werden dich reich machen.

Der Stab dessen, den Gott erwählt hat, treibt Blüten. Wenn unsere Wege Ihm gefallen, wird Er Seine Gunst Stück um Stück zunehmen lassen. Dies ist die Zeit der Manifestation Seiner Gunst.

Wirst du die Krone der Manifestation tragen?

Wirst du in das Zelt des Zeugnisses eingehen?

Positioniere dich für den Tau des Herrn, für die Salbung der Gunst. Pflege intime Freundschaft mit dem Herrn und lass alles andere dem gegenüber unwichtig werden. Sorge dafür, dass dein Stab erblüht, und dann erwarte einen offenen Himmel über deinem Leben, wenn Seine Herrlichkeit herabkommt und Seine übernatürlichen, erstaunlichen Segnungen in deinem Leben manifestiert. Lass die Mandeln hervorkommen!

Kapitel 10

Das göttliche Erbe

Erbschaft im Geistbereich

Wir denken oft bei einer Erbschaft an etwas Physisches, wie etwa ein Familienerbstück, an eine Summe Geld oder an ein Grundstück, das von einer Generation auf die nächste vererbt wird, wenn der Erblasser stirbt. Es gibt jedoch ebenso geistliche Erbschaften, wie es materielle gibt. Wir wissen, dass es ein Erbe in Christus gibt, weil Gläubige Miterben sind und weil wir mit jedem geistlichen Segen in den himmlischen Örtern in Christus gesegnet worden sind (vgl. Röm. 8,17; Eph. 1,3). Dennoch gibt es andere Erbschaften, sogar viele, die im geistlichen Bereich existieren und für uns zugänglich sind.

Höre, Gott spricht heute von göttlichen Erbschaften und Er möchte sie uns *in diesem Leben* zur Verfügung stellen. Insbesondere hat der Herr mir gesagt, dass wir heute als Gemeinde eine Offenbarung bezüglich göttlicher Erbschaften empfangen und lernen würden, das, was Gott uns gibt, *heute und hier* für unsere Kinder und Kindeskinder zu verwalten. Diese Offenbarung kam Schritt für Schritt zu mir, als ich über verschiedene Schriftstellen und ganz besonders über Psalm 139,16 nachdachte: »Deine Augen sahen mich schon als ungeformten Keim, und in dein Buch waren geschrieben alle Tage, die noch werden sollten, als noch keiner von ihnen war«. Gott hat die Bestimmung für jedes menschliche Wesen angeordnet, bevor es geboren wurde. Er hat für jeden von uns einen Plan, eine Absicht, eine Zukunft und eine Hoffnung. Er hat für uns gute Werke, die wir vollbringen sollen (vgl. Eph. 2,10).

Mit diesem Gedanken im Sinn fing ich an, den Herrn zu suchen und ich stellte Ihm viele Fragen, wie z.B.: »Was geschieht denn, wenn Kinder sterben und ihr Erbe nie in Anspruch nehmen können? Was geschieht mit dem Erbe, das Du für sie vorgesehen hattest? Wie ist es bei einem abgetriebenen Baby? Was geschieht mit dem Erbe dieses Kindes? Was geschieht mit der Erbschaft der großen Evangelisten unserer Zeit, die sterben, bevor sie ihren Dienst antreten können? Hat je jemand ihre geistlichen Mäntel oder ihre geistliche Erbschaft empfangen? Wie steht es mit den Leuten, die nie die Fülle dessen erreichen, was Du für sie bestimmt hast oder die nie zu einem persönlichen Glauben an Jesus Christus als ihren Herrn und Erretter gelangten? Hattest Du nicht eine Zukunft und eine Hoffnung für sie (vgl. Jer. 29,11b)? *Wird ihr Erbe dann etwa im Geistbereich wieder für andere verfügbar? Was geschieht im Geist, wenn Leute ihr Erbe nicht empfangen?* Was geschieht mit ihrem Erbe im Himmel?«

Ein Feld der Träume

Mit der Zeit beantwortete Gott alle meine Fragen, denn vor mehreren Jahren offenbarte mir der Vater Sein Herz bezüglich der Zurückgewinnung verlorengegangener Erbschaften durch eine erstaunliche Begegnung und Sicht, die mein Leben veränderte und die ich »Ein Feld der Träume« nenne.

Mein Team und ich besuchten ein anderes Land, um dort einen Dienst zu tun, und als ich mein Herz auf den Gottesdienst vorbereitete, fragte ich den Herrn: »Worüber möchtest Du, dass ich heute Abend predige?« In diesem Augenblick fiel mir plötzlich ein Film ein, den ich gesehen hatte, mit dem Namen »Das Feld der Träume« und ich sah im Geist den Slogan: »Wenn du es baust, werden sie kommen«. Sogleich befand ich mich auf einem Feld der Träume im Himmel und wandelte mit dem Vater, aber als junger Knabe von vier oder fünf Jahren. Er hielt meine zwei Finger in Seiner Hand, während wir gingen. Ich konnte Ihn nur von den Schultern an nach unten sehen, weil Er so groß war oder vielleicht war ich auch nur viel zu klein.

Während mein Vater und ich durch die Felder wanderten, sah ich, dass die Landschaft bestreut und übersät war mit verlassener militärischer Ausrüstung und mit Waffen aus vergangenen Kriegen, die im Zeitraum von Jahrtausenden ausgefochten worden waren, bis hin zum modernen Flugzeug und dergleichen. Da lagen Artilleriegranaten und ausgebombte Panzer aus dem Zweiten Weltkrieg, zerbrochene Speere und Schilde im Sand, sowie Teile von uralten Kriegswagen, Helme und Waffenstücke.

DAS GÖTTLICHE ERBE

Wir setzten unseren Marsch auf dem Feld der Träume durch den Sand der Zeit fort, als würden wir die gesamte Menschheitsgeschichte durchschreiten. Der Vater hob sachte verschiedene Stücke auf, befreite sie vom Staub, und jedes Mal stieß Er einen großen Seufzer aus, als fühlte Er einen großen Schmerz in Seinem Herzen. Während Er jeden Gegenstand, den Er aufgehoben hatte, in Seinen Händen wie ein Baby hin- und herwiegte, hörte ich Ihn Worte sagen wie: »Kostbar…« Dann reichte Er mir die Stücke und ich fragte: »Was ist damit, Herr?«

»Es sind verlorene, abgelegte und zerbrochene Träume. Erinnerst du dich, wie David in seinem Herzen den Wunsch hatte, für mich ein Haus zu bauen?[39] Wieviele Leute trugen durch die Generationen hindurch etwas in ihren Herzen, das Ich dort eingepflanzt hatte, und doch machten sie sich nie daran, es auszuführen?«

Wir setzten unseren Gang fort und als wir an den Trümmern im Sand vorübergingen, begann ich, Offenbarung über jedes Stück zu empfangen. Sie alle repräsentierten unerfüllte Träume, sowohl von Gott geschenkte als auch eigene Träume der Menschen. »Meine Knechte«, erklärte Gott, »waren kreativ und hatten Träume in ihren Herzen, verwirklichten sie jedoch nie; sie ereigneten sich nie und wurden nie wahr. Diese Träume waren für sie großartig, als sie noch jünger waren, doch dann vergaßen sie sie … Ich jedoch habe sie nicht vergessen!«

Ich hörte Ihm weiter zu, als Er mir sagte: »Dies ist der Ort, wo die Träume liegen, Träume von solchen, die Christus nicht annahmen und nie die Gelegenheit hatten, in den Träumen und Visionen zu wandeln, die Ich für sie geplant hatte. Hier sind auch die Träume, die nie im Leben großer Leute Gottes wahr wurden, weil sie starben, bevor sie deren Verwirklichung erleben konnten«.

Ich stellte fest, dass einige der Träume auf diesem Feld lagen, als handle es sich hier um einen Friedhof von Träumen. Doch dann sagte der Vater: »Todd, Ich möchte diese Träume dir geben. Ich brauche jemanden, der mit Mir auf den Feldern der Träume wandelt, der diese Verheißungen und Träume beansprucht, nicht die Träume eines anderen, sondern Meine Träume«.

---

39 Gott erwählte Davids Sohn Salomo, um Ihm den Tempel zu bauen; vgl. 2. Sam. 7,13-14.

Ich spürte, dass der Vater diejenigen Träume meinte, die Er nicht nur für Einzelpersonen hatte, sondern auch für Städte und Nationen, um diese für den Herrn zu beanspruchen. Er wollte, dass wir diese Verheißungen beanspruchen und anfangen würden, Gottes Träume zu träumen.

Über die Monate hinweg lehrte mich der Herr noch mehr. Er sagte und fragte mich: »Ihre Erbschaften sind für dich erhältlich. Möchtest du sie?«

Ich sprang auf. »Nun, welche kann ich haben? Wie sehen diese Erbschaften aus?«

Er erklärte mir, dass die Erbschaften unterschiedlich seien. Für einen plante Er, dass er Schulen und Universitäten erbauen sollte, für einen anderen die Errettung von Tausenden auf einem bestimmten Kontinent, für wieder einen anderen einen internationalen Dienst, usw. »Du kannst diese Dinge haben, Todd, weil ihre Berufungen im Geistbereich noch immer erhältlich sind«.

Freunde, sobald ich dies erfuhr, machte ich mich daran, göttliche Erbschaften einzusammeln. Was Gott mit »göttlichen Erbschaften« meinte, war die Erwerbung des Zeugnisses von jemand anderem, wodurch ihre Geschichte zu deiner Geschichte wird und das, was sie Gott durch ihr Leben tun sahen bzw. was Er durch sie tun wollte, jetzt für dich zur Realität wird. Wir können das Zeugnis von den Werken des Herrn einsammeln, die Er im Leben von Männern und Frauen getan hat, die in den letzten mehr als 2000 Jahren gelebt haben.

Nun, nachdem der Herr mir diese Offenbarung gegeben hatte, wagte ich mich weiter vor und fragte Ihn über geistliche Mäntel aus. »Kann ich auch den Mantel erben, Herr?«

Hier ist ein Ausschnitt Seiner Antwort: »Todd, du brauchst nicht den Mantel eines anderen. Du hast deinen eigenen«.

Kurz und süß, nicht wahr? So deutete der Herr an, dass, während wir viele göttliche Erbschaften erhalten können, wir gewöhnlich nur in der richtigen Position sind, einen einzigen Mantel zu empfangen, obwohl Er manchmal einer Person auch mehr als einen geben möchte, wie ich später in diesem Kapitel noch erklären werde.

Mäntel

Wenn wir einen Mantel erhalten, bekommen wir von Gott eine Autorität, eine Kraft, eine Gabe und eine Berufung. Die Schrift berichtet uns, Elisa, der Prophet, habe einen »doppelten Anteil« vom Geist des Elia erhalten, was im Grunde Elias Mantel war (vgl. 2. Kön. 2,9-14). So weit wir wissen, hatte Elisa nicht viele Mäntel, doch dies wissen wir, dass er einen doppelten Anteil vom Mantel des Elia empfing. Obwohl es also selten ist, dass jemand mehr als einen Mantel empfängt, kann Gott uns dennoch den doppelten Anteil von einem geben.

Wie also bekommt man einen Mantel? Bitte darum! Bitte Gott um einen solchen. Weißt du, dass es in Teilen von Asien Sitte ist, sich nicht nur Gaben zu wünschen, sondern auch darum zu bitten? Wenn du etwas siehst, das dir gefällt oder das du gerne haben möchtest, ist es Sitte, darum zu bitten. Wir sehen dies oft in der Bibel geschehen, wie zum Beispiel an der Stelle, als Salomo um Weisheit bittet. Wir wissen auch, dass David oft zu Gott schrie und sich selbst vor den Herrn hinstellte, weil er Ihn besser kennenlernen wollte und Gott schüttete Sich Selbst aus in diesen Mann nach Seinem Herzen. Wenn wir jedoch um etwas bitten, müssen wir auch etwas geben.

Elisa bat, gab sich selbst hin, um Elia zu dienen und empfing den doppelten Anteil vom Mantel des Elia:

»Und es geschah, als der Herr den Elia im Sturmwind zum Himmel auffahren lassen wollte, da ging Elia mit Elisa von Gilgal hinweg. Und Elia sprach zu Elisa: Bleibe doch hier; der Herr hat mich nach Bethel gesandt! Elisa aber sprach: So wahr der Herr lebt und so wahr deine Seele lebt, ich verlasse dich nicht! So kamen sie hinab nach Bethel. Da gingen die Prophetensöhne, die in Bethel waren, zu Elisa heraus und sprachen zu ihm: Weißt du auch, dass der Herr deinen Herrn heute über deinem Haupt hinwegnehmen wird? Er aber sprach: Ich weiß es auch; schweigt nur still! Und Elia sprach zu ihm: Elisa, bleibe doch hier, denn der Herr hat mich nach Jericho gesandt! Er aber sprach: So wahr der Herr lebt und so wahr deine Seele lebt, ich verlasse dich nicht! So kamen sie nach Jericho.

Da traten die Prophetensöhne, die in Jericho waren, zu Elisa und sprachen zu ihm: Weißt du auch, dass der Herr deinen Herrn heute über deinem Haupt hinwegnehmen wird? Er aber sprach: Ich weiß es auch; schweigt nur still! Und Elia sprach zu ihm: Bleibe doch hier, denn der Herr hat mich an den Jordan gesandt! Er aber sprach: So wahr der Herr lebt und so wahr deine Seele lebt, ich verlasse dich nicht! Und so gingen sie beide miteinander. Und 50 Mann von den Prophetensöhnen gingen hin und stellten sich ihnen gegenüber in einiger Entfernung auf, während diese beiden am Jordan standen. Da nahm Elia seinen Mantel und wickelte ihn zusammen und schlug damit das Wasser; das teilte sich nach beiden Seiten, sodass sie beide auf dem Trockenen hindurchgingen. Und es geschah, als sie hinübergegangen waren, da sprach Elia zu Elisa: Erbitte, was ich dir tun soll, ehe ich von dir genommen werde! Und Elisa sprach: Möchte mir doch ein zweifacher Anteil von deinem Geist gegeben werden! Er sprach: Du hast etwas Schweres erbeten: Wirst du mich sehen, wenn ich von dir hinweggenommen werde, so wird es dir zuteil werden, wenn aber nicht, so wird es nicht geschehen! Und es geschah, während sie noch miteinander gingen und redeten, siehe, da kam ein feuriger Wagen mit feurigen Pferden und trennte beide voneinander. Und Elia fuhr im Sturmwind auf zum Himmel. Elisa aber sah ihn und rief: »Mein Vater! Mein Vater! Der Wagen Israels und seine Reiter!« Und als er ihn nicht mehr sah, nahm er seine Kleider und zerriss sie in zwei Stücke, und er hob den Mantel des Elia auf, der von diesem herabgefallen war und kehrte um und trat an das Ufer des Jordan. Und er nahm den Mantel des Elia, der von ihm herabgefallen war, und schlug damit das Wasser und sprach: Wo ist der Herr, der Gott des Elia? Und als er so das Wasser schlug, teilte es sich nach beiden Seiten, und Elisa ging hindurch« (2. Könige 2,1-14).

Nun, in jenen Tagen war der Mantel, obwohl er ein Überwurf war (das hebräische Wort ist »Addereth«), ein Sinnbild und repräsentierte die Salbung, die auf Elia lag. Ein Mantel war meist ein weites Gewand, das man über den Kleidern trug und das gewöhnlich aus Schaffellen bestand; doch gemäß einiger Theologen hat es den Anschein, als sei er Elias einziges Kleid gewesen und möglicherweise mit einem Lederriemen befestigt, sodass er auf den Mantel als seine tägliche Bedeckung angewiesen war.[40]

Eine Randbemerkung: Die Bibel wendet die Bezeichnung eines Mantels (das hebräische Wort lautet *me'il*) auch auf »das Gewand des Ephod« an, eine blaue Tunika, ohne Saum gewoben, die bis über die Knie reichte und zum Anziehen über den Kopf gezogen wurde. Diese wurde von Priestern, Königen, Propheten und reichen Leuten getragen. Es war der »kleine Überzug«, den Samuels Mutter ihm Jahr für Jahr nach Silo brachte, eine Miniaturversion des offiziellen priesterlichen Gewandes.[41]

Wo man einen Mantel findet

Elia sagte Elisa, er könne den Mantel bekommen, wenn Elisa ihn in den Himmel auffahren sehen würde. Das bedeutete, dass Elisa die ganze Zeit da sein sollte, damit er die Gelegenheit nicht verpasste. Wenn Elisa ihn wirklich wollte, musste er alles in seiner Macht Stehende tun, um ihn zu bekommen, selbst wenn es bedeutete, dass er seinem Mentor näher kommen musste als dessen Schatten. *So blieb Elisa beharrlich dabei und hielt sich wie Klebstoff an Elia, und schließlich bekam er den doppelten Anteil, weil er nicht von seiner Seite weichen wollte. Das Prinzip, das es festzuhalten gilt, ist dies: Wenn du den Mantel von Gott empfangen willst, dann bleibe wie Sekundenkleber an Ihm kleben. Verlange ernsthaft nach Seinem höchsten Willen und nach Seinem höchsten Plan für dein Leben.*

Als Elia starb, riss sich Elisa alle Kleider vom Leib und trug wie Elia den Mantel als volles und einziges Kleidungsstück, das ihm ebenso viel bedeutete und für ihn ebenso wichtig war wie es für Elia der Fall gewesen war.

Als Elisa auf seinem Totenbett in seinem eigenen Haus lag (vgl. 2. Kön. 13,14-19), kam Joasch, um über Elisas bevorstehenden Tod zu klagen und äußerte dieselben Worte, die Elisa sprach, als Elia weggenommen wurde. »Mein Vater, mein Vater! Die Wagen Israels und seine Reiter!«

---

40 Matthew George Easton, *Easton's Bible Dictionary* (1897), s.v. «Mantle". http://www.studylight.org/dic/ebd/view.cgi?number=T2408
41 Ebd.

Und selbst der tote Körper Elisas weckte einen Toten zum Leben auf. Dieser Leichnam wurde in sein Grab gelegt und sobald er Elias Überreste berührte, wurde der Verstorbene wieder lebendig und stand auf (vgl. 2. Kön. 13,20-21). Im Leben, und selbst im Tod, bewirkte dieser Mantel große Wunder. Dieses Wunder geschah, weil der Tote mit dem doppelten Anteil vom Geist Elias, der sich noch immer in Elisas Knochen befand, in Berührung kam..

Es ist interessant zu beachten, dass, als Elisa starb, niemand nach seinem Mantel fragte. Ich möchte, dass du dies im Gedächtnis behältst, wenn ich nun die Vision eines jungen Mannes erzähle, die er mir vor vielen Jahren mitgeteilt hatte. Seine Vision hatte eine große Wirkung auf mich und bis heute ist sie wegen ihrer großen Bedeutung für unsere potenzielle Bestimmung noch immer ganz vorne in meinem Sinn.

In seiner Vision kam er in ein Tal, wo er Mäntel sah, die dem Gewand Elias, das Elisa trug, glichen. Er sah Mäntel, die am Boden lagen, die Smith Wigglesworth, Kathryn Kuhlmann, Martin Luther, Mose, Abraham und anderen gehörten – geistliche Mäntel, die auf großen Männern und Frauen gelegen haben, welche von Gott durch die Geschichte hindurch gebraucht worden waren. Er sah Mäntel, so weit sein Auge reichte. Einige der Mäntel sahen neu aus, als wären sie nie getragen worden, andere ziemlich gebraucht und einige sogar ausgetragen und verschlissen.

Diese Mäntel sind ein Hinweis darauf, dass auch heute noch viele Mäntel zur Verfügung stehen. Auch wir können einem Mantel entwachsen und auch dieser würde dann zur Verfügung stehen, sodass jemand anderes ihn tragen könnte. Wir können um einen Mantel bitten, wie Elisa dies getan hatte (Elia forderte Elisa auf, zu bitten) und der Herr wird ihn geben, wenn es Sein Wille ist (vgl. 2. Kön. 2,9). Doch wenn wir bitten, haben wir vielleicht keinen speziellen Mantel im Sinn; darum wird Gott uns einen Mantel Seiner Wahl anbieten. Ich glaube, dass Sein Angebot kommt, wenn Er unser leidenschaftliches Verlangen nach Ihm sieht, das stärker ist als die Sehnsucht nach allem anderen, sogar stärker als das Begehren des Mantels.

Ich habe vorhin erwähnt, dass Gott uns gewöhnlich einen Mantel gibt, aber es gibt Fälle, in denen Gott, wenn wir treu sind und in einen hineinwachsen (oder einem anderen entwachsen), uns in einen neuen kleiden wird. Den ersten Mantel, den Gott auf mein Leben legte, war der Mantel eines Evangelisten. Ich zog ihn an und blieb darin treu und wuchs schließlich ganz in ihn hinein. Zwei Jahre später bot mir Gott einen neuen Mantel an und sagte: »Möchtest du diesen hier?«

Ich mochte ihn, aber verstand nicht so recht, was es war, und so fragte ich: »Was ist es, Herr?«

Er erklärte, es sei der Mantel eines Propheten. Ich probierte ihn an, aber er passte nicht so recht. Natürlich – ich fühlte mich in meinem alten Mantel wohl; an diesen musste ich mich erst gewöhnen. Manchmal, wenn wir einen neuen Mantel tragen, hat es nicht den Anschein, als passte er, aber wir können in ihn hineinwachsen, wie ich dies tat. Wir mögen uns zunächst schrecklich oder ausgestellt fühlen, doch Gott trifft stets eine weise Wahl. Die Leute mögen zunächst feststellen und sagen: »Hey, wow, schau mal an, was sich da in deinem Leben tut, Kumpel!«

Ich musste mich erst im prophetischen Mantel wohlfühlen lernen, doch jetzt passt er mir richtig gut, wie ein Handschuh. Gott kam jedoch erneut und bot mir noch einen anderen an. »Todd, Ich habe einen neuen Mantel für dich, schau dir den an!« Es war der Mantel eines Apostels. Sobald ich ihn sah, sagte ich: »Gott, ich möchte diesen lieber nicht. Ich möchte weiter meinen evangelistischen Mantel tragen und den Mantel des Propheten, doch, bitte, lege mir nicht diese Aposteljacke an. Es schaut für mich nicht in Ordnung aus und fühlt sich auch nicht in Ordnung an, und übrigens fange ich gerade erst an, mich an den prophetischen Mantel zu gewöhnen«.

Es dauerte nicht lange, bis ich dem Herrn nachgab und den apostolischen Mantel entgegennahm. Ich wachse noch immer in ihn hinein. Wir wachsen in diese Dinge hinein. Die Mäntel werden mit dir mitwachsen. Erinnerst du dich, als Gott die Kinder Israel aus Ägypten herausbrachte? Sie waren 40 Jahre in der Wüste und sie trugen während dieser 40 Jahre dieselben Kleider und dieselben Schuhe (diese sind mit ihnen mitgewachsen!). Wie sie wachsen auch wir in unsere Mäntel hinein und unsere Mäntel wachsen mit uns.

Im Ganzen gab mir Gott drei Mäntel, wenn auch nicht den Mantel irgendeiner großen Person von einst – zumindest glaube ich das nicht – aber sie können noch erhältlich sein, und sei nicht überrascht, wenn du dich von Zeit zu Zeit aufs Neue mit einem Mantel bekleidet vorfindest.

Die verödeten Erbteile erben

Was haben unsere Vorväter uns als Erbe hinterlassen? Oberflächlich betrachtet mag es nicht nach viel aussehen, denn zum größten Teil erinnern wir uns nicht mehr an die großen Erweckungen der Vergangenheit, die sich, sagen wir, vor 200 Jahren ereignet haben. Doch haben viele Dienste aufgehört und viele Diener Gottes sind gestorben, ohne den geistlichen Stab einem anderen weitergegeben zu haben. Betrachte nur einmal einige große Evangelisten der Vergangenheit, deren Söhne oder Töchter das Werk des Herrn oder das Mandat, das Er einer Mutter oder einem Vater gegeben hat, nicht weitergeführt haben. Einige habe nie das Werk des Dienstes geerbt oder es durch die nächste Generation weitergetragen. Dennoch glaube ich, dass der Herr dabei ist, diese verlegten, verlorenen oder vergessenen Salbungen auf bestimmten Gläubigen wiederherzustellen. Als Er die Herrlichkeit des Dienstes des Messias schilderte, sagte der Herr durch den Propheten:

»*Zur Zeit des Wohlgefallens habe ich dich erhört und am Tag des Heils habe ich dir geholfen. Und ich werde dich behüten und dich zum Bund des Volkes machen, das Land aufzurichten, die verödeten Erbteile auszuteilen*« (Jes. 49,8).

Hast du je daran gedacht, die verödeten Erbteile anderer zu erben? Erbteil bedeutet »Erbschaft, Vermächtnis und Geburtsrecht«. Gott sagte zu mir: »Todd, Ich werde Männer und Frauen dazu bewegen, verödete Erbteile zu empfangen«.

Dann brachte der Heilige Geist mir ein Wort aus Jesaja ins Bewusstsein:

»*Und die von dir kommen, werden die uralten Trümmerstätten aufbauen, die Grundmauern vergangener Generationen wirst du aufrichten . Und du wirst genannt werden: Vermaurer von Breschen, Wiederhersteller von Straßen zum Wohnen*« (Jes. 58,12).

Wie aufregend – die Fundamente vieler Generationen! Gibt es heute eine Generation, die Gott mit den Fundamenten längst vergangener und seither verlorener Generationen betrauen will? Können wir jene Fundamente für Gott wieder aufbauen? Ist es tatsächlich möglich, in das eigentliche Erbe längst vergangener Generationen zu gelangen und seine Frucht heute zu genießen? Ich glaube dies von ganzem Herzen, mit einem deutlichen »Ja!« Denke doch nur an das Potenzial, die Fundamente *vieler* Generationen wieder aufzurichten! Als Vermaurer der Risse und Wiederhersteller der Straßen, sodass man wieder dort wohnen kann, wird es solche geben, die zur Wiederherstellung gesalbt sind; das heißt, solche, die der Herr einsetzen wird, um die Pfade vieler Berufungen wiederherzustellen, denn es gibt viele, die heute zu Gott rufen und um prophetische Antworten bitten auf Fragen wie »Wo bin ich? Was ist meine Bestimmung? Was ist meine Zukunft? Wo möchtest Du mich haben? Ich bin doch gerade in der Wüste und diese Dinge scheinen so weit weg zu sein!«

Jesaja prophezeite auch die Gute Nachricht der Errettung und der Salbung, damit diese verkündigt werde, um zu heilen, den Gefangenen Freiheit zu verkünden und die Gebundenen zu lösen (vgl. Jes. 61,1). Jesus war die Erfüllung dieser Prophetie (vgl. Lk. 4,17-20). Doch lies in Jesaja 61 weiter und schau, was Gott noch sagt:

»Sie werden die uralten Trümmerstätten aufbauen, das früher Verödete wieder aufrichten. Und sie werden die verwüsteten Städte erneuern, was verödet lag von Generation zu Generation« (Jes. 61,4).

Das ist ein echter Nachtrag! Hier sehen wir, wie Gott sagt: »Ich halte Ausschau nach Leuten, die Geschichte machen – nach Männern und Frauen, denen ich den Auftrag erteilen kann, das frühere, verwüstete Erbe wieder aufzubauen«.

Das Herz Gottes drängte mich zu sagen: »Ich trete nach vorne, Gott; erwähle mich! Ich möchte diese Erbteile«, *weil ich erkannt habe, dass unsere Leistungen heute nur so groß sein können wie die Schultern, auf denen wir stehen. Unsere Stoßkraft im Geist führt von der Stoßkraft unserer Väter weiter. Das Reich Gottes schreitet voran – wir beginnen da, wo sie aufgehört haben, und wir bewegen uns voran, und somit verbinden und steigern sich die Segnungen.*

Angehäufte Segnungen – was für ein aufregender Gedanke. Dennoch, wie ich zuvor betont habe: das will nicht heißen, dass wir bloß erben und dass es uns nichts kostet – es wird uns stets etwas kosten!

Der Segen von Generationen und das Erbe

Was möchtest du deinen Kindern und Kindeskindern hinterlassen? Wie wäre es mit einem dynamischen geistlichen Anstoß und einer reifen, geistlichen Haltung, wodurch sie auf einer so hohen Ebene und in einer so schnellen Dynamik beginnen können, wie du sie ihnen nur hinterlassen kannst? Die geistlichen Söhne und Töchter, die heute durch meinen Dienst und meine Salbung gegangen sind, werden ihren entsprechenden Dienst auf einer Ebene beginnen, für die ich sieben Jahre brauchte, um zu lernen, wie man baut. Dort werden sie alle starten. Sie werden nie klein anfangen, etwa mit 10 oder 20 Leuten, sondern sie werden das Potenzial haben, in Großevangelisationen voller verlorener und kranker Seelen zu predigen. Es gibt gerade jetzt da draußen Evangelisten, die durch die Tore unseres Dienstes geschritten sind, die für ein ganzes Jahr im Voraus ihre Reisepläne gebucht haben, aufgrund ihrer Verbindung, die sie mit meinem Dienst und meiner Salbung hatten. Sie kamen unter meinen Einfluss (ganz ähnlich wie Elisa unter Elias Einfluss kam), und so waren sie in einer Stellung, das Erbe meiner vorausgegangenen Jahre des Dienstes zu empfangen.

Sie brauchen nicht von Grund auf neu zu beginnen. Wenn es Gottes Wille und Wahl ist, können sie direkt in die Dynamik und auf die Ebene springen, auf der ich mich befand, als ich sie zu Jüngern machte. Leider ist es heute traurig, dass viele geistliche Eltern ihre Kinder nicht auf diese Weise aufziehen wollen – weil sie sich von ihrem Erfolg bedroht fühlen, oder aus was für Gründen auch immer. Wir müssen anders denken. *Ich bin entzückt, wenn ich sehe, wie Gott, wenn Er einen Mann oder eine Frau erwählt und sie mir als Mentor unterstellt, sie auf eine noch höhere Stufe hebt, als mich selbst. Jesus selbst hat gesagt, wir würden große und noch größere Werke tun, als die, die wir Ihn tun sahen, und ich glaube, dass diese Leute große und noch größere Werke tun werden als ich.* Das ist etwas, wonach wir alle streben sollten, wenn wir natürliche und geistliche Kinder hervorbringen. So hat Christus gelehrt, denn Er war völlig entschlossen, dass wir Sein Reich voranbringen würden, und das bedeutet ständige Bewegung und ein Erfüllen der Welt mit der Königsherrschaft Gottes.

Gott denkt vom Anfang bis ans Ende und an alles dazwischen – gleichzeitig. Weil also die Königsherrschaft voranschreitet, vorausblickt auf die Generationen, die noch kommen werden, denkt Er bereits an unsere Enkelkinder und Urenkel, die erst noch kommen werden. Warum tun wir das nicht auch? Wir denken immer im Rahmen des Heute; aber ich sage euch, warum nicht auf ein großes Erbe für sie hinarbeiten? Stell dir die geistlichen Segnungen vor, die du ihnen überlassen und vermachen kannst. Stell dir das Fundament vor, das du für sie bauen kannst, von dem aus sie dann arbeiten können. Höre: Wenn Gott dir eine prophetische Verheißung gibt, denkst du je weiter darüber hinaus, als bis dahin, wo sie in deinem eigenen Leben Frucht tragen kann? Blickst du darüber hinaus und denkst du über das Fundament dieser Vision nach, das du für deine Kinder legen kannst? Kannst du so darüber denken, dass du diese Träume, Visionen und prophetischen Worte hinsichtlich deiner Bestimmung auch deiner Nachkommenschaft und deren Nachkommenschaft zugänglich machst, sowohl natürlich wie geistlich?

Gewiss, es ist aufregend, wenn Gott uns etwas verheißt – wir sind wie die Kinder, die es dann gleich ausgeben möchten. »Schau, was mein Papa mir gegeben hat, und weißt du, was er mir versprochen hat?« Was wäre, wenn du diese Verheißung bis zu einem solchen Grade ausbauen würdest, dass diese Segnungen für deine Kinder wie Fontänen und tiefe Brunnen würden, von denen sie schöpfen können?

Es ist traurig, aber die Mehrheit unserer jungen Leute erben höchstens Religion und Tradition; doch wie wäre es, wenn wir alle unseren Kindern ein reiches geistliches Erbe anhäufen und hinterlassen würden? Selbst wenn du die vollste Manifestation deiner Verheißungen augrund irgendwelcher Umstände nicht mehr erleben solltest, dann bestimmt sie. Warum ihnen nicht einen Vorsprung verschaffen? Ihre Zimmerböden können bei unseren Zimmerdecken beginnen!

Beachte Gottes Zeitplan

»Er gedenkt ewig seines Bundes – des Wortes, das er geboten hat auf tausend Geschlechter hin« (Ps. 105,8). Wenn Gott ein Wort gibt, denkt Er über das Wort im Kontext von tausend Generationen. Wenn wir jedoch ein Wort vom Herrn empfangen, sind wir so aufgeregt darüber, dass es »gerade jetzt« geschehen wird. Und das ist sehr wohl verständlich, weil jede Gabe vom Vater zwangsläufig aufregend sein muss. Vertraue jedoch darauf, dass, auch wenn du siehst, dass etwas nicht zu deinen Lebzeiten geschieht, das nicht heißen muss, dass die Verheißung oder das Wort tot sind. Dieses Wort ist für immer gültig und es kann für tausend Generationen angewendet werden. Warum nicht darüber nachdenken, dieses Fundament zu legen – natürlich mit dem Gedanken, es auch zu erleben, doch ebenso mit der Gewissheit, dass, wenn du es nicht erleben würdest, eben deine Kinder oder deine Enkel oder die Kinder deiner Enkel es erleben werden? So kannst du dastehen und ein Wort oder eine Verheißung erben, die vor langer Zeit jemandem gegeben wurde – vielleicht ein Wort, das Er König David gab, deinem Ur-Urgroßvater oder selbst jemandem, der heute von Ihm abgefallen ist.

Es gibt heute viele Gemeinden da draußen, die ein prophetisches Wort oder eine Verheißung, die sie empfangen haben, nicht ausgelebt haben, und zwar aus verschiedenen Gründen. Vielleicht weil der Leiter starb oder weil die Zuhörerschaft ausblieb, oder das Gebäude musste abgerissen werden, um für die Autobahn Platz zu machen. Was auch immer die Gründe sein mögen, das Wort ist nicht verloren! Eine andere Gemeinde kann direkt in diese Verheißung eintreten. Vielleicht ist deine Gemeinde in eine Verheißung, die vor 200 Jahren an eine kleine Gemeinde auf dem Land ergangen war, eingetreten? Vielleicht greift dein Dienst das auf, worin ein anderer Dienst versagt hat?

Gottes Wort kehrt nie leer zurück, Er wird es stets füllen und erfüllen (vgl. Jes. 55,11). Er hat Sein Wort Tausenden und Abertausenden gegeben, aber auch wenn diese Leute tot und schon längst vergessen sind, bleibt Sein Wort noch immer lebendig und aktiv. Du kannst ja einmal im Internet surfen und die digitalen Daten-Archive durchstöbern über Aussagen und Dienste von Leuten, die vor langer Zeit gelebt haben. Du wirst feststellen, dass irgendetwas, das der Herr dem Dienst oder der Person verheißen hat, sich noch nicht verwirklicht hat; deshalb kannst du sagen: »Gott, auch wenn diese Verheißung schon 400 Jahre alt ist, ich möchte sie, Herr! Ich möchte sie auferwecken und es als mein Erbe beanspruchen!«

Höre, sollte ich aus irgendeinem Grunde vor der Zeit sterben, so kann ich erwarten, dass jemand anderes aufsteht und alle Träume und Verheißungen aufsammelt, die Gott mir für meinen Dienst gegeben hat, und jede einzelne voranbringt. Und bevor jene Person stirbt, kann er oder sie diese Pflanze oder diesen Samen pflegen und ihn in zukünftige Generationen einpflanzen, und so weiter. Die Natur des Reiches Gottes schreitet voran, dauert fort, übernimmt und stellt alles wieder her (das ist der Titel unseres nächsten Kapitels).

Im Rahmen von Generationen

»Der Ratschluss des Herrn besteht ewig, die Gedanken seines Herzens von Geschlecht zu Geschlecht« (Ps. 33,11). Das ist die Natur Gottes. Als Gott zu Abraham sprach, *sah* Er Isaak. Als Gott zu Isaak sprach, *sah* Er Jakob und als Er zu Jakob sprach, *sah* Er Josef. Als Gott Josef sah, *sah* Er dich und mich, weil alle Familien auf Erden durch Abraham gesegnet worden sind. Als Gott zu Abraham sprach, war es nicht einfach ein Wort an Abraham, es war ein Wort für alle Generationen nach ihm. Hast du das Bild beisammen? Wir können dieselben Träume und Visionen erben, die Gott Abraham verheißen hat: »Und ich will die segnen, die dich segnen, und wer dir flucht, den werde ich verfluchen; und in dir sollen gesegnet werden alle Geschlechter der Erde!« (1. Mose 12,3).

Hier hatte Gott gesagt: »Ich möchte die kommenden Generationen genauso segnen, wie ich dich, Abraham, gesegnet habe«. Was für ein atemberaubender Segen, wenn du überlegst, dass dies ein Segen für Tausend Generationen war. Gewichtig, schwerwiegend, reich, lieblich.

Psalm 78 malt ein wunderschönes Bild davon, wie Gott im Rahmen von Generationen denkt. Hier ist ein Ausschnitt:

»*Denn er hat ein Zeugnis aufgerichtet in Jakob und ein Gesetz aufgestellt in Israel, und er gebot unseren Vätern, es ihren Söhnen zu verkünden, damit das künftige Geschlecht es wisse, die Söhne, die geboren werden sollten, und (auch) sie aufständen und es ihren Söhnen erzählten. Damit sie auf Gott ihr Vertrauen setzten und die Taten Gottes nicht vergäßen*« (Ps. 78,5-7a).

In meinem gegenwärtigen Alter denke ich über mein Leben, meinen Dienst und über das nach, was ich aufbaue, doch auch wenn ich noch kein großväterliches Alter habe, denke ich doch bereits an die Kinder meiner Kinder und auch darüber nach, welches Erbe ich ihnen hinterlassen kann. Ich denke auch darüber nach, was ich meinen Protegés, meinen geistlichen Schülern oder geistlichen Kindern hinterlassen kann, denn ich habe eine Verantwortung für die kommenden Generationen. Wenn Gott Sich bewegt, dann bewegt Er Sich durch die Generationen hindurch; also ist heute die richtige Zeit, nach vergangenen Erbschaften zu forschen, sie zu entdecken und Gott um sie zu bitten. Viele von uns sitzen auf geistlichen Goldminen und wissen es nicht einmal! Diese geistlichen Goldminen werden zunehmen und die Erde mit der Herrlichkeit Gottes erfüllen. Wir können uns auch vornehmen, neue Vermächtnisse zu schaffen und nicht nur dort weiterzumachen, wo ein anderer vor uns aufgehört hat, sondern wir können auch darauf vertrauen, dass, welchen Weg der Herr uns auch führen mag, von diesem Tag an alles die zukünftigen Generationen beeinflussen wird.

Nun, was geschieht nach den »Tausend Generationen«? Bleiben die Erbschaften dann einfach liegen oder werden wir von ihnen abgeschnitten? David beantwortet dies auf wundervolle Weise: »*Der Herr kennt die Tage der Vollkommenen, und ihr Erbteil wird ewig sein*« (Ps. 37,18). Vielleicht erinnerte er sich an Gottes Verheißung an Abraham und an seine Nachkommen (vgl. 1. Mose 17,7). Wie steht es also? Kannst du deine Denkweise ändern und Generationen im Zusammenhang der Ewigkeit mit einschließen – so, wie das Ganze mit Gottes Plan für dein Leben zusammenhängt?

Ein prophetischer »Download«

Der Herr lud auf prophetische Weise Offenbarung zu mir herunter, die unser göttliches Erbe betrifft:

Ich sah Engel wie Wind, Feuer und Licht aus der Gemeinde hervorgehen, einen Lichtblitz, und Gott beleuchtete den Brief an die Hebräer: »Der seine Engel zu Winden macht und seine Diener zu einer Feuerflamme« (Hebr. 1,7).

Als ich diese Engel mit großer Geschwindigkeit in die verschiedenen Regionen der Erde ausschwärmen sah, sprach der Herr zu mir durch eine Schriftstelle aus dem Hebräerbrief: »Sind sie nicht alle dienstbare Geister, ausgesandt zum Dienst um derer willen, die die Errettung erben sollen?« (Hebr. 1,14).

Die Errettung ist ein Erbe. Der Heilige Geist sprach zu mir, dass es Engel gebe, die gerade jetzt wie Licht freigesetzt werden: »Die Eröffnung deiner Worte erleuchtet, gibt Einsicht den Einfältigen« (Ps. 119,130). Ich sah, wie die Engel mit dem Erbe der Errettung zugunsten von Familienmitgliedern ausziehen, die noch errettet werden müssen.

Sie werden die Errettung erben. Das ist ein prophetischer Erlass! Gott sagt, unser Erbe werde in Bekehrungen bestehen, denn dieses Erbe gibt Gott Seinem Volk, Seinen Diensten und Seinen Gemeinden. Stell dir vor, mehr als ein paar Neubekehrte pro Woche für das Reich Gottes zu erben ... wie wäre es mit etwa tausend? Es ist Erntezeit und ich spreche diesen Erlass, dieses Dekret, in den Himmel hinein: »Ich erkläre eine ganz neue evangelistische Salbung über der Gemeinde. Von diesem Tage an werden die Bekehrungen zunehmen!«

Zieh aus in dein Erbe

So, hast du dich dafür entschieden, was du erben willst? Vielleicht hast du es bereits getan. Du wirst es wissen. Was tust du, wenn du erfährst, dass du eine Erbschaft gewonnen hast? Zieh los, denn dies ist die richtige Zeit für die Zunahme der Königsherrschaft Gottes, und sie soll, wegen der unendlich angestauten Dynamik seit dem Beginn der Zeit, auf eine unvergleichliche Art zunehmen. Prophetien aus den vergangenen paar Jahrzehnten ereignen sich jetzt.

Vor ein paar Jahren legte mir der Herr mit Nachdruck ein paar prophetische Worte aufs Herz, die in den 1980er Jahren in Kansas City für die Generation X gegeben wurden. Zu der Zeit handelte das Wort des Herrn von »Joels Armee«, die sich erheben werde, eine namenlose, gesichtslose Generation, die für Gott große Siege manifestieren werde. Es würde eine geistliche Armee von jungen und alten Leuten sein, die nicht mit menschlichen Waffen kämpfen würden, sondern mit einer durchdringenden Liebe und der urwüchsigen Kraft Gottes! Viele Propheten haben seither von dieser riesigen Erweckungsarmee von Millionen radikaler Soldaten gesprochen, die Gott schulen würde, um auf erobernde Weise unter der Autorität Jesu Christi Boden für die Herrschaft Gottes einzunehmen.

Stadien würden sich mit suchenden Menschen und mit mächtigen Wundern füllen, und dies würde der Beginn einer großen Ernte sein. Ich gab meinen Gedanken laut mit Worten Ausdruck und sagte zu mir: »Die Generation X ist jetzt älter geworden, sie sind gealtert, darum liegen wir hiermit entweder vollständig daneben, wir haben dann das Wort Gottes falsch verstanden oder wir sitzen gerade da und lehnen uns zurück und warten, dass Gott alles Selbst für uns tun werde«.

Der Herr beantwortete mein Fragen und sagte: »Todd, sind diese Prophetien nicht großartig?«

»Sie waren großartig, Gott!«

»Sie handelten von einer spezifischen Generation. Du kennst das Wort; es hat sich noch nicht erfüllt. Auch wenn die Generation älter geworden ist, bleibt das prophetische Wort noch immer wahr!«

Plötzlich merkte ich, dass das Problem darin bestand, dass jeder wartete, bis sich die Vision ereignete, anstatt in sie hineinzutreten.

»Möchtest du diese Prophetien erben, Todd?«

Wollte ich das? Konnte ich das? »Ja, ich möchte sie gerne haben!«.

»Nun«, wies Gott mich an, »geh, miete ein Stadion«. Und das tat ich auch. Halleluja! Später wurde unser Dienst, *Fresh Fire Ministries*, in den Aufbau eines Trainingszentrums für »Joels Armee« involviert.

Weißt du, was ich dann wurde? Eine Erstlingsfrucht. Einige jener Propheten haben dies ausgesprochen, weil viele diese Prophetien der 1980er Jahre gehört und empfangen hatten, die meisten jedoch damit nichts anfingen. *Es ist eine Sache, etwas zu empfangen, aber etwas ganz anderes, in es hineinzutreten.* Ich wusste, welche Verheißung Gott mir bereits zuvor klar und deutlich zugesprochen hatte – dass ich ein Vorbote hinsichtlich prophetischer Worte werden könnte, wenn ich sie als die meinen beanspruchen würde, obwohl ich damals nicht in Kansas City lebte und zu jenem Zeitpunkt die Propheten oder Prophetien auch nicht kannte. Das machte nichts; ich beanspruchte sie dennoch für mich in meinem Herzen. Es waren die Worte des Herrn, die sich über Generationen nicht veränderten, die lebendig, aktiv, real und machtvoll sind, und ich weiß, dass ich zu der Prophetie passte und ihr entsprach. Also beanspruchte ich sie einfach für mich.

Bleibe dabei!

Beanspruche nichts, wenn du nicht vorhast, darin zu wandeln. Empfange nichts, wenn du nicht vorhast, es für dich zu beanspruchen. Bitte nicht darum, wenn du nicht vorhast, es zu empfangen, es zu beanspruchen und darin zu wandeln. *Verleih deinen prophetischen Träumen, Worten und Visionen in deinem Handeln Ausdruck aus und handle, als sei heute die Zeit dafür. Wie lange willst du noch darauf warten?* Vergiss nicht, dass ein anderer alles vollenden kann, was du ungeschehen zurücklässt, aber du baust dieses Fundament und du kannst deine Turmspitze für deine Nachfolger so zurücklassen, dass sie dort anfangen können, als ob es für sie der Fußboden wäre!

Ich habe gelernt, dass, wenn Gott mir ein prophetisches Wort gibt, und ich es voll in mein Herz aufnehme, das stets ein »Geh hin!« ist. Ohne Frage. In dem Augenblick, in dem ich ein Wort über mein Leben bekomme, bedeutet es für mich die Erlaubnis, loszuziehen. Wie viele Erbschaften der Vergangenheit gingen verloren, weil die Leute zuwarteten? Wie viele Samen wurden nie gepflanzt, nie bewässert, nie beschnitten? Gott möchte Erbschaften in dieser Generation einlösen.

Legale Anrechte

Wir können heute damit beginnen, Gottes Verheißungen zu erben. Vor einer meiner Versammlungen sagte mir der Heilige Geist, dass jemand da sein werde, dem ich prophetisch, im Namen des Herrn das Erbe der großen Erweckungspredigerin Aimee Semple McPherson »übergeben« soll. Ich sagte: »Herr, wie ist das möglich?« Er erklärte mir, dass die Person, die Er mir aufzeigen werde, eine generationenmäßige Verbindung zu Aimees Familienstammbaum habe und somit ein legales Anrecht darauf besitze. Ich gab und sprach das Wort über der betreffenden Person und sie bestätigte die Details, die Gott mir in Bezug auf sie gegeben hatte.

Ich weiß nicht, was es mit Miss McPherson auf sich hatte, doch ein anderes Mal, als ich über Erbschaften und über sie gesprochen hatte, sprang ein Mann auf und sagte: »Todd, das wirst du nicht glauben! Der Herr sagte mir, ich soll zu dieser Versammlung die Bibel mitbringen, die Aimee McPherson für meinen Großvater signiert hatte, und zwar an dem Tag, als er als Prediger in ihrem Dienst ordiniert wurde«. Daher hatte dieser Mann ein legales Anrecht darauf, das Erbe seines Großvaters zu beanspruchen, einfach aufgrund seiner Verbindung mit dieser großen Frau Gottes. Das Erbe kann deshalb in der physischen Familienlinie liegen und durch Generationen hindurch übertragen werden (vgl. 4. Mose 27,8-11; 36,6-8).

Vielleicht gibt es in deiner Familienlinie große Prediger, von denen du nicht einmal wusstest, dass sie existiert haben. Daher solltest du wissen, dass du auf das, worum sie sich bemühten, ein legales Anrecht hast und du auf dem weiterbauen kannst, was sie zurückgelassen haben. Ja, du kannst sogar ihren Einfluss und ihre

Gunst als ein direkter Nachkomme erben. Betrachte nur einmal einige der großen Evangelisten unserer Tage, wie etwa Billy Graham und seinen Sohn William Franklin Graham. Er scheint, allem Anschein nach, den Mantel seines Vaters geerbt zu haben, und er hat auf dem Fundament weitergebaut, das sein Vater gelegt hat. Er hat auch auf unglaubliche Weise Grund eingenommen durch die Organisation, die er gegründet hat, bekannt als »Weihnachten im Schuhkarton«. Dies ist ein riesiges, weltweites Projekt der Barmherzigkeit, das im Jahr 1993 begann und das Familien einlädt, zur Verteilung an die Armen in Übersee Schuhkartons mit Geschenken zu füllen. Die Organisation erreichte 7,3 Millionen Kinder allein im Jahre 2005 mit der Liebe Christi und beeinflusste dadurch deren Leben nachhaltig für die Ewigkeit![42] Während er im natürlichen Bereich das legale Anrecht auf den Dienst seines Vaters haben mag, hat er im Geist das wirkliche legale Anrecht gemäß Gottes Willen für sein Leben und seine Nachkommen haben ebenso das legale geistliche Anrecht.

Es könnte sehr wohl die Zeit wert sein, wenn du dich einmal eingehender mit deinem Familienstammbaum befasst, nur um zu prüfen, ob da nicht etwa potenzielle legale Erbschaften im Herrn vorhanden sind. Vielleicht stellst du fest, dass du ein Christ der ersten Generation bist, aber sei nicht überrascht, wenn du in deiner Generationenlinie noch weitere Gläubige vorfindest.

Es kann sein, dass du keine Leute in deiner Abstammungslinie findest, aus denen du, als aus einer Erbschaftsquelle, Nutzen ziehen könntest, doch das bedeutet keineswegs, dass dir keine derartigen Erbschaften[43] zustehen, weil du ja auch viele Brüder und Schwestern in Christus hast, ebenso auch geistliche Väter und Mütter, deren Erbe dir im Geist zugänglich ist.

Es kommt oft vor, dass ihr Erbe mit ihnen stirbt, weil so wenig Leute die Wahrheit bezüglich geistlicher Erbschaften verstehen; darum suchen auch nicht recht viele danach.

---

42 http://www.geschenke-der-hoffnung.org/weihnachten-im-schuhkarton/
43 Wohlgemerkt: Es geht hier nicht um unser allgemeines geistliches Erbe, das jedem Gläubigen in gleicher Weise zusteht (vgl. Eph. 1,11; Röm. 8,17; Apg. 20,32; Gal. 4.7; Tit. 3,7), sondern um das Erbteil spezifischer geistlicher Berufungen (Anm. d. Übers.).

Was gibt es zu erben?

Wenn Gott dir ein göttliches Familienerbe gibt, dann gibt Er dir denselben Traum und dasselbe Wort, das Er deinem Erblasser gab. Auch wenn du noch nie zuvor ein prophetisches Wort bekommen hast, das über deinem Leben ausgesprochen wurde, kannst du dieses Erbe einholen, weil diese Träume, Worte und Visionen noch immer im Himmel existieren. Mache dich auf, beanspruche sie und dann handle daraufhin, genauso wie ich bezüglich des prophetischen Wortes für Kansas handelte und danach trachtete, es in meinem Leben verwirklicht zu sehen, indem ich ein Trainingszentrum von »Joels Armee« einrichtete. Andere können es prophetisch aussprechen und du kannst es als dein Eigen beanspruchen; aber du wirst dem treu sein wollen, folglich ist es wichtig, dass du Zeit in der Gegenwart Gottes verbringst, um von Ihm die Strategie zu bekommen, wie du dein Erbe gebrauchen kannst.

1. Mäntel erben

Gott möchte auch, dass du Bescheid weißt in Bezug auf das Erben von Mänteln. Erinnere dich an meine frühere Geschichte, in der ein junger Mann eine Vision von einem Tal hatte, das voller Mäntel war. In jener Vision sagte ihm der Herr, er solle irgendeinen Mantel ergreifen, den er sich frei aussuchen konnte. Was für ein Dilemma, denn es gab viele, unter denen er wählen konnte. Er sah den Mantel von Elia, von Elisa, von Abraham, Jakob und anderen, und es war ebenso schwierig, nur einen zu ergreifen, wie es für ein Kind schwierig wäre, nur ein einziges Bonbon aus einem ganzen Bonbongeschäft auszuwählen. Gerade als er schon meinte, irgendwie in der Patsche zu sitzen, fiel ihm ein besonders leuchtender Mantel auf. Er sah nicht aus wie die anderen, doch empfand er in seinem Geist, dass niemand diesen wollte, dass es einer war, der oft übersehen oder ausgelassen worden war.

Wem gehörte dieser Mantel? Henoch! Sofort wählte er diesen. Vielleicht wollte ihn niemand, weil die Bibel sagt, dass Henoch »eines Tages nicht mehr war«, denn die meisten Leute möchten nicht an einem Tag da sein und am nächsten schon nicht mehr (vgl.

1. Mose 5,24). Was sie jedoch dabei übersahen, ist, dass Henoch mit Gott wandelte… dass er mit dem Schöpfer des Universums *wandelte*! Alles, was dieser junge Mann wollte, war es, so mit Gott zu wandeln, wie Henoch dies tat, und er bestand Gottes Test, indem er für diesen Abschnitt seines Lebens das Richtige wählte. Weil die Wahl dieses Jugendlichen den Herrn dermaßen freute, ließ der Herr eine »unbegrenzte Einladung« ergehen, einen weiteren Mantel zu erwählen, wobei er ihm gleichsam eine Blankovollmacht aushändigte, vergleichbar einer Platin-Kreditkarte mit einem unbegrenzten Königreichs-Kreditrahmen darauf. Preis dem Herrn! Stell dir die Mäntel vor, um die er hätte bitten können! Stell dir vor, wenn Salomos Mantel zur Verfügung gestanden hätte![44] Wow!

2. Das Reich Gottes erben

Ja, alle an Jesus Christus Gläubigen werden in das Königreich Gottes *eingehen* und werden das Reich Gottes *sehen*, aber es gibt auch *ein Erbe* des Reiches Gottes, das nicht unbedingt jedem Gläubigen hier auf Erden zufallen wird.

Der Verfasser des Hebräerbriefes sagt: »… damit ihr nicht träge werdet, sondern Nachahmer derer, die durch Glauben und Ausharren die Verheißungen erben« (Hebr. 6,12). Diejenigen, die im Glauben hineindringen und Geduld üben, werden die Verheißungen erben. Wir brauchen nie irgendeiner Entmutigung Raum geben, denn wir können uns selbst stets im Herrn ermutigen, wie David dies tat (vgl. 1. Sam. 30,6).

3. Segnungen erben

»Endlich aber seid alle gleichgesinnt, mitleidig, voll brüderlicher Liebe, barmherzig, demütig, und vergeltet nicht Böses mit Bösem oder Scheltwort mit Scheltwort, sondern im Gegenteil segnet, weil ihr dazu berufen worden seid, dass ihr Segen erbt« (1. Petr. 3,8-9).

---

[44] Hier geht es nicht darum, dass der *geistliche* Reichtum jedes Gläubigen in Christus den Reichtum König Salomos natürlich bei Weitem übersteigt (vgl. Mt. 12,42; Eph. 1,3.18; Kol. 2,2), sondern um die spezifische Berufung, in diesem irdischen Leben, also auf dieser Seite des Himmels, materiellen Reichtum anzuhäufen, der dem eines König Salomo entspricht, also Bill-Gates-Berufungen in materieller Hinsicht (Anm. d. Übers.).

Hier haben wir ein Beispiel dafür, wie wir uns positionieren, um einen Segen zu erben. In diesem Zusammenhang lieben wir einander nicht nur, weil wir Glieder am gleich Leib Christi sind, nicht nur um derer willen, für die Jesus starb, sondern wir lieben einander auch um unserer selbst willen; indem wir diejenigen segnen, die uns Übles getan haben, werden wir einen Segen ernten. Wenn du jemand anderen nicht um Jesu willen oder um derer willen lieben kannst, die Er liebt, dann liebe ihn um deiner selbst willen, weil Segnungen die Frucht davon sind.[45]

4. Die Herrlichkeit erben

»*Ehre erben die Weisen, die Toren aber tragen Schande davon*« (Spr. 3,35).

Es ist nicht die Herrlichkeit dieser Welt oder die Ehre unter den Menschen, die wir erben, sondern eine ewige Herrlichkeit mit Christus Jesus, die wir als ein Geschenk aufgrund des Vermächtnisses des Vaters bekommen, das uns als Seine Kinder aufgrund des Todes Christi erreicht.

Sechs Erbteile im Segen Abrahams

1. Eine große Nation

Als Gott zu Abraham sprach, »sah« Er jeden einzelnen von uns, weil in Abraham alle Geschlechter auf Erden gesegnet wurden. Wir sprachen etwas früher in diesem Kapitel davon, als ich ausführte, dass Gott Abraham sagte, Er werde diejenigen segnen, die ihn segnen, und diejenigen verfluchen, die ihn verfluchen.

Gott möchte unsere Familien, unsere Dienste und unsere Gemeinde zu großen »Nationen« machen, damit wir deren Fruchtbarkeit und deren Erfolg genießen. Er möchte Nationen aus unseren Lenden hervorbringen. Vielleicht werden wir jeweils nur einem einzigen Traum zur Geburt verhelfen, doch dieser Traum kann eine Nation berühren. Vielleicht gibt Er uns auch viele Träume oder aber wir übernehmen Träume von anderen, die lange vor uns

---

45 David Guzik, »Commentary on Hebrews 6«, *David Guzik's Commentaries on the Bible* (Enduring Word Media, 1997-2003). http://studylight.org/guz/view.cgi?book=heb&chapter=006

lebten, oder Er stellt uns auf Fundamente, die bereits gelegt sind, oder Er versetzt uns in eine rasante Dynamik zur Zunahme Seiner Königsherrschaft.

2. Ein großer Name

Du hast ein Recht auf diese Segnungen, die Gott für dich im Geistbereich bereitliegen hat. Er möchte deinen Namen groß machen, dich mit Seiner Gunst bevorzugen und dich mit einem großen Namen und einem guten Ruf erheben – einem Namen, der dir vorauseilt – einem Namen, an den sich noch Generationen erinnern werden, weil Gott deinen Namen groß gemacht hat (vgl. Spr. 22,1). Wie sehr willst du einen großen Namen haben zu Seiner Herrlichkeit? Gott ist in deinem Namen! Ein guter Namen ist besser als »kostbares Salböl« (vgl. Pred. 7,1).

Allein schon der Name der Nation Israel brachte Furcht über ihre Feinde, weil Gott ihren Namen groß gemacht hatte (vgl. 1. Mose 35,5). Ein großer Name ist für einen Gläubigen entscheidend.

3. Finanzielles Aufblühen

Gott möchte, dass du anderen aus deiner Fülle und nicht aus deinem Mangel heraus gibst. Wie aber kannst du andere finanziell segnen, wenn du nichts zu geben hast? Es ist in Ordnung, von einem materiellen Standpunkt aus an Segen zu denken, wenn es um Unternehmungen und Fortschritte geht, die das Reich Gottes betreffen. Gott möchte auch nicht, dass wir in Armut leben – wir sollen der Welt gegenüber ein Beispiel sein für Seinen Überfluss, Seine Gnade, Seine Großzügigkeit, Seine Kreativität, Seine Weisheit und Seine Gunst. Stell dir eine Welt von finanziell wohlhabenden Christen vor, die konsequent und ständig alle Ehre Gott geben während sie gleichzeitig verstehen, dass ihr ganzer Reichtum Ihm gehört. Stell dir vor, wie wir Seine finanziellen Segnungen bei unserer evangelistischen Arbeit als ein Zeugen einsetzen könnten! Gott möchte dich segnen; du bist das Kind eines Königs von unbegrenztem Reichtum.

Wir können durch die Versorgung des Herrn zu einem finanziell wohlhabenden Erbe gelangen. Der Knecht erzählte Laban von Gottes Großzügigkeit gegenüber Abraham, seinem Herrn, um dessentwillen er wegen Isaak, des Sohnes seines Herrn, gekommen war, um für ihn eine Braut zu suchen: »Der Herr hat meinen Herrn sehr gesegnet, sodass er groß geworden ist; und er hat ihm Kleinvieh gegeben und Rinder und Silber und Gold und Knechte und Mägde und Kamele und Esel« (1. Mose 24,35).

Bevor ich in den vollzeitlichen Dienst trat, war ich in finanzieller Hinsicht arm. Die Armut begleitete verschiedene Generationen vor mir. Ich versuchte Arbeit zu finden, aber ich wurde abgewiesen und landete schließlich beim Sozialamt oder bei finanzieller Unterstützung irgendwelcher Art. Es schien, als würde ich es nie zu etwas bringen. Als ich jedoch anfing, ein bisschen hier und ein bisschen dort *treu* zu werden, schenkte Gott mir und meinem Dienst Gedeihen und ich versuchte, ein guter und treuer Verwalter zu sein für alles, was Er mir anvertraute.

Es ist so aufregend zu wissen, dass wir Erbschaften haben, die an unsere Familien und späteren Generationen weitergegeben werden. »Haus und Habe sind ein Erbteil der Väter«, und dies schließt auch geistliche Väter mit ein (Spr. 19,14). Als geistlicher Vater für viele in diesem Dienst möchte ich erklären, dass es jedem meiner Assistenten, Praktikanten, Söhne und Töchter, die wir in unserer »Armee Joels«, in unseren Dienstschulen und in unseren Konferenzen und Großevangelisationen heranbilden und auch sonst jedermann, der je ein Teil der »Nation« war, die Gott mir im Geist geschenkt hat, nie an etwas Gutem mangeln wird, was Gott für jeden einzelnen von ihnen bereit hat. Ich dekretiere, dass jeder einzelne von ihnen wegen seiner Beziehung zu mir ein Anrecht auf mein geistliches Erbe hat. *Genauso wie Gott Abraham gesegnet hat, so bin auch ich gesegnet und ebenso bist du es im mächtigen Namen Jesu!*

Manchmal ist es schwer, sich auf Abraham zu beziehen, weil er so viele Tausend Jahre vor uns lebte, doch wenn du dem Evangelium des Wohlstandes nicht glaubst, dann dringe ich in dich, dass du dich zurückziehst und einmal eingehend die Segnungen Abrahams, sowie das erstaunliche Erbe studierst, das Gott ihm verheißen hat.

Es steht im Wort; es ist auch für uns. Lass dich nicht irreleiten; interpretiere nicht falsch, was das Wort Gottes sagt, dass es für uns heute ist; verwechsle nicht die Wahrheit mit deinen eigenen Vorurteilen! Gott wünscht Sich finanzielles Gedeihen für Seine Kinder. Abraham war reich in Gott, und Gott machte ihn reich. Gott versprach, ihn zu segnen – alles andere ist grundlegend nicht Gottes Fülle für unser Leben.

4. Sieg

Gott möchte uns Sieg über unsere Feinde geben: »*Gepriesen sei Gott, der Höchste, der deine Bedränger in deine Hand ausgeliefert hat!*« (1. Mose 14,20). Sobald wir das Erbe Abrahams beanspruchen, werden wir Überwinder sein und unsere Bedränger werden in unsere Hände ausgeliefert werden aufgrund unserer Verbindung zu Abraham. Wir sind siegreich durch diese Verbindung.

5. Die manifeste Gegenwart Gottes

Gott verheißt uns Seine Gegenwart. Er verhieß Abraham und Isaak Seine Gegenwart. Hier spricht Gott von den Verheißungen, die Er Seinem Vater gegeben hatte: »*Halte dich auf in diesem Land, und ich werde mit dir sein und dich segnen; denn dir und deinen Nachkommen werde ich all diese Länder geben, und ich werde den Eid aufrechterhalten, den ich deinem Vater Abraham geschworen habe*« (1. Mose 26,3). Wiederum bestätigt Gott Seine Gegenwart die ganze Familienlinie hindurch, diesmal gegenüber Jakob: »*Siehe* [wie liebe ich das!], *ich bin mit dir, und will dich behüten überall, wohin du gehst*« (1. Mose 28,15). Weißt du, was das heißt? Das ist Gottes Schutz in der Gegenwart Gottes, des Allerhöchsten. Setze deinen Namen in diesen Schriftvers ein und sprich es laut: »*Siehe, ich bin mit dir,* [Todd / dein Name], *und ich werde dich behüten, wohin auch immer du gehst*«. So sage jetzt: »*Siehe, Gott ist bei mir, Er wird mich behüten, wohin auch immer ich gehe!*« Amen!

6. Wiederherstellung unerfüllter Erbschaften

Wir haben vieles in Bezug auf dieses Thema behandelt, aber es ist wichtig, es hier am Ende des Kapitels zu platzieren, weil Sieg, Erhebung und Gunst Gottes Wille für uns heute sind, und Er wird Wiederherstellung und Erneuerung für alles bringen, was wir verloren haben. Was haben wir verloren? Zeugnisse, Erbschaften, Träume, Visionen, Überfluss, Sieg und Gunst, und ohne Zweifel *mehr* als der Feind uns gestohlen hat oder das, was wir liegengelassen haben. Sie sind über das Feld der Träume verstreut und warten auf dich, dass du all das einforderst und verwirklichst, und zwar mit der Hilfe des Vaters.

Ich glaube, dass Gott einige von euch, die dies heute lesen, an diesen Ort im Geist mitnehmen möchte, um ihnen zu zeigen, welches ihre Erbschaften sind. Der Psalmist sagte, dass denen, die sich im Herrn freuen, Gott das Verlangen ihres Herzens gewähren werde (vgl. Ps. 37,4). Du weißt, was du zu tun hast, um das als dein Eigentum zu beanspruchen. Trachte vor allem anderen nach Gott, folge Ihm mit deiner ganzen Kraft, und dann lass Ihn dich mitnehmen auf Sein Feld der Träume und Mäntel, um den auszuwählen, den du möchtest. Sei treu darin, mach etwas daraus! Und sei dir gewiss, dass es dem Vater Vergnügen bereitet, wenn du dich jeden Tag in Seinen kostbaren Mantel hüllst und nach verborgenen Schätzen forschst, die das Reich Gottes voranbringen werden zu Seiner endgültigen Herrlichkeit. Werde Teil einer Gruppe von Gläubigen, die dafür gesalbt ist, anderen die Wiederherstellung verlorener Erbschaften zurückzubringen, sodass auch sie auf den Weg der Bestimmung zurückgebracht werden, damit die Erde erfüllt werde mit Seiner Herrlichkeit und Gegenwart.

Reich-Gottes-Anwendungen
- Denke über den Dienst deines Lebens nach und über die Art von Vermächtnis, das du für die kommenden Generationen hinterlassen kannst.
- Entdecke, was Gott bereits verheißen hat oder beginne ein neues Vermächtnis.
- Suche die Pläne und Ratschlüsse des Herrn (vgl. Ps. 33,11).
- Geh und tu es, jetzt.

- Bitte Gott um einen Mantel; gib dich hin und empfange ihn.
- Sammle Worte, Visionen und Träume, die in dein Leben hineingesprochen wurden. Suche nach solchen, die du haben möchtest. Beanspruche sie, mach dich auf und lass sie Wirklichkeit werden.

Persönliches Gebet

Vater, vielen Dank für den Wein und Honig Deines Geistes. O Herr, ich möchte träumen. Ich möchte groß träumen. Ich möchte in meinen Träumen Dein Partner sein. Ich möchte mit Dir gehen, nein, rennen auf Deinem Feld der Träume und für immer die Art, wie ich denke und sehe, verändern. Ich möchte da hindurchlaufen, Herr, während Lachen, Freude, Hoffnung und Erwartung durch mein Herz strömen und die erfrischende Brise Deines Heiligen Geistes mich hoch erhebt, um Dich zu verherrlichen. Ich möchte meine Träume, Deine Träume, unsere Träume bis zur Ernte erleben und erfüllen. Jesus, wo ich Deinen Geist unterbinde oder dämpfe, da befreie mich zur Fülle des großen Träumens mit Dir. Brüte meine Träume aus im Geist, und pflanze in mein Herz das Verlangen, die Vision. O Herr, ich hoffe auf, erwarte und sehne mich nach einem großen Traum. Wenn ich auf meinem Bett liege, meditiere und aus meinem Herzen jene Träume und Visionen ziehe, die ich im natürlichen Bereich nie für möglich gehalten hätte, so rufe ich sie aus dem Himmel herbei, gerade jetzt. Ich gebäre diese Dinge und rufe sie herbei. Vergib mir, dass ich es versäumt habe, auf die Worte und Prophetien hin zu handeln, die ich in der Vergangenheit empfangen habe. Ich beanspruche sie jetzt und suche nach alten Worten aus weit zurückliegenden Zeiten, die sich bislang nie erfüllt haben. Bitte befreie diesen Bereich des Geistes. Befreie den Honig und den Wein, sodass ich von Deinem Geist trinken kann – selbst wenn ich heute Nacht schlafe – und bringe jeden Schatz zur Geburt, der in Deiner Berufung enthalten ist. Ich bitte diese Dinge zu Deiner Ehre, Vater. In Jesu Namen. Amen.

Gemeinschaftliches Gebet

Vater, ich möchte Dir dafür danken, dass Du die Salbung über mir freigesetzt hast, um eine Wiederherstellung herbeizuführen, die Männer und Frauen Gottes dazu bringen wird, in ihre Erbschaften einzutreten, die für viele Generationen verloren gegangen waren. Gott, durch das prophetische Wort, das ich heute über Männer und Frauen ausspreche, setze ich verlassene Erbschaften frei. Ich erkläre, dass diese Generation diejenige sein wird, die das Fundament für viele spätere Generationen legen wird und das, was in der Vergangenheit verlorengegangen war, wird sich heute manifestieren und hervorkommen. Es wird sich in unserem Leben zeigen, in unseren Diensten, in unseren Ländern und der Gemeinde. Dank sei Dir, Gott, für diese Erbschaften, und dass Dein Segen – der Segen Abrahams – auf uns kommt.

Gott, nimm jene Männer und Frauen, die bereit sind, mit auf das Feld der Träume zu gehen und setze die Salbung frei, die jeden Traum und jede Vision verursachen wird, den Du wiederhergestellt haben möchtest. Bitte zeige uns, welches die Erbschaften sind und wo sie sich befinden. Wir möchten das Potenzial der verödeten Schätze vieler Generationen empfangen. Gott, Dein Wort bleibt bestehen für tausend Generationen. Wir werden diesen Traum nehmen und wir werden auch diese Vision nehmen und wir werden jene Erbschaften erwerben.

Wir möchten die göttlichen Erbschaften unserer Familien entdecken und wir möchten diese Erbschaften für unser Leben und für das Leben unserer Kindeskinder beanspruchen. Gott, wir beanspruchen die Erbschaften unserer Familien. Wir beanspruchen die geistlichen und göttlichen Erbschaften früherer Generationen in unseren Familien. Vater, bitte schenke uns Offenbarung in dieser Angelegenheit, sodass wir ein Verständnis haben, worin diese Erbschaften bestehen.

Wir sind zur Erkenntnis gelangt, dass wir uns die Zeugnisse und Erbschaften von großen Männern und Frauen Gottes aneignen können. Wir möchten in ein solches Erbe eintreten, Vater; wir möchten kein einziges Erbe verfehlen, von dem Du möchtest, dass wir es bekommen. Wir möchten dasselbe Erbe empfangen, das Du dem Abraham gegeben hast. Du hast seinen Namen groß gemacht, Du hast ihn zu einer großen Nation gemacht, Du hast ihn zu einem großen Segen gemacht und Du hast seine Feinde in seine Hand ausgeliefert. Vater, Deine Gegenwart war mit ihm und Du gabst ihm materiellen Segen, sodass er für andere ein Segen werden konnte.

Wir sind uns auch bewusst, dass Du große Heilungsdienste geplant hast, die Deinem Namen Ehre einbringen sollen, doch manches ist noch nicht Wirklichkeit geworden. Auch gibt es Männer und Frauen, die Du zu einem machtvollen Anbetungsdienst berufen hast, aber sie hatten nie eine Chance, sich in dieser Salbung zu bewegen. Es gibt solche, die du bestimmt hast, Deine Gemeinde zu bauen und solche, die einen Befreiungsdienst haben sollen, doch es kam nicht dazu. Wir möchten diese verlorenen Erbschaften empfangen, Herr. Wir möchten das Heilungserbe, das Befreiungserbe, das prophetische Erbe, das Erbe des Gemeindebaus, des Missionswerkes und aller Ressourcen, die du Männern und Frauen verheißen hast. Wir ergreifen diese Erbschaften heute, Herr, im Namen Jesu.

Gott, wir beanspruchen die Erbschaften, die Träume und die Visionen für unsere Städte und unsere Nationen. Jene Visionen, die Du den großen Erweckungspredigern in unseren Nationen gegeben hast – wir beanspruchen sie. Wir danken Dir, dass Du uns Offenbarung schenkst über das göttliche Erbe. Wir treten in die Träume, in die Visionen, in die prophetischen Verheißungen und in die Erbschaften ein. Wir erkennen, dass es die richtige Zeit ist und wir sagen, dass sie jetzt in unser Leben kommen, im Namen Jesu! Wir werden nach ihnen Ausschau halten. Wir werden aufbauen, was zerstört worden ist, und wir werden die früheren verlassenen Erbschaften vergangener Generationen wiederherstellen und auferwecken, in Jesu Namen. Amen.

Kapitel 11

Nachjagen, überwältigen und alles wiederherstellen

Es gibt so Vieles, was Gott sagt, und doch hat Er mir ein spezifisches Wort gegeben, eine prophetische Deklaration, genau für diese Stunde. Dies ist nicht einfach ein Wort, das vom Herrn her kommt, sondern es ist ein Wort aus dem Herrn Selber. Was ich jetzt mitteilen werde, ist etwas, das Gott heute zur Gemeinde spricht, und Er möchte, dass du darum ringst, dass es sich manifestiert.

Das Wort des Herrn besteht konkret aus drei Befehlen in einem: *Jage nach, überwältige und stell alles wieder her (oder: Bring alles wieder zurück)!* Das sind Gottes gewichtige Worte, die Er zu David sprach, bevor Er König wurde, während einer höchst unbeständigen Zeit seines Lebens, als er mitten in einem schrecklichen geistlichen Kampf steckte, der von hinterhältigen Kämpfen im natürlichen Bereich gekennzeichnet war (vgl. 1. Sam. 30,8).

Pass gut auf! Wo immer Gott uns hinführen will im Blick auf das irdische Vorantreiben der Absichten des Himmels inmitten der Schlachtpläne des Feindes, mit denen er sich ihnen entgegenstellt, dort müssen wir absolut verstehen lernen, wie wir diese Befehle in unserem Leben aktivieren, integrieren und anwenden sollen. Viele Gläubige sind bereit; wie steht es mit dir? Bist du bereit? Wenn du ein gutes Fundament der Intimität in deinem verborgenen Ort des Gebets hast, wo du dich regelmäßig der Gegenwart Gottes aussetzt, dann ist dies entscheidend, da es mehrere prophetische Offenbarungen bestärkt, die ich hier mit dir teilen möchte. Wenn du diese Intimität mit Gott jedoch nicht kennst, dann bitte ich dich dringend, eine Menge stille Zeit mit Ihm zu verbringen, bevor und während du dir diesen Abschnitt deiner geistlichen Reich-Gottes-Reise vornimmst.

Gottes Lieblingswaffe: Lobpreis und Anbetung

Wir treten in eine neue Zeit ein, in der die Anbetung ihren Platz als eine entscheidende und machtvolle Waffe gegen Widerstände einnimmt. Gott salbt den starken Lobpreis Seines Volkes und setzt in seiner Mitte den Sieg frei. Anbetung ist im Grunde Gottes Lieblingswaffe, wenn wir Seinem Aufruf zur Konfrontation in den himmlischen Regionen folgen. Gott schüttet heute eine frische Anbetungssalbung über die Gläubigen aus, wodurch Männer und Frauen Gottes Angesichter wie Löwen haben werden. Das ist durchaus biblisch. Lasst uns ein festes Fundament für diese prophetische Offenbarung legen, indem wir einen Blick auf das Leben Davids werfen, als er gegen den Feind siegte, nachdem die Amalekiter sein Lager überfallen hatten (vgl. 1. Sam. 30,1-2).

David und seine Armee waren berüchtigte Männer und so gefürchtet, dass, als David sich entschloss, gegen Saul in den Kampf zu ziehen (indem er sich mit dem König von Gath und den Philistern verbündete), ihn die Philister nicht am bevorstehenden Kampf teilnehmen ließen, weil sie sich nicht sicher waren, wem Davids Loyalität letztlich galt (vgl. 1. Sam. 29,1-11). Vielleicht spekulierten sie, David könnte es sich mitten in der Schlacht anders überlegen und versuchen, Sauls Gunst zurückzugewinnen. So wurden David und seine Männer gezwungen, sich aus dem Kampf zurückzuziehen und sie kehrten nach Ziklag zurück, zu dem Ort, der ihnen als eine Gabe vom König von Gath zugewiesen worden war (vgl. 1. Sam. 27,6). Ziklag war für David eine bedeutende Festung, und es stellt auch ein wichtiges prophetisches Symbol als ein Ort mit einer Salbung und einer Berufung dar. Im südlichen Teil von Juda angesiedelt, war der Ort ein Erbe von Juda (vgl. Jos. 15,1.31). Ziklag gehörte eigentlich den Kindern von Juda[46], und das ist bedeutsam, weil das Wort *Juda* »Lobpreis« bedeutet.

Das war ihre geerbte Stadt, wo sie wohnten und ihren Besitz anlegten, aber was vielleicht noch wichtiger ist: es war ein Ort, wo

---

46 Hiermit sind natürlich ebensowenig nur Kinder, sondern auch Erwachsene gemeint, wie »Kinder Israel« in der Bibel für alle Israeliten steht (Anm. d. Übers.).

die mächtigen und tapferen Männer täglich eintrafen, um David zu helfen, »bis es eine große Armee war, die Armee Gottes« (1. Chr. 12,22b).

Die Bibel verglich die Armee Davids mit der Armee Gottes! David war damals noch nicht einmal König, doch er hatte sich in den Herzen dieser tapferen Männer auf den Thron gesetzt. Sie vertrauten ihm, dass er sie anführte. Sie waren eine mächtige Armee und in der Stadt des Lobpreises versammelt, es war also kein Wunder, dass sie mit der Armee Gottes verglichen wurden. Die prophetische Bedeutung der Stadt für uns heute ist die, dass Ziklag in der Tat ein apostolisches Trainingszentrum und eine Missionsbasis darstellte, welche die Hände der jungen Männer zum Kampf schulte.

Angriff auf den Lobpreis

Gezwungen, aus der Gefechtszone in seine Festung von Ziklag zurückzukehren, trafen David und seine Crew eine verheerende Szene an. Während er und seine Männer im Krieg waren, hatten die Amalekiter die Stadt überfallen und geplündert. Sie hatten all ihre Lieben verschleppt und das Lager bis auf den Grund niedergebrannt. Als David und seine Männer das Desaster sahen, waren sie so erschüttert, dass sie völlig entmutigt wurden. Sie trauerten tief über den Verlust ihrer Lieben und David, einst der Held dieser Männer, verlor schnell seine Glaubwürdigkeit. Sie sprachen sogar davon, ihn zu Tode zu steinigen und natürlich bekümmerte das David. Sie waren Elitekämpfer gewesen, die immer auf des Messers Schneide gelebt und auf den Durchbruch und den Sieg geblickt hatten. Das waren alles mächtige Männer, Leiter, die nächste Generation, eine »Armee Joels«, und dennoch wollten sie David steinigen, dem sie bislang immer vertraut hatten.

Was würdest du in einem solchen Fall tun? Wie würdest du reagieren, wenn du mit ansehen müsstest, dass dein Haus bis auf den Grund abgebrannt und deine Familie verschleppt worden war und nun vom Feind gefangenhalten würde? Lasst es uns in eine persönlichere Perspektive bringen. Du kehrst zu dem Verlust zurück, aber da gibt es nichts mehr als Asche, denn der Verlust betrifft alles, was du bist. Alles ist weg – deine Familie, deine Freunde, dein Geschäft, deine Finanzen, deine Vision, die Salbung auf deinem Leben, Gottes Ruf, dein Dienst – alles ist ein einziger Aschenhaufen. Das ist eine Situation voller Dunkelheit und David und seine Männer befanden sich darin.

Ziklag, ein Erbe von Juda, ein Symbol des Lobpreises, aus dem ein Triumph hervorgehen sollte, lag nun da als ein Haufen Asche. Hör mir zu. Der Herr sagte mir: »Todd, das geschieht der Gemeinde, wenn sie die Macht des Lobpreises vergisst, denn nur der Lobpreis führt zum Triumph. Wo es keinen Lobpreis gibt, wird die Stadt im Feuer verbrannt«.

Der Feind attackierte den Lobpreis, als er die Stadt des Lobpreises attackierte. Er attackiert den Lobpreis gerade in dieser Stunde – deinen Lobpreis, meinen Lobpreis. Die gute Nachricht aber ist, dass der Herrn es nicht zulassen wird, dass die Pläne des Feindes über uns triumphieren.

Werde einer, der durch Anbetung dem Feind trotzt!

Der Herr sagte mir, dass diejenigen, die die Waffe des Lobpreises ergreifen, den größten Sieg erleben werden; dass echter Lobpreis die Manifestation unserer Siege bestimmen wird. Das bedeutet nicht ein bisschen Lobpreis hier und ein bisschen dort oder etwa nur Anbetung, wenn wir zum Gottesdienst gehen oder im Auto, wenn wir gerade zum Einkaufen fahren. Nein, es bedeutet vollen, mächtigen, siegreichen Lobpreis, indem du das Wort des Herrn in deinen Händen und die hohen Lobpreisungen Gottes in deinem Munde hast, »um Rache zu vollziehen an den Nationen, Strafgerichte an den Völkerschaften, um ihre Könige zu binden mit Ketten und ihre Edlen mit eisernen Fesseln, um das schon aufgeschriebene Gericht an ihnen zu vollziehen! Das ist Ehre für alle seine Frommen. Halleluja!« (Ps. 147,7-9)[47].

Das ist eine ungeheure Salbung und Verheißung für diejenigen, welche diese hohen Waffen ergreifen. In der dunkelsten Stunde

---

47 Die Verse davor lauten: »Die Frommen sollen jubeln in Herrlichkeit, jauchzen sollen sie auf ihren Lagern! Lobpreis Gottes sei in ihrer Kehle und ein zweischneidiges Schwert in ihrer Hand (vgl. auch Hebr 4,12; Offb. 1,12; 19,15). Während wir Gott loben, wird an Seinen und unseren Feinden (Dämonen, Fürsten und Gewalten) Strafgericht vollstreckt (Anm. d. Übers.).

wird das Schwert des Herrn in deiner Hand sein und sein Werk tun durch die mächtigen Lobpreisungen Gottes in deinem Mund. Das ist eine von Gott eingehauchte Wahrheit und sie wird dir große Befreiungen einbringen. Die Triumphe werden übernatürlicher Natur sein! Auf den »Klang eines Erdbebens« hin werden deine Lieben augenblicklich befreit. Die Gefängnistüren werden sich öffnen und ihre Fesseln werden abfallen, genau wie die Ketten abfielen, welche die Apostel Paulus und Silas banden, als die Beiden mit ihren mächtigen Lobpreisungen hinter den Gefängnismauern begannen (Apg. 16,25-26). Auf den Klang von mächtigem Lobpreis hin wird das Wort Gottes in deinem Kampf als ein Schwert zum Sieg hervorgehen. Der Herr salbt die mächtigen Lobpreisungen Seines Volkes, die den Triumph auslösen werden!

Du benötigst wirklichen Mut

In Davids großem Kummer über den Einfall des Feindes, gekoppelt mit den Todesdrohungen seitens seiner eigenen Leute, sagt die Bibel: »Aber David stärkte sich in dem Herrn, seinem Gott« (1. Sam. 30,6). Davids innere Entschlossenheit, sich selbst in Gott zu stärken, wirkte mit Gottes Entschlossenheit zusammen, ihn seinerseits zu stärken. Etwas Gewaltiges wurde für David freigesetzt, als er Gott anbetete und sich vornahm, in dieser Zeit der Trübsal zum Herzen des Herrn vorzudringen. Denke darüber nach, denn Davids innerer Entschluss wirft ein Licht auf unseren Weg heute. Er scheint durch als eine machtvolle Wahrheit, die wir ergreifen können. Wir müssen uns entscheiden und festlegen, im Herzen des Kampfes zu Gott vorzudringen, wie David dies tat.

Davids echter Mut erscheint wie ein Hauptschlüssel, um ein siegreicher Anbeter zu werden. Ein solcher zu werden ist entscheidend, um jede Waffe überwältigen zu können, die gegen uns gerichtet wird. Davids Entscheidung, sich selbst in seinem Gott zu stärken, inspirierte ihn konkret dazu, eine entscheidende Tat auszuführen, die ihn dazu brachte, »Gottes Beachtung« einzufangen. Diese Tat setzte den Ratschluss Gottes für David frei, ihnen nachzujagen. Gottes Ratschluss bestand darin, ihnen nachzujagen, »denn du wirst sie gewiss erreichen und wirst gewiss erretten« (1. Sam. 30,8).

Es ist so wichtig, dass wir in der Hitze einer intensiven geistlichen Auseinandersetzung zu Gottes Herzen durchdringen, wenn wir gesunde Entscheidungen treffen wollen, die Seine Gunst und Seinen Ratschluss konkret freisetzen werden. Du musst wissen, was du tun sollst, wenn sich die ganze Hölle gegen dich aufmacht.

Geh radikale Wagnisse ein!
Gott hat mich oft im Heilungsdienst getestet. Einmal sagte Er: »Todd, wir wollen sehen, ob du wirklich für tausend Weitere beten wirst, wenn von den ersten Tausend in einem bestimmten Bereich niemand geheilt wird«. Mann, ich musste oft durchdringen, wenn die Tauben nach meinem Gebet immer noch nicht hörten. Aber ich hatte Gottes Wort, dass es geschehen würde, also ging ich den ganzen Weg. Wir müssen aufhören, rund um den Himmel auf Zehenspitzen zu gehen, um wahre Offenbarung von Gott als dem wahren Belohner derer zu empfangen, die Ihn aufsuchen (vgl. Hebr. 11,6).

Es ist leicht, Gott für Dinge zu glauben, wenn du in der Gemeinde bist, eine Heilungsschule besucht oder einer gesalbten Heilungsversammlung irgendwelcher Art beiwohnst. Wie steht es aber, wenn du nicht dort bist – wenn du zuhause bist, mitten in einem Kampfgewühl des Alltags? Was wirst du tun, wenn du für deinen Sohn oder deine Tochter betest, die drogenabhängig sind? Wirst du mit Beten aufhören, wenn er oder sie nach Monaten noch nicht befreit ist und du keine Resultate siehst? Weißt du, dass gewisse Pastoren gar nicht erst ins Krankenhaus gehen, um für die Kranken zu beten, nur um auf Nummer sicher zu gehen, falls Gott nicht heilt? Sie beten um den Trost Gottes für die betreffende Person – aber sie fürchten sich vor einer Niederlage. Wir können nicht länger furchtsam sein. Wir können keine Hintertür mehr offen lassen, um davonzulaufen, damit wir unser Gesicht wahren können, wenn nichts geschieht. Wir müssen dranbleiben. Ich kann dir nicht sagen, wie oft ich gesagt habe: »Okay, ich ziehe los und ich werde den Durchbruch erringen. Ich werde nicht aufgeben«. Also, wann reicht es dir? Frage dich selbst: »Bin ich schon tot?« Wenn du dich zwickst und es noch spüren kannst, dann bete weiter, kämpfe weiter, glaube weiter und ringe weiter. Bitte weiter, suche weiter!

Du erlebst noch Widerstand, wie wir alle, und dies ist die Stunde, um den Herrn zu befragen und in Seinem Rat festzustehen. Unsere Tarnung hängt davon ab, sodass wir täglich durchbrechen und triumphieren können. Der Feind kämpft gegen die Manifestation von Gottes Bestimmung in deinem Leben und du wirst angegriffen, selbst wenn du dir dessen jetzt noch nicht bewusst bist.

Wir sahen, wie der Feind die prophetische Stadt attackierte, die ein Trainingsgelände für aufkommende Leiter war – im Wesentlichen eine Art übernatürliches Trainingszentrum, wo starke Kämpfer gelehrt wurden, geistliche Einlagen empfangen, um dann losgeschickt zu werden.

Stärke dich im Herrn

Noch während der Geruch von beißendem Rauch in ihre Nasen drang, vom Kummer überwältigt über den Verlust ihrer Familien, waren sie entschlossen, den zu töten, der sie bislang so treu angeführt hatte. Ich respektiere David so sehr. Was für ein Glaubensheld! Gerade als ihm bevorstand, von den Männern, die er liebte, zu Tode gesteinigt zu werden, zog er sich zurück, um Gott zu suchen.

Das eigentliche Schicksal von Davids Stadt Ziklag stand auf dem Spiel, aber genauso sein persönliches Schicksal. Da stand er auf der Schwelle seiner Berufung und es schien geradewegs so, dass er ermordet werden würde. Seine Entscheidung würde seine Zukunft bestimmen, und er entschied sich richtig. Er zog sich mit seinem Gott an den verborgenen Ort zurück, um Kraft zu gewinnen. Als er so abgesondert und allein mit Gott war, war es Davids innere Entschlossenheit, sich in seinem Gott zu stärken und zu glauben, dass Gottes prophetische Verheißungen mit Gottes Mut zusammenwirkten, um ihn seinerseits zu stärken. David empfing in der Tat den echten Mut, den er brauchte, um als Israels großer Führer festzustehen, während er geistlich empfindsam blieb, um eine sehr wichtige Tat auszuführen.

Trachte nach Gottes Weisheit und Rat

Was tat er? Was war seine Tat, die an jenem Tag den Unterschied machte? Die Schrift sagt, er habe mit Abjathar, dem Priester gesprochen. Er sagte: »Bring bitte das Ephod zu mir her!« (1. Sam. 30,7). David identifizierte sich mit diesem heiligen, priesterlichen Gewand, weil es die wahren Absichten seines Herzens symbolisierte, welches seine tiefe Liebe und seinen Respekt vor Gott zum Ausdruck brachte. Er wusste auch aus Erfahrung, dass das Ephod Gottes Rat und Zuspruch repräsentierte (vgl. 1. Sam. 23,9-12). Klugerweise bat er um das Ephod. Er zog seine Waffenrüstung aus und mit großer Ehrfurcht zog der Mann nach Gottes Herzen das priesterliche Gewand an. Das war der Moment, als Gott ihm die Anweisung gab, den Feinden nachzujagen, sie zu überwältigen und alles zurückzubringen, und David konnte dies tun, weil er die Stärke Gottes, die Gewissheit des Herrn und die Gegenwart des Herrn besaß.

Wir befinden uns in einer kritischen Zeit, die auch kritische Maßnahmen erfordert, und kritische Maßnahmen erfordern Gottes weisen Rat und Seine Stärke, um uns durchzubringen. Wir müssen »Gottes Beachtung« erhaschen und Ihn fragen: »Soll ich diese Schar verfolgen? Soll ich sie überwältigen?« Wir müssen uns positionieren, um Seinen Rat zu hören.

Viele Gläubige befinden sich eben jetzt auf einer persönlichen, göttlichen Schwelle. Vielleicht ringst du um die Errettung deiner Familie oder deiner Lieben, für eine stärkere Salbung, für den Durchbruch im Glauben, in deiner Vision, im Dienst, selbst für deine Stadt; doch was immer es ist, Gott fordert dich heute dazu auf, dem nachzujagen, die Widerstände zu überwältigen *und unweigerlich wirst du sie überwältigen und alles zurückholen, was der Feind gestohlen hat*. Wenn du, wie David dies tat, als ein siegreicher Anbeter in deinen verborgenen Ort der Gegenwart Gottes eintrittst, wird Er dich für die Konfrontation stark machen. Wenn du es von Ihm erbittest, *wird* dein Gott dir Seinen himmlischen Rat bekanntgeben. In der finstersten Nacht deiner Seele kannst du auf Gott zählen, dass Er dir genau zeigt, was du als nächstes tun sollst. Ich weiß, dass das so ist, weil der Herr dies für mich getan hat.

Für mehr als ein Jahr befand ich mich im Prozess der »Behandlungen Gottes« in meinem Leben. Eine Weile lang schien es, als sei meine ganze Leidenschaft verflogen – meine Leidenschaft für Gott

– was mich natürlich veranlasste, die Sicht auf meine Vision, meine Dienst-Ziele und auf alles zu verlieren, was ich liebte. Alles schien verloren.

Eines Tages war alles da, und als nächstes war auf einmal alles, was ich in Bezug auf den Dienst für den Herrn liebte, fort, und konnte nichts dafür tun, weil es dem Willen Gottes, des Herrn, entsprach, und das fühlt sich nicht gut an. Meine Seele empfand es, als ob sie zermahlen würde.

Alles, was wir in solchen herausfordernden Umständen tun können, ist, uns in uns selbst zu entschließen, uns im Herrn zu stärken und zu ermutigen. Wenn wir das nicht tun, wir die Entmutigung uns besiegen. *Wir müssen uns an das erinnern, was Gott uns verheißen hat.* Wenn wir bereit werden für das, wovon ich glaube, dass Gott es heute freisetzt, müssen wir uns im Herrn stärken. *Um das tun zu können, brauchen wir einen Schuss Freude und Öl, sowie Wein und Herrlichkeit.* Dieser Schuss kommt dann, wenn wir uns vier Hauptschlüssel zu Herzen nehmen:

1. *Habe ein größeres Verlangen nach Gott als nach allem anderen:* Wie es der Psalmist sagt: Unser ganzes Verlangen richtet sich auf Gott; unsere Seele sehnt sich und dürstet nach dem lebendigen Gott (vgl. Ps. 42,1).

2. *Erinnere dich an Gottes Treue:* Denke an Seine übernatürlichen Durchbrüche, Befreiungen, Errettungen, Heilungen, und prophetischen Worte für dich (vgl. Ps. 63; 1. Tim. 1,18-19).

3. *Erbaue dich in deinem allerheiligsten Glauben:* Bete im Heiligen Geist, und vergiss nicht die verborgene Kraft, die im Zungengebet liegt (vgl. Jud. 1,20).

4. *Stell dich kühn den Riesen:* Stell dich den Riesen entgegen, die in der Vergangenheit versucht haben, dich zu überwältigen (vgl. Richter 20,1-48).

Wenn du diese Schlüssel für dein Leben empfängst und anwendest, wirst du bereit sein, jeden Widerstand zu überwinden und das Lager des Feindes konkret zu plündern, doch bevor du losziehst, möchte Gott deine Vorbereitung vervollständigen, indem Er eine neue, frische Salbung über dich ausschüttet.

Ein Gesicht wie das eines Löwen

In dieser Salbung möchte der Herr dem Feind einen Schrecken einjagen, indem Er dir ein Gesicht wie das eines Löwen gibt. Eine Division der Armee Davids, die der Gaditer, bestand aus dem Stamm Gad. Die Division bestand aus elf »tapferen Helden, Männern des Heeres zum Kampf, mit Schild und Lanze gerüstet, *deren Angesichter wie Löwen-Angesichter waren* und die den Gazellen auf den Bergen gleich waren an Schnelligkeit« (1. Chr. 12,9). Es war der kühnste Stamm in ganz Israel. Kein Wunder, denn jeder von ihnen hatte das Gesicht eines Löwen! *Das* ist eine Salbung!

Die Schrift führt jedes Glied der Division einzeln auf, indem sie jeden mit Namen nennt; die Bedeutung der Namen verleiht uns große Einsicht in das, was nötig ist, um ein für den Feind furchterregender Held zu werden. Beachte, dass es darunter zwei mit dem Namen Jeremias gab, so folgen also zehn Namen. Lies weiter, denn es ist faszinierend.[48]

1. *Eser/Esar:* Schatz
2. *Obadja* : Diener
3. *Eliab:* Gott (seines) Vaters.
4. *Mischmanna:* Fettigkeit
5. *Jirmeja/Jeremia:* Von Gott eingesetzt
6. *Attai:* Zur rechten Zeit bereit
7. *Eliel:* Stärke, mächtig
8. *Johanan:* Barmherzig

---

[48] Alle Namen außer »Jeremia« [von Gott eingesetzt] (vgl. Jer. 1,4) sind der *Strong's Exhaustive Concordance of the Bible* entnommen, s.v.v. »Ezer/Ezar« [Schatz] (Hebrew No. 687), »Obadiah« [Diener] (Hebr. Nr. 5662, 5647), »Eliab« [Gott seines Vaters] (Hebr. Nr. 446), »Mishmannah« [Fettigkeit] (Hebr. Nr. 4925), »Attai« [Zur rechten Zeit bereit] (Hebr. Nr. 6262, 6261), »Eliel« [Stärke, mächtig] (Hebr. Nr. 447, 410), »Johanan« [Barmherzig] (Hebr. 3110, 3076, 2603), »Elzabad« [Gott hat gewährt] (Hebr. Nr. 443), Machbannai / Machannite« [Im Lande geboren, Einheimischer] (Hebr. 4344, 4343).

9. *Elisabad*: Gott hat gewährt
10. *Machbannai*: Im Lande geboren, Einheimischer

Dies waren die kühnsten und für die Gegner furchterregendsten Männer im ganzen Land, und doch waren sie Männer mit all diesen Eigenschaften. Sie waren eine Hilfe und ein Schatz, Männer der Barmherzigkeit mit dem Herzen eines Dieners. Sie waren die wildesten Männer, aber sie kannten das Herz des Vaters und ihre bestimmte Zeit. Sie waren die aggressivsten, und doch wussten sie auch, dem Herrn zu vertrauen, und dass Gott sie mit allem versorgen würde. Ja, sie hatten Angesichter wie das eines Löwen, denn sie waren solche, die Gott zu Seiner mächtigen Armee berufen hatte.

Gott möchte dein Angesicht wie das Angesicht eines Löwen salben mit einem kühnen Geist, welcher die Eigenschaften umfasst, die wir in der Division Gads vorfinden. Rufe zum Herrn und streck dich aus nach dieser Salbung, denn sie wird dich ausrüsten mit einer göttlichen Entschlossenheit, um nachzujagen, zu überwältigen und alles zurückzuholen und wiederherzustellen, was der Feind niedergerissen, auseinandergenommen, verbrannt, gestohlen und verwüstet hat.

Nimm teil

Nachjagen heißt wörtlich, voranzuschreiten, oder bezüglich etwas Bestimmtem Boden zu gewinnen. Das erfordert eine Handlung deinerseits. Aber ebenso bedeutet das Wort, fortzufahren mit Ärgern, Heimsuchen, Belästigen[49]; zu überwältigen, zu verfolgen, zu jagen, nachzurennen, zu belangen.[50] Der Kampf wird nicht immer leicht sein, doch Gott wird dir die eine heilige Ausdauer geben, die den Entschluss in deinem Herzen bestärken wird, nicht aufzugeben.

Überwältigen bedeutet, unerwartet und überraschend über jemanden herzufallen. Wenn wir etwas überwältigen, dann überraschen wir es, indem wir es ergreifen.[51] Bedauerst du Entscheidungen,

---
[49] *Dictionary.com Unabridged,* vol. 1.1., s.v. «Pursue". Natürlich ist damit gemeint, dass wir den Feind ärgern, heimsuchen und belästigen – nicht umgekehrt. Er hat vor uns zu fliehen, nicht wir vor ihm (Anm. d. Übers.).
[50] *Webster's Revised Unabridged Dictionary,* s.v. «Pursue"
[51] *Dictionary.com Unabridged,* vol. 1.1, s.v. «Overtake".

die du getroffen hast? Haben sie dich zurückgeworfen? Gott sagt, jetzt ist die Zeit da, aufzuholen und die Zeit auszukaufen.

Wiederherstellen bedeutet, zurückzuholen, zurückzubekommen oder wiederzugewinnen (etwas, was wir verloren haben oder was uns weggenommen wurde), etwas wieder auszugleichen oder wettzumachen. *Wiedergewinnen* deutet auf den Erfolg hin, etwas zurückzubringen, was weggenommen worden war.[52]

Sobald David Gottes Befehl empfing, die Amalekiter anzugreifen, machte er sich sogleich daran, seine Feinde zu verfolgen und ihnen nachzujagen (vgl. 1. Sam. 30, 8-16). Da er sie über das Land verstreut vorfand, während sie wegen ihrer großen Beute feierten, konnte David und seine mächtige Armee sie schnell angreifen und über sie herfallen. Es war eine lange Schlacht, die von der Dämmerung bis zum Abend des nächsten Tages dauerte. Statt diese Begebenheit weiter mit eigenen Worten wiederzugeben, möchte ich, dass du den Text selbst liest, weil dieser einen Sieg beschreibt, der mächtiger ist, als ich ihn beschreiben kann:

»*Und David schlug sie von der Dämmerung an bis zum Abend des nächsten Tages; und keiner von ihnen entkam, außer 400 jungen Männern, die auf Kamele gestiegen und geflohen waren. Und David rettete alles, was die Amalekiter genommen hatten, und David rettete auch seine beiden Frauen. Und es fehlte ihnen nichts, vom Kleinsten bis zum Größten und bis zu den Söhnen und Töchtern und von der Beute bis zu allem, was sie ihnen genommen hatten; alles brachte David zurück. Und David nahm alles Klein- und Rindvieh; sie trieben es vor dem anderen Vieh her und sprachen: Dies ist die Beute Davids!*« (1. Sam. 30,17-20).

David brachte *alles* zurück. Kannst du dir vorstellen, was dies in deinem eigenen Leben bedeuten würde? Da gibt es doch Dinge, von denen du nicht einmal weißt, dass du sie verloren hast. Doch Gott verheißt heute totale Wiederherstellung. Was hast du verloren? Vielleicht deine Gesundheit, deinen inneren Frieden, deinen Beruf, dein Ansehen, deine Finanzen, deine Familie? Dies ist die Stunde, dem Feind nachzujagen, ihn einzuholen und alles zurückzu-

---

52 *The American Heritage Dictionary of the English Language,* 4th ed., s.v.v. «Recover, Regain".

holen, und ich erkläre und stehe zusammen mit Gott dafür gerade, dass dir der Sieg verheißen ist!

Hör zu, jemand muss durchbrechen und die Fülle des Reiches Gottes in den Leib Christi zurückholen! Wir können uns nicht vor Versagen fürchten. Wir müssen bereit sein zu gehen, statt uns zu fragen, warum Gott uns sendet. Die Leute fragen oft, warum Gott mich aus der Grube der Drogen und des Alkohols gezogen hat. Warum hat Er mich wohl aus der Sägemühle geholt, als ich ein Nichts war, und zu mir gesagt: »Todd, Ich will dich in die ganze Welt hinaussenden mit dem Evangelium und der Kraft zu retten, zu heilen und zu befreien«? Als Gott mir dies sagte, verbrachte ich keine Zeit damit, mich über das Warum und das Wie zu wundern; ich sagte schlicht: »Gott! Ich bin bereit. Hier bin ich – sende mich! Ich kann es kaum erwarten, Herr! Auch wenn ich auf Widerstand oder gar Verfolgung stoße oder auf Kritik, selbst wenn ich in einen geistlichen Kampf verstrickt werden sollte – Preis dem Herrn! Das ist etwas für mich. Ich gehe nicht, um aus Mangel an Erkenntnis zugrundezugehen; ich will Deinem Wort glauben. Was immer in Form von Verachtung auf mich zukommt, weil ich mich dafür entschieden habe, dir zu vertrauen   ich weiß, dass ich mich im Bereich von Wundern bewegen werde«.

Wir müssen durchdringen, wenn wir alles verfolgen, überwältigen, wiederherstellen und zurückgewinnen wollen. Wir dürfen nicht Angst haben vor unseren Fehlern. Wir brauchen Mut. Wenn wir Mut brauchen, um zum Beispiel im Glauben auszuziehen und jemanden die Hände aufzulegen zur Heilung, müssen wir Gott glauben, dass Gott unser Vorgehen ehren wird. Wir müssen dranbleiben!

Durch Glauben werden wir sogar den brüllenden Löwen überwinden, der herumgeht und versucht, uns zu verschlingen (vgl. 1. Petr. 5,8). Gott kann leicht diejenigen unterwerfen, die sich gegen Ihn erheben.

Lass deine Schrittgeschwindigkeit nicht langsamer werden. Ergreife die Verheißungen Gottes! Wir sollen »sehen«, wie Bereiche des Todes zum Leben gelangen, wie Verheißungen auferweckt und Träume erfüllt werden.

Reich-Gottes-Anwendung

Erhebe deine Hände, preise Ihn, und trachte nach Seiner Stärke und nach Seinem Rat. Ermutige dich im Herrn und du wirst mächtig sein in jeder geistlichen Auseinandersetzung. Gott sucht nach solchen, die ein Herz haben wie David und Eigenschaften der Division Gads. Verbringe viel Zeit an deinem verborgenen Ort, »ergreife das Ephod« und bleibe stark im Herrn.

Gott setzt eine liebliche Gemeinschaft frei, denn Er wünscht sich Freundschaft und Gemeinschaft mit dir. Gleichzeitig aber setzt Er auch jenen kühnen Geist über Männern und Frauen frei, sodass sie im Kampf hartnäckig bleiben, nie aufgeben, nie schweigen, nie loslassen, bis sie alles zurückgewonnen haben.

Als ich gerettet wurde, benötigte ich das »Angetan werden mit Kraft aus der Höhe« (vgl. Lk. 24,49). Ich brauchte den Heiligen Geist, damit ich befähigt würde, meine Bestimmung zu erfüllen. Ich erinnere mich lebhaft an meine erste Begegnung mit der Kraft des Heiligen Geistes. Ich war zuhause und betete. »Herr, ich möchte wissen, wie es ist, wenn Deine Kraft über mich kommt«, und ich betete das oft. Als ich eines nachts auf meinem Bett lag und auf diese Weise zu Ihm rief, kam Seine Kraft – und ich fühlte mich, als würde mich ein 250-Kilo-Gewicht auf die Matratze hinunterdrücken. Ich konnte nicht einmal meinen Kopf vom Bett erheben – schon gar nicht meinen Arm! Was ich nur als einen Stromstoß des Heiligen Geistes beschreiben kann, der sich wie Elektrizität anfühlte, durchfuhr meinen Körper und explodierte in mir. Dieses Strom fühlte sich an wie Welle um Welle von Elektrizität und mein ganzer Körper schüttelte sich und vibrierte aufgrund dieser Kraft. Ich konnte nicht einmal meinen Finger heben.

Obwohl der Heilige Geist kam, um mich an diesem Abend mit Seiner Kraft zu erfüllen, war es nicht genug, um mich für das nächste Jahrzehnt mit Kraft zu umgeben – Ich hatte es nötig, mich permanent, immer wieder, mit der Kraft Gottes füllen zu lassen, damit ich die heilende Kraft des Herrn in die Welt hinaustragen konnte. Diese frischen Berührungen kommen weiterhin durch die Intimität mit Gott zu mir. Ich warte auf den Herrn und bete im Geist, und ich kämpfe um Kraft, bis ich fühle, wie sich mein Glaube in mir erhebt und mein Geist gestärkt wird. Ich lade den Heiligen Geist mit Seiner Kraft ein, über mich zu kommen, damit das Unmögliche geschehen kann. Die Jünger zogen aus, angetan mit Kraft – und ich möchte mit derselben »dynamis«, demselben Dynamit, demselben Sprengstoff und derselben Wunderkraft Gottes ausziehen. Doch musst du bereit sein, in Treue den Preis zu bezahlen, indem du deine Autorität und Zeit bei Gott einsetzt. Setze ganz praktisch alle übernatürlichen Ressourcen ein, die Gott dir gegeben hat, und ringe für deine Bestimmung. Ringe um deine Stadt. Ringe und dringe durch für deine Kinder und deren Kinder. Schau jetzt in den Spiegel. Siehst du das Gesicht eines Löwen? Mach dich bereit für das Brüllen des Löwen aus dem Stamme Juda. Dann heißt es: Volle Kraft voraus!

Erhebe deine Stimme zum Herrn und preise Ihn. Gib dem Löwen aus dem Stamme Juda, Christus Jesus, den Lobpreis. Er setzt eine Salbung des Sieges in unserem Lobpreis frei, sodass wir so sein können wie jene mächtigen Männer, wie die Armee Gottes, voll ausgerüstet, um dem Feind nachzujagen, kühn über ihn herzufallen und alles zurückzugewinnen. Das ist Gottes Wille für dich. Nimm es und setze die Fülle deines Potenzials in Christus Jesus frei zur Ehre des Herrn und zur Ausbreitung Seines herrlichen Königreiches, in Jesu Namen.

Abschliessende Gedanken

Die Welt mag uns als verrückt bezeichnen, doch Jesus nennt uns Seine Jünger, Seine Freunde. Amen! Als Seine Jünger und Freunde, sind wir gewöhnliche Gläubige, die mit einer außergewöhnlichen Obsession und Ergriffenheit für Gott erfüllt sind, und wenn du nicht so ergriffen bist, solltest du es werden. Gott hat dich aus der buchstäblichen Sackgasse herausgerufen, wo du und ich nur für uns selbst gelebt hatten, hinein in unsere Berufung, um in der Welt einen Unterschied zu machen, so wie auch Jesus aus der Menschenmenge herausragte.

Du bist ein übernatürlicher Bürger eines übernatürlichen Königreiches mit einem übernatürlichen Ruf auf deinem Leben. Du gehörst als Mann oder Frau nicht dir selbst. Du gehörst Jesus, dem König der Könige und Herrn der Herren. Wow! Diese Königsherrschaft erhebt sich und füllt alles aus; sie ist stets in Bewegung, schreitet voran und nimmt zu! Es ist Zeit, das volle übernatürliche *Dynamis*-Potential freizusetzen, das Gott in dich hineingesät hat für eine Welt, die dich beobachtet.

Benutze deine priesterliche Autorität, um dich selbst von den Fesseln und Forderungen der Religion, der Tradition und des gesetzlichen Denkens zu befreien, hinein in die Dynamik, in der du ein überwindendes, triumphierendes, besonderes und spektakuläres Leben führst, das zu führen Gott dich geschaffen hat. Atme Königreichsluft. Fühle den Wind des Geistes. Schwimme im lebendigen Wasser Seiner Gegenwart. Wandle im Erntefeld mit Jesus. Zieh dort hinaus uns sei siegreich! Führe deine Waffen. Vertraue auf die Kraft des Evangeliums. Folge Jesus nach! Sei bereit; mach dich bereit für ein Hervortreten von geistlichen Kraftentfaltungen, wie sie seit den Tagen der Gemeinde des ersten Jahrhunderts nicht mehr gesehen wurden, wobei die Erde bis auf ihre Grundmauern erschüttert werden wird in Vorbereitung auf das Kommen des Herrn und das hereinbrechende Kommen Seiner Königsherrschaft – und die Herrlichkeit des Herrn wird sich genau zu diesem Zweck in dir erheben.

Ich bin so aufgeregt über die Fortsetzung, den Folgeband von »Das Reich Gottes in Kraft«[53]! Darin werden wir die Latte anheben und lernen, praktisch zu ringen, zu leben, und den übernatürlichen Standard des Lebens durchzusetzen, was ein Niederreißen von Festungen bewirken wird und ein Herbeiführen von himmlischen Ausmaßen des Reiches Gottes. Er wird euch Hungrige befähigen, durch dieses Zeitalter hindurch zu schreiten in der Herrlichkeit des Zeitalters der Königsherrschaft Gottes.

Ich habe auf meinem Herzen, euch auszurüsten, um das zu überwinden, was euch vom Auftreten im Sinne Christi fernhält. Wir werden Durchbrechen zum Herzen, zum Denken und zu den Gefühlen, wir werden Widerstände identifizieren und verstehen und Festungen niederreißen. Ihr werdet lernen, wie man die Königsherrschaft Gottes praktisch erlebt, die Manifestation der Herrlichkeit des Reiches Gottes, und wie man für Königreichsbegegnungen ringt. Wir werden eure geistliche Sicht für absoluten Sieg aktivieren und euch die Verantwortung vor Augen führen, Menschen für Christus zu gewinnen. Wir werden die Realität der Königsherrschaft in eurem Leben verfolgen und verstehen, wie man sät und erntet, wenn ihr alle hinauszieht und auf die Kraft des Heiligen Geistes vertraut, der in und durch euch wirkt.

Ich möchte, dass ihr all das verfolgt, in dem Wissen, dass es sich auf unglaubliche Weise von allem unterscheiden wird, was ihr je erfahren habt – eine übernatürliche Ordnung über jeder anderen Ordnung.

Gott hat sich freudig dazu entschlossen, euch das Reich zu geben (vgl. Lk. 12,32). Das ist eine Verheißung, und was für eine!

Fresh Fire to You!

---

53 Erscheint 2009 im Wohlkunde-Verlag (Anm. d. Übers.).

Reich-Gottes-Proklamationen

Ich bin erlöst – Ich bin teuer erkauft, mit dem kostbaren Blut Jesu.[54] Ich bin für Gott wertvoll und habe ein Erbe in Ihm.[55] Mir wurde vergeben, ich wurde gereinigt[56] und mit Gott versöhnt.[57] Das Evangelium Christi hat alles für meine Rettung bereitgestellt; ich bin wiedergeboren.[58] Ich bin eine neue Schöpfung in Christus Jesus.[59] Ich bin aus Gott[60], vollkommen gemacht in Christus Jesus.[61] Eins mit Ihm bin ich frei von der Kontrolle von Menschen und vom Gesetz der Sünde und des Todes.[62] Ja, ich bin wirklich frei.

Gott hat mich gemäß Seines Vorsatzes berufen.[63] Ich bin berufen zur Gemeinschaft, zur Freundschaft mit Jesus.[64] Friede[65], Freiheit[66] und Gottes Herrlichkeit[67] sind jetzt mein Erbteil. Ich bin Gottes Feld – Er pflegt und bebaut mein Leben.[68] Ich bin Gottes Gebäude, der Tempel des Herrn, in dem der Heilige Geist wohnt.[69] Ich bin eine Rebe, die mit dem Weinstock verbunden ist; sein Lebenssaft fließt durch mich.[70] Ich hänge dem Herrn an und bin ein Geist mit Ihm.[71] Das Wort Gottes bleibt in mir.[72] Ich bin ein Brief Christi, geschrieben

---

54 Vgl. Apg. 20,28; 1. Petr. 1,18-19.
55 Vgl. 1. Petr. 1,3-4.
56 Vgl. Eph. 1,7; Kol. 1,14.
57 Vgl. Röm. 5,10; 2. Kor 5,18-20; Eph. 2,16; Kol. 1,20.
58 Vgl. Joh. 3,3-8; 1. Petr. 1,3-5.
59 Vgl. 2. Kor. 5,17.
60 Vgl. 1. Joh. 4,4.
61 Vgl. Hebr. 10,14.
62 Vgl. Röm. 8,2.
63 Vgl. Röm. 8,28.
64 Vgl. 1. Kor 1,9; Joh 15,14-15.
65 Vgl. Lk. 24,36; Joh. 14,27; 16,33; Röm. 1,7; 5,1; 8,6; 14,17; 15,13.33; 1. Kor. 7,15; Eph. 2,14.15.17; Phil. 4,7; Kol. 3,15; 2. Tim. 3,16; 1. Petr. 1,2; 5,14.
66 Vgl. Jes. 61,1; Röm. 8,21; 2. Kor 3,17; Gal. 2,4; 5,1.
67 Vgl. 2. Kor 3,18; Hebr. 2,10.
68 Vgl. 1. Kor 3,9.
69 Vgl. 1. Kor. 6,19.
70 Vgl. Joh. 15,5.
71 Vgl. 1. Kor. 6,17.
72 Vgl. 1. Joh 2,14; Joh. 15,7.

nicht mit Tinte, sondern mit dem Geist des lebendigen Gottes.[73] *Mein Leben gehört mir nicht selbst;*[74] *ich bin ein Diener Gottes.*[75] *Der Vater teilt mir Seine Pläne und Geheimnisse mit, denn ich bin ein Freund Gottes.*[76] *Ich bin ein Glied am Leib Christi.*[77]

In Christus Jesus bin ich auch einer Seiner Heiligen.[78] *Ich bin ein Mitbürger mit allen Heiligen im Reich Gottes.*[79] *Ich bin dieser Welt gegenüber ein Fremder, ein Pilger, der nur durchreist.*[80]

Ich kann ein kühner Zeuge für Christus sein, weil Er mich gerecht gemacht hat. Ich gehöre zur Braut Christi, die mit Ihm in Liebe vereinigt ist.[81] *Ich gehöre zum auserwählten Geschlecht, zur königlichen Priesterschaft. Ich bin ein Bürger einer heiligen Nation und gehöre zu Seinem besonderen Volk.*[82]

Ich bin Gottes Erbe und ein Miterbe mit Christus Jesus.[83] *Als ein Mitglied in Gottes Familie, bin ich auch Abrahams Nachkomme und ein Erbe gemäß den Verheißungen, die Abraham gegeben wurden.*[84] *Als Sohn des Allerhöchsten Gottes werde ich von Seinem Geist geleitet.*[85] *Indem das Licht Christi in mir aufleuchtet, bin auch ich das Licht in dieser Welt.*[86] *Mein Leben bringt göttlichen Geschmack, wo auch immer ich hingehe, denn ich bin das Salz der Erde.*[87]

---

73 Vgl. 2. Kor. 3,2.
74 Vgl. Röm. 14,7-9; 1. Kor 6,19; 3,23.
75 Vgl. Röm. 6,22.
76 Vgl. Joh. 15,15.
77 Vgl. 1. Kor 12,12-27.
78 Vgl. Röm. 1,7; 1. Kor. 1,2; 2. Kor. 1,1; Eph. 1,1; Phil. 1,1; Kol. 3,12.
79 Vgl. Eph. 2,19; Phil. 3,20.
80 Vgl. Hebr. 11,13.
81 Vgl. 2. Kor. 11,2; Eph. 5,23-32.
82 Vgl. 1. Petr. 2,9.
83 Vgl. Röm. 8,17.
84 Vgl. Hebr. 6,13-20; Gal 3,7-29.
85 Vgl. Röm. 8,14.
86 Vgl. Mt. 5,14.
87 Vgl. Mt. 5,13.

Gott hat mich erwählt, zu Ihm zu gehören.[88] Ich bin ein Kind Gottes. In Seinem Wort nennt Gott mich auch einen Priester und einen König.[89] Mit dieser königlichen Salbung setze ich Gottes Willen auf Erden durch. Ich bin ein Botschafter, ein Repräsentant Christi in dieser Welt.[90] Als ein Fürbitter und als ein Wächter für den Herrn, throne ich mit Ihm in himmlischen Regionen.[91]

Ich bin ein mächtiger Sohn[92] des Allerhöchsten Gottes und wie Jesus in dieser Welt.[93] Ich habe denselben Auftrag[94], dieselbe Vollmacht, dasselbe Leben, denselben Heiligen Geist[95] und dieselbe Herrlichkeit[96], wie sie Jesus, mein erstgeborener Bruder[97], hatte. Alles, was Gott gehört, gehört auch mir.[98] Deshalb wirke ich dieselben Werke wie Jesus und werde sogar noch größere wirken.[99] Mein Vater ist Gott. Er liebt mich genauso immens und uneingeschränkt, wie Er Jesus liebt. All Sein Wohlgefallen und Seine Freude ruhen auf mir.[100] Ich bin Seine Gerechtigkeit und deshalb heilig, tadellos und unsträflich.[101]

Wegen all dieser wundervollen Verheißungen, bin ich gesegnet in der Stadt und auf dem Land. Auch meine Kinder sind gesegnet. Ich bin gesegnet in allem, was meine Hände berühren. Ich bin gesegnet in meinem Eingang und in meinem Ausgang. Der Herr bedeckt

---

88 Vgl. Joh 15,16.
89 Vgl. Offb 5,10.
90 Vgl. 2. Kor 5,20.
91 Vgl. Eph 2,6.
92 Vgl. Joh. 20,17; Röm. 8,15-16; Gal. 3,26; 4,5-7.
93 Vgl. 1. Joh. 4,17.
94 Vgl. Joh. 20,21-23.
95 Vgl. Röm. 8,11.
96 Vgl. Joh. 17,22.
97 Vgl. Röm 8,29; Hebr. 2,10.
98 Vgl. Joh. 16,15; Lk. 15,31; 1. Kor. 3,22.
99 Vgl. Joh. 14,12.
100 Vgl. Eph 1,5-9.
101 Vgl. 2. Kor. 5,21; Kol. 1,22.

und beschützt mich. Ich bin unbesiegbar für meine Feinde.[102] *Ich bin immer oben, nie unten, immer der Kopf und nicht der Schwanz. Gott hat mich berufen, immer anderen zu leihen, aber nicht von anderen zu borgen, denn Er hat mir aus freien Stücken alle Dinge gegeben durch Christus. In Ihm bin ich reich.*[103] *Weil ich mit Seiner Freude, Seinem Frieden, Seiner Geduld und Liebe erfüllt bin, liebe ich auch andere. Seine Freundlichkeit und Güte wirken mächtig durch mich. Ich bin jemand, der Glauben, Sanftmut und Selbstbeherrschung hat.*[104]

Die Frucht des Geistes zeigt sich vielfältig in meinem Leben.[105] *Ich bin in den Heiligen Geist hineingetauft und mit mächtigen Gaben vom Himmel begabt worden.*[106] *Als ein Gläubiger an Jesus Christus, treibe ich Dämonen aus in Seinem Namen.*[107] *Ich spreche in neuen Zungen, in gottgegebenen Sprachen.*[108] *Gemäß dem Wort Gottes bin ich jemand, der bezwingende Autorität hat über Schlangen, Skorpione und jede Macht des Feindes.*[109]

Als Gottes Botschafter, dekretiere ich, dass ich jemand bin, der auf Kranke die Hände legt und sie werden sich wohl befinden.[110] *Ich selbst bin geheilt von jeder Schwachheit und immun gegenüber jeder Krankheit und Infektion, weil ich Gottes Kind bin.*[111] *Ich bin stark in dem Herrn und habe den Bösen und die Welt überwunden.*[112] *Ich bin bekleidet mit der Kraft aus der Höhe.*[113] *Ich dekre-*

---

102 Vgl. Jes. 54,17.
103 Vgl. 5. Mose 28,1-14.
104 Vgl. Gal. 5,22-23; 2. Tim. 1,7.
105 Vgl. Gal. 5,22-23.
106 Vgl. 1. Kor. 12.
107 Vgl. Mt. 10,8.
108 Vgl. Mk 16,17.
109 Vgl. Lk. 10,19.
110 Vgl. Mk. 16,18.
111 Vgl. Mk. 16,18.
112 Vgl. 1. Joh. 2,14.
113 Vgl. Lk. 24,49.

tiere, dass sich alle prophetischen Verheißungen Gottes für mein Leben erfüllen werden. (Nun nenne laut die Verheißungen des Himmels, die aus dem geistlichen Bereich in den natürlichen Bereich deines Lebens kommen sollen). Vielen, vielen Dank, mein himmlischer Vater. Amen.

WOHLKUNDE-VERLAG
www.wohlkunde.de

Bill Johnson
TRÄUME MIT GOTT
Gestalte deine Welt durch Gottes kreativen Fluss in dir

Vergiss es, dein Wohnzimmer neu zu gestalten oder etwas nur „aufzufrisieren" – wie wäre es damit, deine Welt neu zu entwerfen?
Bill Johnson gibt die Geheimnisse preis, wie du Gottes unerschöpflichen Vorrat an allem nutzen kannst, um deine Familie und deine Gesellschaft, deinen Job oder deine Firma, deine Nation oder sogar die ganze Welt zu verändern.

200 Seiten / 14,95 Euro / ISBN 978-3-9811725-3-9

Peter Lord
PUTEN & ADLER

Viele Christen wurden schon berührt, die Peter Lords Geschichte gehört haben. In der besten Tradition christlichen Geschichtenerzählens, die sich bis auf die Gleichnisse Jesu zurückführen lässt, beschreibt diese liebevoll erzählte Parabel das Herz und die höchste Wahrheit des Evangeliums, und wie diese mit dem Christenleben zusammenhängt. Lies und lass dich für immer verändern!

104 Seiten / 7,95 Euro / ISBN 978-3-9811725-1-5

Manfred R. Haller
UND WIR SAHEN SEINE HERRLICHKEIT

In diesem Band, der die Schriften der Apostel Paulus und Johannes enthält, sind die Paulusbriefe nicht in der üblichen Reihenfolge angeordnet, sondern in der Folge ihrer Entstehung. Dadurch gewinnen wir einen außergewöhnlichen Überblick über die geistliche Entwicklung der apostolischen Offenbarung und können daher die Lehre des Völkerapostels besser verstehen. Diese außergewöhnlich gesalbte Übersetzung besticht durch ihre erfrischende Aktualität und durch die Bloßlegung des Urgesteins neutestamentlicher Offenbarung. Bahnbrechend!

504 Seiten / 24,95 Euro / ISBN 978-3-9811725-0-8

Kris Vallotton & Bill Johnson
EINE FRAGE DER EHRE

Eine Frage der Ehre offenbart auf unnachahmlich eindrückliche Weise deine wahre Identität als ein Kind des Königs der Könige, als Thronfolger(in) und als königlicher Erbe des ewigen Königreiches Gottes. Bill Johnson und Kris Vallotton prangern die »Bettlermentalität« an, die viele Christen haben und präsentieren meisterhaft dein unvorstellbar reiches königliches Erbe durch die ultimative Erlösungstat Christi.

256 Seiten / EUR 14,95 / ISBN 978-3-9811725-2-2